北斗新技术与应用丛书
学术顾问 / 李德仁
丛书主编 / 徐正全 田 鹏

北斗卫星导航系统社会管理应用

周 娟 徐 坦 / 编著

長江出版傳媒
湖北科学技术出版社

图书在版编目（CIP）数据

北斗卫星导航系统社会管理应用/周娟，徐坦编著. —武汉：湖北科学技术出版社，2021.11

（北斗新技术与应用丛书/徐正全，田鹏主编）

ISBN 978-7-5706-1734-0

Ⅰ.①北… Ⅱ.①周… ②徐… Ⅲ.①全球定位系统—应用—社会管理—研究—中国 Ⅳ.①D63

中国版本图书馆 CIP 数据核字（2021）第 247747 号

北斗卫星导航系统社会管理应用

Beidou Weixing Daohang Xitong Shehui Guanli Yingyong

策划编辑：严　冰　杨瑰玉

责任编辑：张娇燕　傅　玲

封面设计：曾雅明

出版发行：湖北科学技术出版社

电　　话：027-87679468

地　　址：武汉市雄楚大街 268 号（湖北出版文化城 B 座 13-14 层）

邮　　编：430070

网　　址：http：//www.hbstp.com.cn

印　　刷：湖北金港彩印有限公司

开　　本：710×1000　1/16

印　　张：12.25

字　　数：182 千字

版　　次：2021 年 11 月第 1 版

印　　次：2021 年 11 月第 1 次印刷

定　　价：176.00 元

本书如有印装质量问题可找本社市场部更换

北斗新技术与应用丛书
编 委 会

总　　序

北斗导航，星耀天穹

在漫长的社会进程中，人们不断探求着定位、导向的方法。古人很早就会利用北斗七星辨识方向、区分季节，还发明了指南针，并一直被广泛应用。进入现代后，导航手段扩展到卫星导航、惯性导航、声纳导航、量子导航等多种方式。1957 年 10 月，世界上第一颗人造地球卫星发射成功，由此宣告空间科学的发展跨入了一个崭新的时代，也使电子导航技术的发展进入了一个新的阶段，空基电子导航系统应运而生。

早在 20 世纪 60 年代，我国就开始了关于卫星导航与定位的研究。1994 年，我国正式启动北斗卫星导航系统建设。从立项论证到启动实施，从双星定位到区域组网再到覆盖全球……我国卫星导航系统建设历经数十年的探索实践，数代“北斗人”接续奋斗，走出了一条自力更生、自主创新、自我超越的建设发展之路，建成了我国迄今规模最大、覆盖范围最广、服务性能最高、与百姓生活关联最紧密的北斗卫星导航系统。

2020 年 6 月 23 日 9 时 43 分，伴着山呼海啸般的巨响，腾空而起的长征火箭拖曳着耀眼的尾焰，托举着北斗三号最后一颗全球组网卫星飞向太空，宣告我国自主卫星导航定位系统建设空间部分彻底实现全球化布局。这是中国实施改革开放 40 余年来取得的重要成就之一，是中华人民共和国成立 70 余年来的重大科技成就之一，也是中国贡献给世界的全球公共服务产品。

北斗卫星导航系统的建设实践，走出了从区域快速形成服务能力、逐步扩展为全球服务的中国特色发展路径，丰富了全球卫星导航事业的发展模式。然而，北斗星光耀全球之时，我们也应注意到我国卫星导航产业发展所面临的新矛盾、新挑战。

一是部署进度比拼。北斗卫星导航系统要和美国的GPS、俄罗斯的GLONASS、欧洲的Galileo，以及日本的QZSS和印度的IRNSS同台竞技、兼容发展，在系统部署方面面临挑战。

二是卫星性能竞争。导航卫星设计和研制水平决定着系统的性能，目前北斗卫星设计已经达到国外导航卫星水平，在未来国际导航卫星高、中、低轨卫星组网研制领域和通、导、遥卫星一体化实时智能服务系统构建中，还要不断自主创新，才能使我们勇立潮头，夺取领先地位。

三是系统发展博弈。面向未来，要确保我国北斗卫星导航系统在发展与竞争中占据优势地位，需要国家持续的经费投入、人才培养、产业推广，构建以时空信息为主的新兴产业生态链。

“北斗新技术与应用丛书”（共6册）瞄准全球卫星导航发展前沿和我国导航产业发展新矛盾、新挑战，全面系统解读我国北斗卫星导航系统技术研究、行业应用和国际化等方面的最新进展和发展动向。由于北斗卫星导航系统作为信息时代我国参与大国竞争的重要基础设施，其研究与发展不只局限于技术本身，它的作用和意义早已影响到国家在信息领域的技术进步、产业发展和全球战略，因此，本丛书从不同视角对北斗卫星导航系统进行全方位的介绍和总结，不仅充分体现了丛书所具有的独特风格和鲜明特色，更全面系统地展现了我国卫星导航技术研究成果和发展动向，无疑是一套综合反映我国卫星导航系统研究和应用领域先进水平的代表性著作。

“中国的北斗、世界的北斗、一流的北斗”，我深信，“北斗新技术与应用丛书”的出版，将助力北斗卫星导航系统以更新的姿态、更强的能力、更优的服务，继续为世界贡献中国智慧和力量！

中国科学院院士、中国工程院院士 

前　　言

卫星导航系统能够为地球表面和近地空间的广大用户提供全天时、全天候、高精度的定位、导航和授时服务，是拓展人类活动、促进社会发展的重要空间基础设施。

社会管理指的是政府和社会组织为促进社会系统协调运转，对社会协调组成部分、社会生活的不同领域以及社会发展的各个环节进行组织、协调、服务、监督和控制的过程，以及规范和协调社会组织、社会事务和社会生活的活动。

北斗卫星导航系统具有卫星数量多、采用三频定位、定位精度高、兼容性扩展性强、可进行短报文等优势。此外，北斗卫星导航系统的实际用途更加多样，可提供全球定位授时、星基和地基增强短报文通信，还提供精密定位和国际救援等服务。这些特点使其可运用到社会管理中的各个方面，促进了社会管理的完善和优化，在兼顾各方利益、规范社会行为、解决社会问题、化解社会矛盾、应对社会风险、促进社会和谐等方面发挥了积极作用。该系统是全球性公共资源，多系统兼容与互操作已成为发展趋势，该系统的社会管理应用会给社会带来新的活力，同时也会促进其完善与发展，更好地服务全球、造福人类。

本书的编写工作由中南民族大学的周娟副教授和湖北工业大学电气与电子工程学院的徐坦同志共同承担。其中，第 1、2、3、7 章由周娟负责编写，第 4、5、6 章由徐坦负责编写，刘菲、张思卿、刘紫芩等同志在本书的数据收集和校对工作中做出了重要贡献。

因编著者能力有限，不足之处请大家不吝指正。

编著者

2021 年 8 月

目　录

第 1 章　北斗系统的社会管理研究意义

1.1　社会管理的定义

1.1.1　社会和社会管理

社会(society)是由多个互相联系和互相作用的基本要素构成的统一整体。社会的概念具有相对性,有广义和狭义之分。例如,相对自然界而言的社会,包含人类的一切活动,包括国家、政党、企业、军队等政治、经济和文化各个领域。与国家相对应的社会,是指与政治、经济等活动相区别的,以人的生活为中心的广泛领域,涉及环境、科学技术、文化教育、卫生保健、劳动就业、民生保障、公共治安等社会性事务。

社会管理同样也有广义和狭义之分。广义的“社会管理”是指政府及非政府的公共组织对包括政治、经济、文化和社会的各类社会公共事务所实施的管理活动。这里所说的“社会管理”中的“社会”,是指相对于国家而言的“社会”,是指对政治、经济等以外的社会领域所进行的管理。因此,本文研究的社会管理,是狭义的“社会管理”,即与政治管理、经济管理相区别,是对社会公共事务中排除掉政治统治和经济管理的那部分事务的管理与治理。国外一般称为社会治理(social governance)或公共管理(public management),指的是政府和社会组织为促进社会系统协调运转,对社会协调组成部分、社会生活的不同领域以及社会发展的各个环节进行组织、协调、服务、监督和控制的过程,以及规范和协调社会组织、社会事务和社会生活的活动。

社会管理不同于经济管理,也不同于行政管理。社会管理的主体是多元化的,即除了政府,还有社会组织、企事业单位和公民个人等。社会管理运用正式的、制度化的手段,但更多的是运用非正式、非制度化的手段,如伦理、道德、宗教、习俗等。需要说明的是,这里所指的社会组织又称非政府组织(non-governmental organization,NGO)。

社会管理是社会建设的核心内容之一，两者本质相同。从党的第十六次全国代表大会（简称“十六大”）提出社会主义经济建设、政治建设和文化建设的“三位一体”，到第十七次全国代表大会（简称“十七大”）的经济、政治、文化、社会“四位一体”的总体布局，再到第十八次全国代表大会（简称“十八大”）、第十九次全国代表大会（简称“十九大”）的经济、政治、文化、社会和生态的“五位一体”，凸显了社会建设的必要性和紧迫性，以及社会建设和社会事业发展、社会体制和社会规范、社会管理和服务以及社会结构调整等几大方面的内容。从这个层面看，社会建设的概念外延明显大于社会管理，但是二者的核心内容是相同的，社会管理既包含了对稳定的管理，也包含了对和谐的促进，是党和政府推动社会建设的重要手段。

1.1.2　社会管理的任务

党的第十一届中央委员会第三次全体会议召开以来，为顺应国内和国际形势的变化，国家经过长期的实践和不懈的努力，已经基本建立了适合我国国情的社会管理体制。目前，我国社会管理的基本任务主要有以下几项。

1.1.2.1　调整社会关系，理顺各方利益

社会是一个相互联系的整体，其中各个成员相互联系又相互影响，在各种联系中，社会个体又有自己的利益，这些关系和利益联系在一起就形成了社会。社会群体在社会生产力不发达的阶段，会极力维护自身利益，而利益的分配难以全面顾及所有社会群体，就可能产生社会矛盾。因此社会管理的主要任务就是全面了解新形势下社会关系的特点，正确协调好个人与个人、个人与群体、群体与群体、组织与组织之间的关系。而协调好社会关系，最基本的是要保障广大人民共享社会发展的成果，保护人民最基本的权利。

1.1.2.2　规范社会行为，维护社会公平

社会行为是人类生存发展的各种活动。如果社会行为不规范，人类活动就不能有序进行，社会就不能健康发展。规范社会行为不仅要注重精神文明建设，还要注重法律法规建设。开展精神文明建设和法律法规建设，通过马克思主义引导精神文明建设和法律法规建设，建立完整的社会行为准则体系，维护社会公平正义。

1.1.2.3　解决社会问题，化解社会矛盾

随着社会的发展和国际环境的变化，社会矛盾和社会问题日益突出，人

口老龄化问题、就业问题、教育问题、环境恶化问题亟待解决。如何解决社会问题，化解社会矛盾，已成为社会管理者不得不面对的一个问题。社会问题不是一朝一夕出现的，是在社会运行过程中由社会关系的变化而引发的，是一种积累性的社会矛盾。解决社会问题，化解社会矛盾极有效的方法就是公开社会管理手段，建立一种人人平等的社会管理体系，积极发挥人的主观能动性作用，减少人为主观因素带来的负面影响。

1.1.2.4 应对社会风险，促进社会和谐

社会风险在社会发展中是不可避免的，社会风险是社会生活中矛盾积累到一定程度的产物，是社会管理者管理手段缺失的一种表现。目前我国社会稳步发展，但各种社会关系错综复杂，人们的思想也开始打破传统的束缚，社会竞争、网络舆论、民生环境问题等都促使社会发生风险的机会增多，党中央、国务院多次在政府会议中提到严控社会风险的重要性。为减少风险发生的概率，促进社会和谐，我们应该认真研究社会发展规律和全面了解社会事务的情况，一切从实际出发，科学、民主地管理社会中的大小事务。社会管理者应未雨绸缪，在面对社会突发事件时有充足的方案去化解矛盾。应提高自身风险意识，建立完善的风险应急体系，将社会风险可能对社会带来的损害降低到最低程度，促进社会和谐发展。

1.2 北斗系统的社会管理研究分类

上一节对社会管理的定义和任务进行了简单的论述，本节依据多篇硕博论文、期刊等的研究内容，对基于北斗卫星导航系统的社会管理研究进行了分类，大致可以分为以下几类。

1.2.1 基于北斗系统的物联网应用

物联网的应用包括物流、环境监测、灾害预测等方面。

1.2.2 基于北斗系统的城市建设应用

城市建设涉及方方面面，如交通、环境、安全、城市规划等。第3章从研究较多的几个方面——智慧城市及建筑安全着手讨论。

1.2.3 基于北斗系统的社会安全应用

社会安全、人民安康是社会管理的首要职责，第 4 章从公安指挥系统、人员搜救系统、主动交通安全预警机制、国家突发事件应对 4 个方面论述本系统在该领域的应用。

1.2.4 基于北斗系统的生活应用

人民安居乐业，精神世界丰富，幸福指数提高，社会才能更好地发展。第 5 章论述了本系统在旅游、应用软件设计、户外运动信息服务方面的应用。

1.2.5 基于北斗系统的特殊关爱应用

随着中国老龄化进程的加快，老龄人口的比重日益提高，对老年人的特殊关爱是社会稳定发展的一大保障。第 6 章着重论述了该系统在老人关爱位置服务应用设计、老人健康监护系统设计方面的应用。

1.2.6 基于北斗系统的校园服务应用

学校是培养人才的主要场所。当今世界各国之间的竞争，实际上是人才的竞争。因此，加强对学生的安全保护，给学校提供便捷的生活很重要。第 7 章着重论述本系统在平安校园管理和智慧校园的应用。

第2章　基于北斗系统的物联网应用

2.1　物联网的介绍

全球卫星导航系统（global navigation satellite system，GNSS）可以为用户提供精确、连续的三维位置和速度信息，并具有授时功能。北斗卫星导航系统（BeiDou satellite navigation system，BDS）简称为北斗系统，是我国自行研制的全球卫星定位与通信系统，也是继美国全球定位系统（global positioning system，GPS）和俄罗斯格洛纳斯卫星导航系统（global'naya navigatsionnaya sputnikovaya sistema，GLONASS）之后第3个成熟的卫星导航系统。BDS由空间端、地面端和用户端组成，可在全球范围内全天候、全天时为各类用户提供高精度、高可靠定位、导航、授时的服务，并具有短报文通信功能，已经初步具备区域导航、定位和授时能力，定位精度优于20m，授时精度优于100ns。2012年12月27日，《北斗系统空间信号接口控制文件（1.0版）》公布，BDS导航定位业务正式对亚太地区提供无源定位、导航、授时服务。2013年12月27日北斗系统正式提供区域服务的一周年新闻发布会在国务院新闻办公室新闻发布厅召开，发布了《北斗系统公开服务性能规范（1.0版）》和《北斗系统空间信号接口控制文件（2.0版）》两个系统文件。2018年12月27日，北斗三号系统基本建成及提供全球服务情况的发布会在国务院新闻办公室新闻发布厅召开。中国卫星导航系统管理办公室正式发布《北斗卫星导航系统公开服务性能规范（2.0版）》，服务区域从亚太大部分地区扩展到全球，公开服务信号在B1I信号基础上，增加了B3I、B1C和B2A信号。同时，中国卫星导航系统管理办公室正式发布《北斗卫星导航系统发展报告（3.0版）》。

中国BDS和美国GPS、俄罗斯GLONASS及欧盟伽利略卫星导航系统（Galileo satellite navigation system，Galileo），是全球卫星导航系统国际委员会已认可的四大全球卫星导航系统供应商。

全球经济一体化、城镇化、自然或人为灾害日益频繁等带来一系列社会问题，人们生活、工作的正常运行和高效管理已经成为世界亟待解决的问题之一。与此同时，全球卫星定位导航技术、物联网（internet of things）、新一代宽带无线移动通信网与云计算等新一轮信息技术迅速发展且不断深入应用，为城市运行管理进入“智慧化”时代提供了技术保障，奠定了坚实的科技基础，向更高阶段智慧化发展已成为城市发展的必然选择。我国 BDS 卫星组网日益完善，为城市运行管理更加智慧化提供了可能性。本文基于 BDS 在物联网的典型应用领域进行探讨，分析了基于 BDS 的物联网体系架构，希望为我国 BDS 在物联网的应用提供理论与技术支撑。

2.1.1 物联网简述

物联网是指在物理世界的实体中部署各种具有一定感知能力、计算能力的信息传感设备，通过网络设施实现信息获取、传输和处理，从而实现广域或大范围的人与物、物与物之间信息交换需求的互联。简单地说，物联网就是通过识别、感知的技术与设备获取物体/环境的静/动态属性信息，再由网络传输通信技术与设备进行信息/知识交换和通信，通过电脑或手机实现对物体的智能化管理和信息采集分析，实现人、机、物、世界的智能化管理与控制的一种“人物互联、物物互联、人人互联”的高效能、智能化网络，图 2-1 为物联网结构层次框图。从图 2-1 中可以看出，物联网有 3 个层次，即用来感知数据的感知层、传输数据的网络层和面向用户的应用层。物联网中较重要的支撑系统是感知层和网络层。感知层目前常用的技术有射频识别（radio frequency identification，RFID）、红外感应等，用以完成物品信息的收集并上传至网络层；网络层则主要利用全球移动通信系统（global system for mobile communications，GSM）、4G/5G 等移动网络将信息传送至相应的处理中心，进行分类处理。而物联网网络层尚处于瓶颈期，存在大量技术空白，且国际化标准体系尚未形成，专利空间巨大。因此，解决不同的数据量传输，将短距离至长距离无线网络全部囊括其中，以建立一个完整的物联网，是构建物联网网络层体系所面临的首要课题。

GNSS 具有定位精度高、覆盖面广泛、用户容量大、实时性强等特点，既可以作为感知终端，又可以作为传输网络。可以预见，若将 BDS 和传感网络及移动通信网、互联网相结合，集各家之长，可以方便建立起集数据采集、传输、处理和业务管理于一体的综合网络服务方案，这样 BDS 在物联网中将有广阔的应用前景。同时,从物联网的含义及其架构不难看出,为实现物的定位及追踪,具备全天时、全天候、不受地域限制的卫星定位导航技术无疑是物联网中十分重要的支撑力量。BDS除具备定位、授时功能外,其独有的短报文通信功能也是物联网时代最具亮点的特性,尤其能够在固网及移动网络不能提供服务的情况下,保证物联网体系接入网络的畅通性。

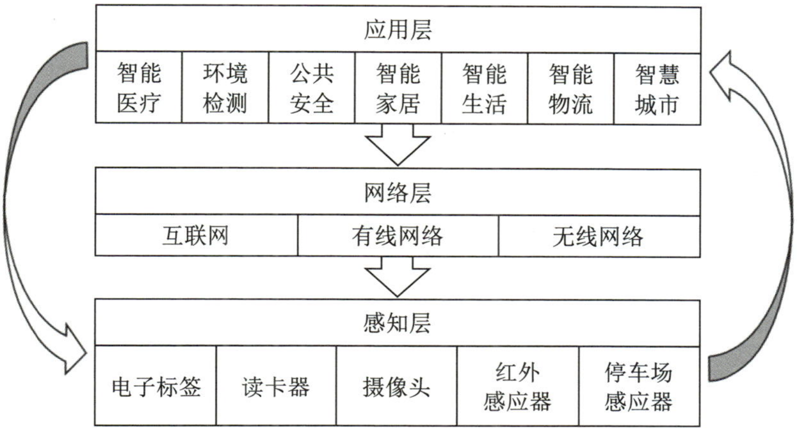

图 2-1　物联网结构层次框图

2.1.2　北斗系统与物联网技术联系

一方面,BDS为物联网技术的应用提供位置导航服务,除了有卫星导航功能外,还可以增加物联网的应用范围。而物联网技术作为BDS产业链中的一环,既可以直接形成导航应用产品,服务广大用户,又可以促进新产业的出现,促进信息科技产业的发展。另一方面,物联网技术的核心和基础仍然是互相的通信和交流,以此来达到资源共享目的。在物联网通信过程中,当需要对物体进行准确的定位时,特别是移动中的物体,采取传统方法是比较困难的,甚至无法解决。目前最好的解决方法是利用定位卫星导航系统,即利用GPS的定位和导航服务。相对于传统意义的方法,BDS具有明显可操作性、准确的位置信息、精准的授时服务、无须组建网络、覆盖范围广、获取信息方便等优点,但同时其缺点也是很明显的。而利用GPS有较大的安全隐患,特别是在战争时候,风险可能更大,物联网通信受到影响,其功能会受到一定程度的削弱。因为美国政府从来没有对GPS的质量和使用寿命做出过承诺和保证,而且美国军方还可以对特定地方的GPS信号进行干扰和致盲。因此，完全自主的BDS可以完美地解决物联网技术中的定位和导航问题，也可以保障系统工作的安全性和可靠性。

2.1.3 基于北斗系统的物联网体系架构

基于BDS的物联网体系结构的物理结构如图2-2所示。体系架构充分利用现有电信网实现结点与因特网的连接，采用BDS系统对结点群进行定位和辅助通信，进而设计实现该体系功能逻辑结构及具体结点的方案。

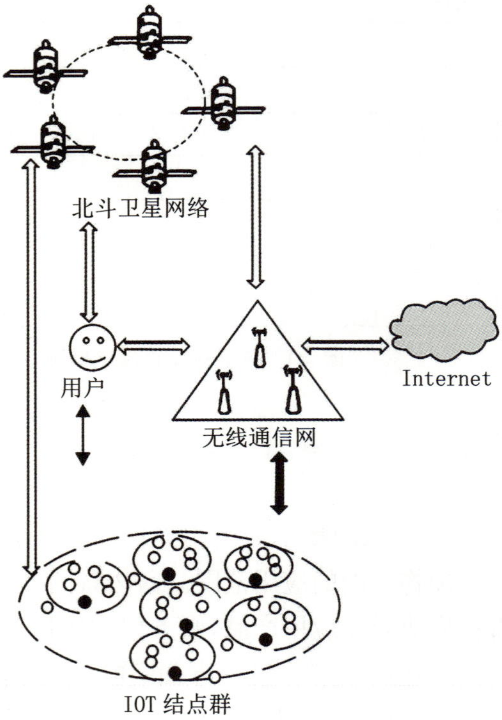

图2-2 基于BDS的物联网体系结构的物理结构图

物联网结点群借助现有的电信网与因特网(Internet)联结，BDS为物联网结点提供定位，提高结点获取信息的有效性，因为不确定位置的信息往往是无用的。这种定位可以是卫星直接对任意结点进行单独定位，但这对结点功能要求高，结构设计复杂，制造成本较高；另外一种，可以是卫星只对簇头结点进行定位，再用定位好的簇头结点对普通结点进行间接定位。而BDS所独有的短报文转发功能，在物联网结点无法与电信网实现联结的情况下，可以借助北斗系统为物联网结点提供一种可用的辅助通信方式。结点可以通过卫星进行通信,大部分情况下,通过现有布设好的电信网设备与结点取得联系,获取信息或控制结点。对于物联网信息的管理,结点通过电信网设备上传到互联网,用户通过电信网登录互联网获取物联网信息。通过无线通信网联网的优点是可以随时随地对物联网进行监控、操作,不受时间、地域的限制。因现在通信设备已经布局得非常健全,且通信质量较好,不会影响结点操作的实时性。

物联网与电信网相结合,利用移动台的多跳转发能力,扩大无线通信网通信系统的覆盖范围,均衡相邻小区的业务,提高小区边缘的数据速率。在实际应用中,物联网可以单独组网实现局部的通信外,还可以作为末端子网通过接入点接入其他的固定或移动通信网络,与局域网以外的主机进行通信。因此,可为物联网提供三种可用网络:①物联网结点群—无线通信网—Internet。②物联网结点群—BDS—无线通信网—Internet。③用户—物联网结点群,即由用户建立的一个局域物联网。三种通信网络的优点是,当出现地震、洪水等自然灾害时,若地面通信设备被毁,可以使用北斗卫星访问Internet实现物联网的通信。

2.1.4 应用分析

物联网用途广泛,遍及智能交通、环境保护、政府工作、公共安全、平安家居、智能消防、工业监测、环境监测、路灯照明管控、景观照明管控、楼宇照明管控、广场照明管控、老人护理、个人健康、花卉栽培、水系监测、食品溯源、敌情侦查和情报搜集等多个领域。随着物联网的广泛应用,凡需要定位及无线通信技术的环节,都可以使用BDS。位置信息是物联网在感知层中非常关键的信息,只有掌握了位置信息,才能进行针对性的处理,因此BDS在物联网建设中有非常广阔的应用前景。

2.1.4.1 电子商务与现代物流

目前电子商务中间过程的物流跟踪主要依靠物流公司的人工标记,时效性较差。利用导航系统,在物流车辆、中转环节安装导航终端,并在导航终端上设计RFID读写器和处理器;在买家购买商品后,自动生成一个RFID的电子标签,物流公司在接收货物后将电子标签贴于商品上。在整个商品运输过程中,导航终端可以通过读取商品上的电子标签实时更新商品位置,买家则可以登录相应的门户网站查询商品的即时信息,这样既提高了物流信息的时效性，又减轻了物流过程中登记物品的工作量。

另一方面，随着电子商务的快速发展，其下游产业——物流行业不断壮大。在物流行业中流动的物品数量越来越大，种类越来越多，依靠传统的管理方法难以实现，不仅增加了物流成本，也增加了顾客对物品安全的担忧。北斗与物联网结合应用可以很好地解决这个问题。在每个物品上都贴有一个唯一的电子标签，并嵌入微型 BDS 芯片中，当顾客想要知道物品的信息时，可以利用 BDS 发射定位信号给微型 BDS 芯片，然后将信息传给 RFID 站，通过 RFID 站连接物联网，于是顾客就可以在移动网络之间互联的协议(Internet protocol，IP)技术的帮助下，利用移动终端随时随地获取实时的物流信息。

2.1.4.2 环境监测

虽然人们的生态意识越来越强，愈发懂得环境保护的重要性，政府部门也制定了相关的法律法规加强环境保护，但是在监测、管理方面有时仍不尽人意。为此，设想把物联网技术应用于环境检测，并结合 BDS 来实时监测相应的位置，及时掌握环境指标，从而解决传统人工监测时效性差的问题，并及时做出应对措施。

2.1.4.3 智能交通与定位服务

以汽车定位为例，现在已经有很多商家推出了相应的服务，但是目前使用较多的是 GPS 的位置定位，由于没有报文功能，需要通过其他网络将定位信息上传。一方面，利用 BDS 可以在汽车上安装导航终端，作为物联网的传感器，直接通过短报文功能将位置信息发送到用户终端，降低了系统复杂度。该功能可用于汽车防盗、租车监控、公车监控等方面。另一方面，当前虽已经将 GPS 等导航系统应用于智能交通，但针对城市交通拥挤、交通事故频发、超载超速等现象，相关部门对其监管感到较为困难。为此，设想将物联网应用于智能交通，车辆上安装北斗系统接收芯片，用于对车辆进行精确导航和定位，同时车内配置有采集载重、测速信息的传感器，将采集后的信息通过物联网传送给交通监测中心，监测中心通过技术处理，可获得任意车辆的位置、是否超载/超速等信息，可在必要时刻发送消息对驾驶员进行提醒和对行车状态进行控制。还可以利用 BDS 和物联网技术实时收集路况信息，利用 BDS 的短报文功能，随时对路况进行播报。

2.1.4.4 导弹制导

卫星导航系统出现后，导弹的制导不再是传统的惯性制导和红外制导，而发生了革命性的变化，出现了利用卫星定位系统来进行制导的精确制导导弹。若把导弹连入物联网，在BDS准确定位导航的辅助下，可以实时掌握导弹的生存力和制导精度，一旦有什么变化，可以随时调整，提高打击精度，特别是移动中的物体。

2.2 智慧物流

2.2.1 基于北斗卫星定位的物流平台的设计与实现

北斗卫星导航系统是我国自主研发和运行的全球卫星导航系统，它具有定位精度高、可全天候使用、通信快捷和运营价格低廉等特点，可广泛应用于交通、水利、石化和海洋等国民经济领域。我国的北斗二代全球卫星导航已具备区域服务能力，卫星导航与无线通信进入一体化融合发展时代，形成集定位、无线通信和互联网为一体的应用，将迅速提高人们对导航与位置服务的认知程度和依赖程度。北斗三代全球卫星导航也已于2020年7月开通，提供陆、海、空定位导航服务，促进卫星定位、导航、授时服务功能的应用。2013年，北斗开始为中国和周边亚太地区提供定位导航授时服务，在定位、导航、授时、识别、事件检查方面有了广泛的应用。

目前，我国交通运输的机动性、可达性和效率还比较低，经济发展和社会运转成本相对较高，我国全国道路运输货运车辆运输效率和规模化、组织化、集约化程度不高，运输协调、调度及综合控制能力较弱，使得货运车辆平均实载率较低。目前普遍存在的问题：一方面，货运车辆在长途运输运抵货物后，表现为外地的返程车具有极强的目的性（需返回出发地）和时效性（不能等太长时间），导致寻找货源面临着许多困难，空载率相当高。另一方面，拥有大量货物的货主因为无法有效找到合适的车辆承运，负担着较高的运输费用，使生产成本上升。这就形成了一个怪圈，一方是“货找车”，想多快、好、省地把货运出去，而另一方是“车找货”，想充分利用空闲资源获取更多效益。物流车辆的管理面临的主要问题：难以实时掌握车辆具体位置，返程车难以找到货物配载，车辆难以调度。

基于此，陈启锋在《基于北斗卫星定位的物流平台的设计与实现》中提出建设一套基于北斗卫星定位的物流平台的解决方案，用于解决物流车辆管理过程中面临的问题。此平台是一个集北斗卫星定位技术、GSM 通信、WEB GIS 技术、物联网及计算机技术为一体的物流车辆管理平台，提供物流车辆管理、人员及货物追踪管理、北斗定位跟踪等，能有效解决物流企业管车难、找车难、配货难、跟踪难、信息断层等问题，提升物流车辆的利用率，提高车辆配载率，对车辆、人员及货物进行有效管理和跟踪定位。

2.2.1.1 系统概述

基于北斗的物流平台是软硬件集成的系统。硬件模块负责车辆运行状态、实时图片、定位数据的获取，同时需要完成将数据上传到服务中心的任务，硬件模块的关键是基于北斗卫星定位的车载终端；软件模块是系统的核心，需要实现所有信息的统一管理，同时提供给用户和管理者使用和管理的接口，满足用户参与到物流运输环节的所有需求。软件模块一套是基于 NET 技术开发的系统，整体架构如图 2-3 所示，终端通过北斗卫星定位，通过 GSM 网络将数据发送到服务器，通信服务器通过监听特定的端口接收终端上报的数据并对数据进行处理、存储，用户和管理中心通过向应用服务器发送网络请求获取信息，并使用系统的各项功能。

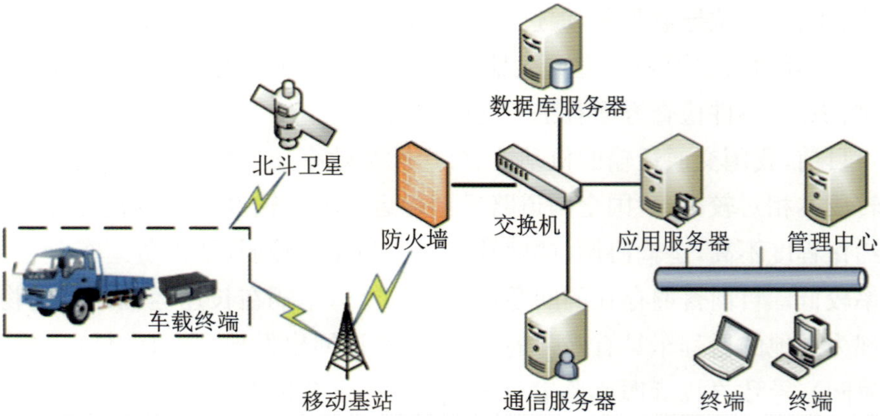

图 2-3　系统总体架构

车载终端生产厂家较多，选用的时候需要考虑终端的性能。经过多次对比选型，本系统选用的是厦门雅迅网络生产的汽车行驶记录仪 GK-11 OR7，该终端具有系统精确定位、音频采集、视频接入、各类信息采集、数据存储、安全告警等重要功能，符合本系统平台的要求。

物流车辆管理平台软件包含用户平台、中心平台和数据存储平台三个主体部分。通过用户平台查看可用的运力或者可供运输的货源，实现发货或运货，同时可以管理个人的运单信息，以及查看本人实时的货运。中心平台负责车辆管理调度，以及查看车辆的实时视频或者图片，并对车辆状态进行异常报警监管、车辆指派管理，实现对数据进行统计分析，提供报表展示。数据存储平台包括数据库服务器、通讯服务器、应用服务器等，负责获取车载终端实时上报的视频、图片、位置信息，并进行数据分析和处理，提交到数据库中存储。同时需要响应用户由网页端发送过来的请求信息，将信息及时提交到前端进行显示。

2.2.1.2 物流平台软件设计

基于北斗卫星定位的物流管理平台集成了北斗卫星定位技术、无线通信技术、GIS位置信息技术和计算机数据处理技术，由于系统平台的复杂性，经过对各个子系统功能的抽象分解，以及考虑系统中关键环节对系统性能和容量的影响，从应用和程序实现的角度出发，最大程度保证系统中的数据共享和低耦合度。将系统分为不同的层次结构进行开发实现，即UI层、业务处理层、访问接口层、通信接入层、数据存取层和转发接入层。分层结构如图2-4所示，此分层机制在保证系统性能更稳定和逻辑清晰的同时，也给系统的扩展带来了极大方便。

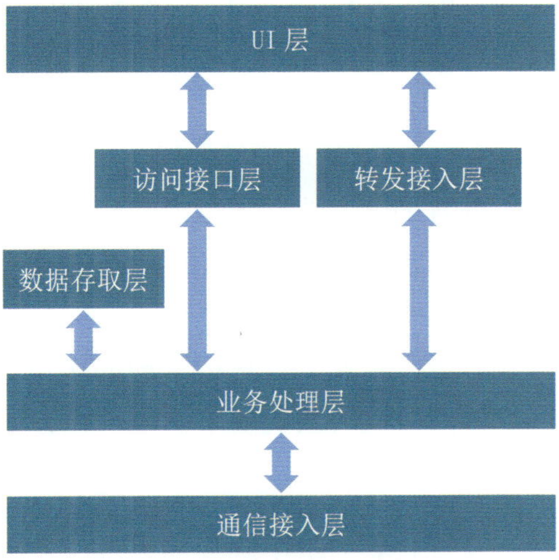

图2-4 系统架构层次图

通信接入层,主要负责和物流车载终端之间通信链路的管理,位置数据、图片数据的接收,命令的下发。将该层次与业务处理层明显地分离开,可以将数据获取和业务处理分离开。

业务处理层负责数据处理,包括来自物流车载终端的数据处理和 UI 层提交的业务数据请求处理。并负责把各类业务数据提交给数据存储层进行数据存储。

数据存储层负责系统的数据存取操作,系统用 SQL Server 数据库管理系统数据,数据库主要由系统数据库和百度地图数据库组成,系统数据库包括车辆信息表、位置信息表、用户信息表、终端信息表、告警信息表等。

访问接口层负责接收客户端请求,用户的所有数据请求、数据接收操作均通过此层次进行转发处理,用户请求会通过该层次转发到业务处理层进行处理,访问量过大时,此处会成为系统瓶颈,需要采用负载均衡技术实现请求的分发,提升系统并发能力。

转发接入层将 UI 层对终端的命令下发请求进行转发,通过此层次实现 UI 层和车载终端的数据通信。

按照分层的设计,UI 层将无须过分关心系统内部的复杂实现,只需要按照规定好的接口获取需要展现的数据即可,专注于用户交互和 UI 体验方面的问题。

2.2.1.3 系统功能设计

此系统的研发是为了解决“货找车”和“车找货”的问题,同时需要实现对车辆运输路线的实时跟踪,因此在功能设计的时候需要满足用户和企业两个方面的需求,既要包含针对用户使用的平台功能,也要包含企业管理的功能,基于此,作者完成了如图 2-5 所示的功能结构。

用户平台可让用户查看平台上的空闲运力和货物资源,给用户提供资源信息的获取,用户注册后可以进行信息发布和个人信息管理,同时可以查看订单信息以及运输车辆的实时运行情况。

企业管理平台是平台运营企业进行货运管理的接口,可以对车辆、终端、客户、订单等信息统一进行管理,有效实现车辆运行状态的实时监控和调控。

2.2.1.4 关键技术分析

物流车辆管理系统需要获取大量车载终端上报的数据,系统最关键问题是如何保证系统的高效性、稳定性和实时性,这需要系统能够快速、精确、全

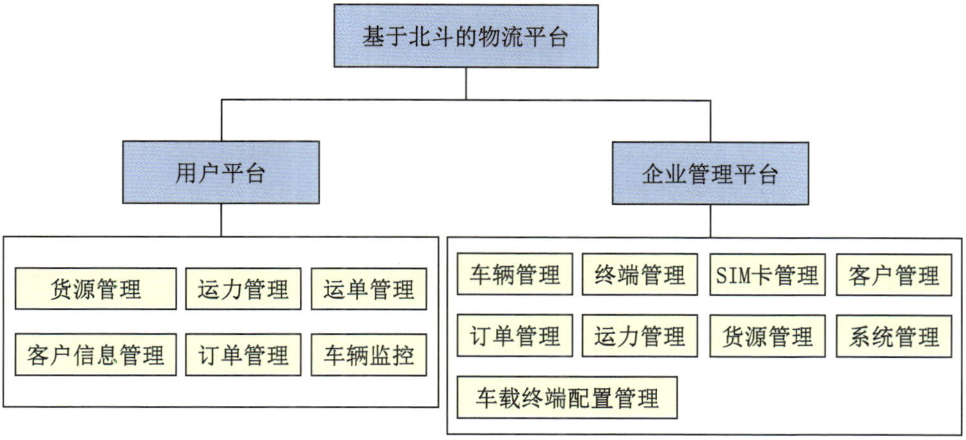

图 2-5　系统功能结构图

面地获取车辆状态和定位数据，同时将处理后的信息实时动态地传递到监控中心，因此，数据接收处理和实时传送成为本系统的两大关键技术问题。本文在解决这些关键问题时，基于 Super Socket 开源框架实现终端接收服务，MSMQ 作为消息队列，Web Socket 含页面接收服务，通过三者的结合，构建车载终端与前端页面、数据库之间的数据通道，保证数据在车载终端、用户页面、数据库之间能实时传递。

1. 数据接收处理

程序操作的封装，在性能上、可拓展性上都有很出色的表现。该框架底层实现基于 Socket Async Event Args 和线程池技术。主要为高性能通信服务器应用程序而设计，能够显著地改善服务器程序的性能。Super Socket 通过以下三个步骤可实现数据接收和处理。

(1) 定义连接类。在 Super Socket 中，每个 TCP 连接都对应着一个 Session 对象，通过 Session 对象实现对 TCP 连接的操作，Super Socket 连接类中实现了连接接入、连接断开、连接请求处理等方法，通过这些方法可以很方便地对 TCP 连接进行处理。

(2) 定义接收过滤器协议。过滤器接收是根据设定的格式接收固定形式的数据，过滤器的定义可以继承框架中提供的模板，也可以根据自己的需求自定义新的数据形式。过滤器协议负责接收符合形式的用户请求，接收数据时，还需要对用户请求类型进行分析，每种请求都需要进行专门的业务处理。Super Socket 中，所有的客户端请求都会被实例化为 Request Info 类，该类包含了 key 和 body 属性的定义，根据 key 属性可以判断请求的类型，从而进行相应的业务处理，因此在过滤器中还需要将客户端请求实例化为 Request Info 类型。由于在北斗终端中，消息格式是由标准规范严格规定的，因此 Request Info 类中的 key 属性可以和消息 ID 对应起来，根据消息 ID 判断请求的类型，从而实现业务处理的分发。

(3) 定义命令类。命令类其实就是业务处理类，每一种请求都由一种命令类对应，处理该请求的具体业务，因此在服务器设计中，需要定义多个命令类。Super Socket 要求每个命令类在定义时都需要继承 Command Base 类，该基类中实现了抽象方面的 Execute Command，所有的业务操作都在该方法中完成。由于车载终端的消息 ID 都为数字形式，命令类类名无法直接使用数字定义，难以实现类名和消息 ID 的对应，因此需要对命令类的 Nam。属性进行重写，将消息 ID 和命令类类名对应。对应的方法如下代码段所示：

```
public override string Name{get{return “00-02”;
```

其中 return 语句之后的字符串为消息 ID。

2. MSMQ 消息队列

在进行系统设计时，考虑到系统的业务处理速度有可能跟不上接收请求的速度，导致系统无法及时处理请求，甚至会丢失部分用户请求，因此本文引入消息队列的处理机制，将获取的请求全部存放到队列中，业务模块处理时，直接从队列中获取请求信息，这样保证了数据的完整性。同时，当数据量增大时，可以方便地拓展系统的业务处理能力，实现异步处理数据，提升系统的总体性能。

MSMQ 是微软的消息队列，能够实现不同应用间的异步通信，消息的发送者把自己需要发送的信息放入一个叫作 Message 的应用程序中，并将其保存至系统公用空间的消息队列中，本地或者是异地的消息接收程序从该队列中取出消息进行处理。开发时，先添加 windows 组件中的消息队列组件，引入命名控 System. Messaging，MSMQ 消息队列支持同步和异步两种消息类型；同步方法使用的是 Peek 和 Reoeive，异步使用的是 Beginpeek 和 Beginreceive，两者没有本质区别，都是封装好的方法。只需在程序中直接创建 Message Queue 对象，通过对象来调用这个方法就能完成数据的收发。

3. Web Socket 实时更新

在 Web Socket 出现之前，网页数据的实时更新方式都是通过轮询来完成，最常见的是采用 AJAX 技术实现长轮询，完成页面的异步刷新。实际上，这种方式不能算是真正的实时。Web Socket 能在浏览器和服务器之间进行全双向通信,其本质是维护一个介于浏览器和服务器的 TCP 连接,保证数据在两者间的快速实时传递,以主动的方式进行数据更新,保证了信息的实时显示。

采用 Web Socket 进行数据更新,需要完成服务器端和客户端的设计,服务器端本质上是 TCP 服务器,但是有别于通用的 TCP 服务器,此服务器需要处理 Web Socket 握手信息,负责处理页面发送过来的 TCP 请求并建立起服务器和浏览器的数据连接通道,才能进行数据收发。本文中,通过在 Super Socket 框架中加入 Web Socket 协议并完成相应的浏览器数据请求处理来建立服务器端。客户端负责发送浏览器与服务器建立连接的请求,以及数据收发工作。客户端的实现相对简单,Web Socket 提供了一套基于 Java Script 的 API,通过调用该 API 中包含的 send,on open,on message 和 on close 等方法就可以实现页面请求发送和数据的收发。

2.2.1.5 系统测试

系统测试是保证系统稳定且可靠运行的必备环节,需要对系统的每个功能进行全面的测试,本节选取了其中的 2 个功能进行说明。

1. 通信服务器测试

通信服务器是保障系统获取数据的关键环节,服务器需要稳定应对大量终端接入的情况,不能因为终端的增加而降低处理能力,因此测试时需要对服务器进行压力测试,通过测试查看通信服务器的终端接收能力和资源占用情况。本测试中使用压力测试工具 Tcp Server 模拟车载终端,用一台 PC 电脑作为通信服务器,通过模拟终端发起连接,压力测试工具不断增加 TCP 连接数,同时观察服务器的运行情况。主要观察的 2 个指标,一个是 TCP 有效连接数,另一个是 CPU 使用率。经过测试,本系统的通信服务器在接收到 10000 个终端连接时都能一如既往保持着 100%的有效连接率;对于单台 PC 来说,处理 10000 个连接已经是很优越的性能了,从这可以看出本系统通信服务器的有效连接率还是很高的。而 CPU 占用率随着连接数的增加会略有增加,接入 3000 个连接时占用率达到 32%,当接入 7000 个连接时为 63%,这是一个必然的结果。因为维持每个连接都是需要占用 CPU 资源的,而且测试时用的是单台计算机,资源占用率会比较大,在实际中,接入大量终端时,需要部署服务器集群进行分流。只要保证硬件资源足够,系统就能运行正常并能够处理不断增加的终端接入,有效地保证系统的拓展能力。

2. 功能测试

第二个测试的功能是车辆定位，这是在查看车辆运行状态过程中最为关键的功能，通过车辆定位功能可以实时查看车辆运行位置和运行情况，轨迹回放功能可以回看车辆行驶过的完整路程。对于车辆定位，在用户点击具体车辆时，会自动获取该车辆的基本信息和定位信息，同时弹出信息窗口，信息窗口如图 2-6 所示。

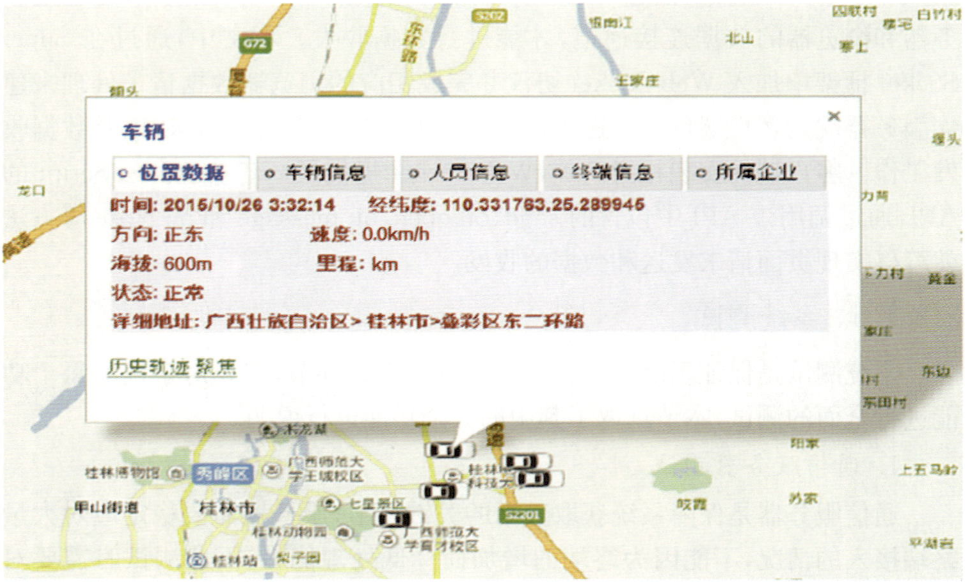

图 2-6　车辆定位功能展示

针对物流运输行业中管理者、货主和车主遇到的难以找到空车、难以实时掌握车辆具体位置、回程车难以找到货物配载、车辆难以调度等问题，从用户实际需求出发，基于北斗卫星定位技术、GSM 通信、WEBGIS 技术、物联网及计算机技术，研究并实现了一套物流管理平台，给用户提供了一个容易找车、容易找货、容易管理的平台，充分解决物流管理中用户碰到的问题，提升效率的同时能充分降低成本。同时拓展了北斗导航技术的应用领域，以技术提升产业能力，优化物流行业资源配置，推进现代物流信息化的发展，提升物流行业整体经济效益和竞争力。

2.2.2　物流追踪

近年来，随着信息技术的快速发展，物流信息化的趋势越来越明显。大多数物流公司开始利用信息技术来处理各个物流环节中的信息，包括信息采集、信息传递、信息识别、信息分类、信息汇总、信息跟踪等。

物流追踪(logistics tracking)是物流企业用来追踪内部物品流向的一种手段，主要包括对于物流运输过程的追踪和货物流向过程的追踪。完善的物流追踪系统可以对运输、分拣、中转、配送等各个环节进行精确把控，实现更好的物流管理。

随着行业的发展，物流企业开始在物流追踪系统上大量使用卫星导航技术和 RFID 标签识别等技术，使得物流管理更加信息化，物流操作更加自动化。但是，当前物流企业在对于物流运输过程的追踪上，普遍采用基于美国 GPS 的追踪技术，使得在对于关系到国家安全的涉密物流运输上，具有很大的泄密风险。另一方面，其用于追踪货物流向的标签识别技术，由于对计算和联网有特殊要求，普遍只能使用在固定场所，而不能应用在类似于车载一类的移动环境。

物流信息化是指物流公司利用信息技术手段来处理物流运转的各环节中产生的信息，包括信息采集、信息传递、信息识别、信息分类、信息汇总、信息跟踪等。对这些信息进行及时的处理，可以严格地控制货物的流通过程，提高物流的运行效率。物流信息化管理建立在物流信息化技术基础之上，目标是构建一个功能全面的物流信息化管理系统，从而将信息化技术应用到物流决策及业务流程，再到客户服务这一连串过程。为了给物流信息化管理提供足够的数据支撑，对物流信息的全程追踪是重中之重。由此可见，物流追踪是物流信息化管理的核心部分，只有建立了完善的物流追踪机制，才能对物流过程进行高效的管理。

2.2.2.1 总体规划

本物流追踪设备主要由硬件、驱动和软件三部分组成。其中，硬件设备是物流追踪设备各项功能的实际载体，也是整个系统得以稳定流畅运行的基础。驱动程序主要用于驱动硬件设备正常工作，可以说相当于硬件的接口，操作系统通过驱动来控制和访问硬件设备，驱动程序是硬件设备各项工作的保障。应用软件是物流追踪设备各项功能的具体实现，通过应用软件才能实现物流追踪设备中的各项功能，如导航、卫星定位、RFID 射频识别、联网追踪等。硬件、驱动、软件三者缺一不可，只有将三个部分的功能完美地整合到一起，才能保证物流追踪设备的实现。

1. 硬件部分规划

物流追踪设备的硬件主要由核心硬件和外围硬件两部分组成。核心硬件主要涉及整个电路底板，主要包括核心板模块、通信模块、导航芯片模块、RFID 读写模块，以及电源管理模块五大部分。外围硬件主要包括显示屏、扬声器、话筒、摄像头、外壳以及各类接口插座等。

就核心硬件来说，核心板模块主要负责为操作系统的运行提供基本支持，主要包括 CPU、内存、闪存以及各类控制器芯片等。现在各个厂家为了减少研发成本，将上述部件打包成一个完整的核心板，同时附带完整的操作系统支持。通信模块主要负责通过移动网络进行数据和语音等通讯，就本文来说即 GRPS/4G 通信模块。导航芯片模块通过导航卫星来进行位置信息的获取，就本文来说即北斗/GPS 双模分航模块。RFID 读写模块用于负责 RFID 标签的读写识别。电源管理模块主要负责整个系统的电源管理，特别是导航模块和 RFID 模块的供电管理。

就外围硬件来说，各个外围硬件主要用于为人和设备提供交互接口，或者针对特别工作环境提供防护、稳定等方面的功能。外围硬件的规格需求主要存在于设备量产阶段，目前设备的研发和实现较简单，对于外围硬件采用参考设计，暂时对于外围硬件的规格不做过多的要求。

就硬件的设计流程来说，主要包括平台的选择、各项硬件的选型以及硬件设计三个部分。其中，平台选择将决定整个项目的走向，所以需谨慎选择。硬件选型主要是根据选定平台进行基本硬件的搭建。硬件设计阶段则是进行详细的硬件设计与实现。

2. 驱动部分规划

一般来说，在我们选定核心板块的同时，供应上会连同核心板设备的驱动程序一并提供，比如串口、触摸屏控制器、NAND FLASH 等，这些驱动主要用于支撑操作系统的基本运行。但是，对于我们自己选定的外设芯片，芯片商并不一定会提供相关的驱动程序，尤其是涉及特定的操作系统时。对于本项目来说，北斗/GPS 双模芯片是不提供驱动的；而对于新增加的外设模块，电源管理方面也是不提供驱动的，比如本项目所提到的 RFTI7 识别模块。

驱动程序的主要目的是为相关的硬件提供软件访问接口。一般来说，硬件选型的时候，尽量选择已有相关驱动的硬件，但对于没有相关驱动的硬件，还是要尝试自己编写驱动程序。驱动程序编写主要涉及两方面，一方面要了解对应操作系统平台的驱动编写规范，另一方面要学习待驱动硬件的详细规格。

在《基于北斗/GPS双模技术的物流追踪设备的研究与实现》一书中,所述物流追踪设备主要涉及北斗/GPS双模模块的驱动程序编写,以及电源管理模块在电源开关控制功能的驱动。

其中北斗/GPS双模模块底层采用串u方式进行通信,串口驱动在Linux内核层以及实现并集成,所以北斗/GPS双模模块主要涉及Android的硬件抽象层驱动程序的编写,主要负责串口数据的分离、解析和上报。

而电源管理模块的驱动主要用于控制电源的开关,本项目采用GPIO接口的方式进行控制,所以电源管理模块的驱动主要涉及Linux内核层GPIO驱动的编写。

3. 软件部分规划

应用软件是物流追踪设备各项功能的直接实现者。物流追踪设备的软件为物流追踪设备需要的各项功能直接提供一个交互平台。其中,就本项目来说,主要涉及物流运输追踪功能的实现,货物流向追踪功能的实现和部分物流管理功能的实现。

物流运输追踪功能是软件部分最核心的功能,主要用于在物流运输路途中,把物流车辆的位置信息实时地返回后台服务器。物流运输追踪主要涉及北斗/GPS卫星定位技术、第三方地图技术、车载追踪技术,还有车载导航技术等。

货物流向追踪是物流追踪设备的另一项核心功能,此功能主要通过RFID标签识别的方式,对于物流车辆的上下货过程中,对每一件货物进行扫描识别,并将相关数据上传到后台服务器。货物流向追踪功能较为简单,完整的功能由后台服务器实现,物流追踪设备仅仅提供标签识别功能和数据上传功能。

物流管理功能主要是为车载物流运输的过程,提供一个规范化的操作流程,方便物流的管理和物流追踪功能的实现。物流管理功能主要包括物流任务的下达、物流任务的执行、物流任务的修改、物流任务的终止,以及历史任务的查询等几个子模块。

2.2.2.2 物流运输追踪功能的设计与实现

1. 定位功能的实现

由前文驱动程序的编写我们可以知道,不论是北斗还是GPS或者其他导航芯片,它们的本质原理都是先与导航卫星建立通信(俗称“搜星”),然后把获得的导航卫星信号以 NNIEA 语句的形式输出；驱动程序捕获到这些 NMEA 语句，将它们进行断句和分词，并解析成一个又一个的位置信息。

Android 系统提供了一套和定位相关的 API 供应用程序调用，这些 API 最终都会通过上述驱动程序来访问底层硬件，最终获得相应的位置信息。如图 2-7 所示，通过调用定位相关 API 获得位置信息，并最终在百度地图上显示。

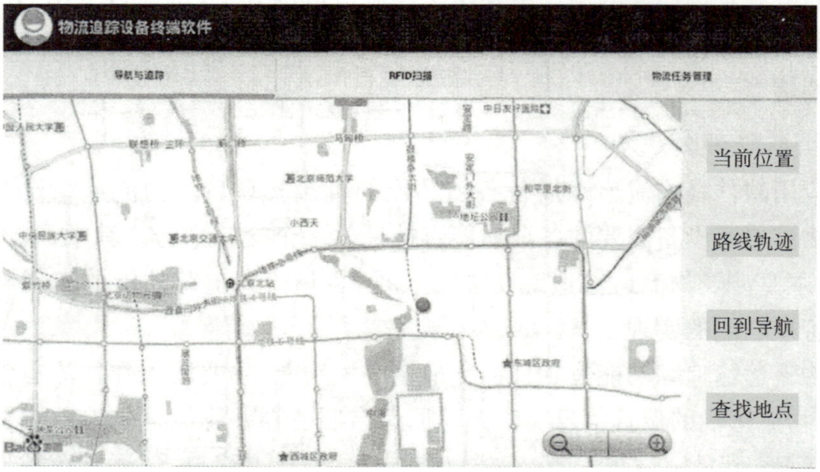

图 2-7　定位成功界面

由于我们要定位的目标在地面上的坐标很有可能是不断变化的，所以定位的数据也需要不断地刷新。为了实现这一目标，Android 使用了软件设计模式中的“观察者模式”。

“观察者模式”(有时又被称为发布/订阅模式)是软件设计模式的一种。在此种模式中，一个目标对象管理所有相依于它的观察者对象，并且在它本身的状态改变时主动发出通知。这通常通过呼叫各观察者所提供的方法来实现。此种模式通常被用来当作事件处理系统。

1) 地图功能的实现。地图功能和离线地图功能的实现参考百度地图 API 帮助文档，本文不详细论述。

2) 追踪功能的实现

(1) 物流追踪数据帧的实现。当物流司机正式开始物流导航任务时，物流追踪设备也正式启动物流追踪。物流追踪设备每隔 30s 会向服务器发送一次包含位置信息的数据帧，相关信息包括：经度、纬度、UTC 时间、视野内卫星数、地面速度以及地面航向，日期字段由于长时间保持一致，不用上传。

(2) 心跳包机制。心跳包就是在客户端和服务器间定时通知对方自己状态的一个自己定义的命令字，按照一定的时间间隔发送，类似于心跳，所以叫作心跳包。

由于本项目的车载终端采用 WCDMAIGRPS 的方式连接互联网，而现在网络运营商为了防止一些终端挂在网上，而不传数据(因为 GPRS 或 CDMA 都是按流量收费的)，所以当发现终端一定时间内没有传输数据时(约 2min)，就会把终端强制掉线。心跳包可以防止终端掉线。

同时，心跳包可以实现远程在线监测，后台服务器可以实现监测各终端是否在线，便于推送任务，或者发现用户行为异常时，能够发出相应的警告或提醒。

本项目在用户实现登录后和用户一开始物流任务前这一段时间采用心跳包机制。当用户开始物流任务后，由于物流追踪设备需要不断向服务器汇报当前的位置信息，数据通道已经被占用，不再需要心跳包。同时，将物流追踪数据帧的发送时间设置为 30s，也充分体现了心跳包的运行机制，时间太长可能导致数据连接断开，同时服务器也不能及时跟踪位置变化；时间太短，数据发送太过频繁，会产生高额的数据流量费用。

(3) 断线重连机制。由于在物流运输的路途中可能有部分的路段没有信号或者无线信号很弱，或者，当车辆进入到隧道、山崖等特殊路段，没有北斗或者 GPS 信号，甚至无线信号和卫星信号同时没有，此时，物流追踪设备要有相应的应对机制。主要包括以下两种情况：①当有无线信号而没有北斗卫星信号时，可以采取网络定位或者从站定位的方式，获取大致位置信息，将不能得到的参数信息置零，如卫星数量、地面速度等。物流追踪设备还是按 30s/次的时间间隔上报位置信息。②当没有无线信号时，设备和服务器的连接断开，此时进行倒计时，同时设备不断尝试重新建立连接。同时，设备不断缓存这段时间内的位置数据，直到连接重新建立时再一次上传缓存数据。如果 10min 内恢复连接，设备继续工作，超过 10min 才恢复连接，要求用户重新登录。系统不允许物流终端在同时有信号和执行物流任务时，长时间没有登录验证。否则启动相关监控措施。

3) 导航功能的实现。车载导航是利用车载 GPS(全球定位系统)配合电子地图来进行的，它能方便准确地告诉驾驶者去往目的地的最短或者最快路径。

本物流追踪设备的车载导航的大部分功能继续由百度地图提供，但是，对于长距离路径规划部分，包括起点、终点的选择，是否行走高速，中途休息地点的选择，均由后台服务器提供。短距离路径规划与导航，继续由百度地图来提供。一般来说，短距离路径规划与导航，主要应用于城市道路。城市道路由于其特殊性，可能经常面对修路、交通管制、货车限行以及交通拥堵等复杂的情况，后台物流服务器并不具备相关的处理能力。因此，后台服务器负责物流路径的总体规划，并将相关路径规划信息附着于物流任务中，通过网络推送给物流司机。司机收到物流推送任务后，依据服务器划分规划，将长距离规划分为若干短距离规划，然后物流追踪设备调用百度地图 App 进行短距离车载导航。

2. 货物流向追踪功能的设计与实现

货物流向的追踪主要是指对于运输、分拣、中转、配送等各个物流环节的货物流向进行追踪。在本文，特指在运输环节货物的流向追踪。

运输环节的货物流向追踪主要是指车辆上下货环节的货物流向追踪。具体做法是，每一件货物都会配备一个 RFID 标签，而每一辆车配备一个物流追踪设备，设备上带有 RFD 读写器，当车辆开始上货环节时，每一件货物运上车时，都先要经过物流追踪设备的扫描，登记相关的 RFID 标签信息，然后物流追踪设备会通过 GPRSI-4G 网络将相关的货物信息上传到后台服务器进行记录。从而，服务器能够马上知道货物出仓后流向了哪一辆车。当所有货物装车完成时，出货方负责人再用一张用于身份识别的 RFID 卡进行刷卡确认，代表上货装车完成，此时物流车辆可以进入到物流运输环节。

一般来说，货物追踪都是由货物接收方进行接收登记，所以下货环节一般不需要进行 RFID 扫描登记，仅需要接收方进行一次刷卡确认，证明下货完成即可。不过也有例外，例如对于派送环节，货物最终流向的是客户，客户是通过签名的方式而不是 RFID 读写器刷卡来进行接收确认的。但是，如果在派送环节下货时，也进行一次 RFID 标签扫描，就能够告知后台服务器当前运输正处于派送状态，服务器可以依据状态采取相应措施，比如以短信或电话的方式通知客户进行收货。处于简化模型的考虑，本文暂时不考虑派送情况下的物流，仅仅考虑“仓库-车辆-仓库”情况下的物流，如果需要相关功能，可以在项目后期进行相关扩展。

货物流向追踪功能的基本实现原理就是，在车辆的上货阶段，启动模块的读功能，直到最后出货仓管理员使用专门的卡进行确认，表示上货完成。货物流向追踪的流程如图 2-8 所示。

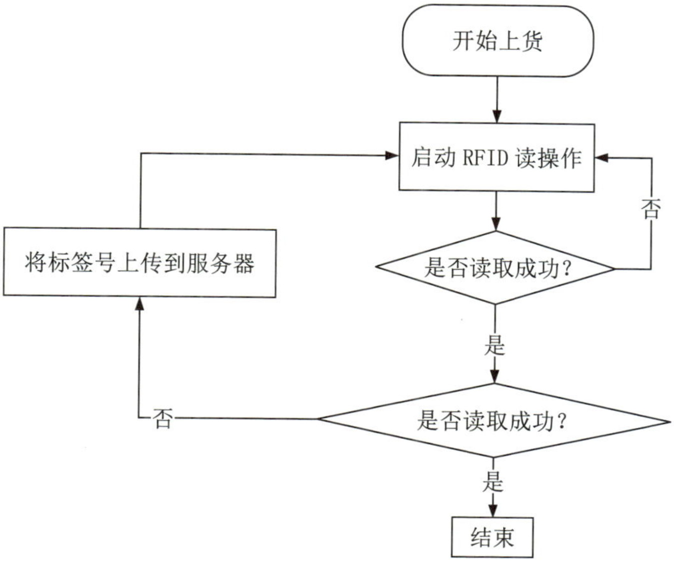

图2-8　货物流向追踪流程图

(1) 物流管理功能的设计与实现。由需求分析和硬件设计可以知道，本项目的物流追踪设备作为一个车载终端，配备了较便捷的设备、较人性化的人机交互接口，和一个智能操作系统和无线通信接口，强大的性能使得本物流追踪设备除了能够实现基本的位置追踪外，还能承担一部分物流管理功能。物流任务的管理一般包括以下操作。①物流任务的推送和接收。②物流任务的修改申请和修改推送。③物流任务的终止申请和终止确认。④物流任务的完成和确认。

(2) 物流任务的推送和接收。当物流司机完成登录验证之后，可以操作物流追踪设备，此时应用会连接后台服务器查询该司机当前需要完成的任务。司机确认任务信息无误后，即可开始当前的物流任务。此时应用将切换到车载导航和物流追踪的模式，司机正式开始任务。

由图可知，应用在每次登录成功后会主动地向服务器查询是否有自己当前的任务，如果没有，可以进行其他的事情。而服务器发现客户端没有在执行任务时，可以在任何时刻向客户端推送任务需求，用户若选择接受则代表本次任务开启，进入车载导航和物流追踪阶段。

(3) 物流任务的修改。当物流司机觉得物流任务的相关信息有误，比如路线错误或者货物信息错误等，可以提出任务修改，具体操作流程如图所示。

(4) 物流任务的中止。遇不可抗外力因素，导致货物无法正常到达，需原地等待救援，可以申请任务终止，并请求救援。

(5) 物流任务的完成和确认。当物流司机最终将货物送达目的地并完成交货任务,可以提出任务完成申请,此时服务器检查货物入库情况,确实完成交货,同意申请,任务结束。

(6) 物流任务信息的存储和查询。一般来说,一个物流追踪设备对应于一辆物流车辆,而同一个物流车辆,可能会有多个物流司机。同时,每个物流司机在同一个物流车辆上,会接收多个物流任务。所以设备和司机是一对多的关系,司机和物流任务也是一对多的关系。

由需求分析可以知道,物流追踪设备同时承担一部分物流管理的任务,其中包括物流任务接受、修改和查询等功能。每当物流司机完成登录操作以后,后台服务器会根据司机向物流追踪设备推送需要完成的任务。而当司机接收并开始执行一项任务后,物流追踪设备会将相应的任务信息记录下来;同时,随着任务的进行,不断将物流任务执行过程中产生的数据记录下来,直到任务的完成。本物流追踪设备拟向物流司机提供相应的任务查询功能。物流任务的查询可以分为两种:本地查询和在线查询。本地查询,由于每次接受的任务在本地存储上都有相关的记录,所以可以在本地数据库的基础上提供查询功能。

优点:相关查询不需要联网,不耗费流量。

缺点:查询内容不够完整,即不能查询在其他设备执行的任务信息。

由于同一个物流司机可能会在不同的车辆上执行物流任务,从而相关的任务信息记录会分布在不同物流追踪设备上。联网查询,由于每次任务的接收与执行,服务器端都有相关的记录。同时,服务器也在不断地追踪车辆的运行数据,因此,服务器端拥有最完整的数据库信息。因此,每次查询,不论这些信息是产生于本车或者是其他车辆,都可以直接从服务器调取相关的记录信息。

优点:可以查询最完整的物流任务情况。

缺点:联网查询需要耗费一定的流量。

由于一般来说,物流司机都能够通过联网或者其他方式查询到完整的历史任务记录,而物流追踪设备上的查询主要用于本车的历史行车查询,处于节省流量的目的,本物流追踪设备仅提供本地查询功能。

2.2.3 基于北斗的物流监测

随着社会经济的发展,物流行业所扮演的角色越来越重要。现代物流需要现代化的信息系统支持，在为货主提供尽可能详细的信息和咨询服务的同时，应进一步提高物流系统的运营效率和质量及安全性，增强我国第三方物流企业的科技含量和竞争力。在中国号称是进行货物运输的5A级物流企业——德邦物流，其官方网站显示，截至2017年9月，公司的网点近10000家，服务网络覆盖全国34个省级行政区，全国转运中心总面积超过120万m^2，为客户提供了优质、可靠、及时的服务。然而它的业务也存在物流成本高、机械化程度不高、网点分布失调等问题。另外，如果客户希望全程实时跟踪查询自己的货品到达什么位置，而非只是到了哪个网点；再有，如何知晓货物在运输过程中有没有被打开过，特别是对于贵重物资或涉密物件尤为重要。

在现代物流中，物流公司为加强承运商的管理，提高物流管理水平，增强管理效能，建立物流与承运商数据实时共享信息，亟须实施物流信息化管理平台对公司相关业务过程进行动态管控。在物流信息化管理平台建设中需运用卫星定位、移动互联网、GIS等现代技术，只有三者完美结合才能发挥最大效益。北斗卫星导航定位系统具有RDSS和RNSS两种导航业务体制，当物流车辆地处地面通信网络覆盖区域，可采用北斗RNSS业务；当物流车辆地处偏远地区，没有地面通信网络时可采用北斗RDSS业务。北斗RNSS定位终端模组与GPS相比，定位精度与价格相当，并且北斗RDSS业务是全球导航定位系统独一无二的，因此北斗定位技术是物流信息化管理首选的技术。为了研究物流信息化管理中应用的北斗定位、移动互联网、GIS技术，我们设计了通用的物流信息化管理系统，并且研制建设了实验验证原型系统，该原型系统主要由前端信息采集、终端远程用户和中心监控组成。前端信息采集终端用于模拟用户终端，可配置物流车辆上，通过北斗卫星或者GPRS或3G/4G无线方式将位置数据、震动数据等兴趣信息传输至中心监控；中心监控完成数据存储、分发、分析和集中监控，并根据监控显示、数据处理情况做出相应的信息预警和处置决策；远程用户可以通过GPRS或者Internet访问中心监控获取前端用户采集结果，也可以向前端用户发送信息。

2.2.3.1 系统功能

（1）前端数据实时采集。通过布设多种类型的传感器实现对多种数据进行自动化采集。

（2）远程监测点实时定位。监测前端应用北斗或基站方法进行定位，定位方式以北斗定位为主，基站定位方式备用（在北斗无法使用时）。

（3）远程监测点参数配置及维护。中心监控可以根据前端实际需要，实现对监测数据的采集及数据发送的调整配置，同时可对传感器进行开关机、复位、数据清空等远程维护工作。

(4) 监测数据实时传输。监控前端可以通过北斗用户终端或 GPRS 无线方式将监测数据实时传送到监测中心。

(5) 远程监测点信息综合管理。中心监控对前端监测点设备工作状态进行集中监控，对数据进行存储备份和统计分析，并能根据分析结果及时发布预警信息，从而实现对远程监测点信息进行综合管理。

2.2.3.2 系统结构

物流信息化管理平台由前端监控设备、数据传输网络和监控管理中心三部分构成。系统总体结构如图 2-9 所示。物流运输车辆所载监控设备由基于无线网络信号的一体化监控设备（包括北斗定位模块、震动传感器和无线通信模块）和智能手机（包括 App 软件）构成，基于北斗卫星信号的一体化监控设备可选（可用于边远无线网络信号覆盖区域）。数据传输由无线通信网络承担，无线网络一体化监控设备通过 GPRS 网络实现前端采集信息的传输。选用卫星信号一体化监控设备时，数据传输通过北斗卫星实现。监控管理中心实时接收物流运输车辆所载一体化监控设备和驾驶员所持智能手机回传的定位数据、震动数据，以及运输台车所载定位跟踪器回传的定位数据并存储，对物流车辆和运输台车位置进行 GIS 叠加显示；通过数据分析实时进行

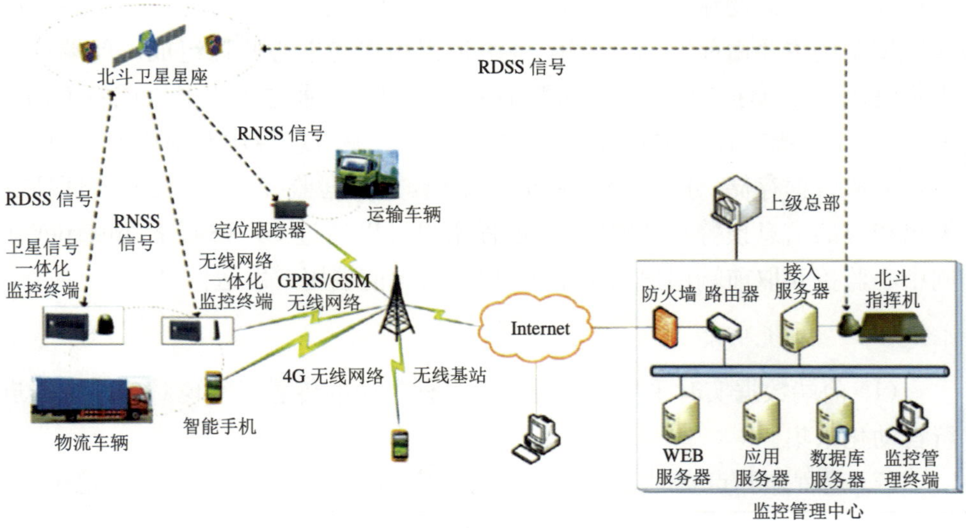

图 2-9 系统结构图

物流车辆和运输台车停止、超速、震动过激、超出预定路线(电子围栏)告警,完成对物流车辆的监视控制;实现对物流车辆和运输台车行车轨迹回放、行车路线维护、驾驶员管理、车队设备管理、统计信息上报等功能管理;实现运输台车库存数量动态管理。

2.2.3.3 工作流程

1. 前端监控系统工作流程

1)监测信息采集。传感器对车辆运行和货物运输信息进行实时监测,数据采集和通信设备对目标信息和数据进行采集。

2)信息预处理。数据采集和通信设备对采集的数据完成打包、编码等预处理,将其编制成适用于传输的数据格式。信息预处理过程通过计算机终端的处理软件或专业开发的硬件实现。

3)数据传输。通过地面无线网络(或北斗卫星)将预处理后的数据发送至监控管理中心。

2. 监控管理中心工作流程

1)数据接收、存储和监视流程。监控系统自动接收无线网络(或北斗卫星)转发的前端点发送的各种信息,提取前端点数据,按任务需求将数据转换为不同格式,提供软件监控显示、数据库存储。

2)告警处理流程。在监控系统发现异常时能够产生声、光告警,在存储入日志数据库的同时,实时展示在监控信息显示界面上。

3)控制指令处理流程。根据任务需求,监控系统可以向前端一体化监控设备发送控制指令。前端点在收到控制指令后执行完毕会发送回执,向监控系统汇报执行结果。

3. 前端信息采集方案

1)硬件结构设计。物流车辆所载无线网络一体化监控设备由控制模块、震动传感器、北斗/GPS 双模定位模块、移动通信模块和电源模块构成。设备结构如图 2-10 所示。其中,控制模块是监控设备的中心处理器,主要功能是采集北斗/GPS 定位模块的定位数据,采集震动传感器的震动数据,将采集数据按一定格式通过移动通信模块发送至监控管理中心。

在无线信号覆盖不到的边远地区,可选用卫星信号一体化监控设备。卫星信号一体化监控设备由控制模块、震动传感器、北斗 RDSS 定位模块(含天线)和电源模块构成,设备结构如图 2-11 所示。其中,控制模块是监控设备的中心处理器，主要功能是采集震动传感器的震动数据，将采集数据通过北斗RDSS定位模块发送至监控管理中心，同时，控制北斗RDSS定位模块向管理中心发送定位数据。

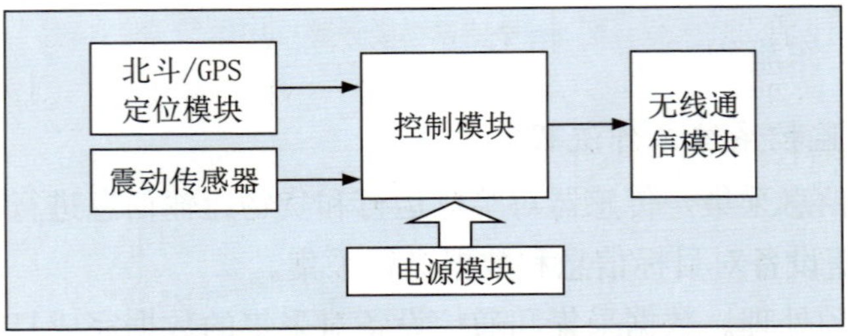

图 2-10　无线网络一体化监控设备结构

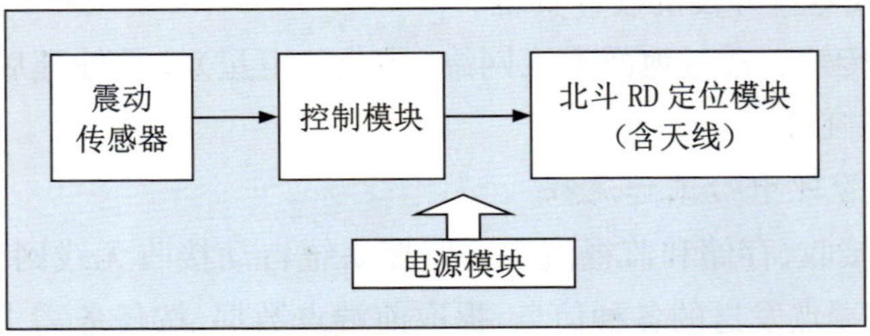

图 2-11　卫星信号一体化监控设备结构

物流车辆驾驶员所持智能手机安装IOS客户端软件或Android客户端软件，实现定位信息上报，即时拍照、时间戳加载并上载总部管理中心。运输车辆所载定位跟踪器实时接收北斗卫星信号，完成定位解算，将定位结果通过GPRS/4G网络上报监控管理中心。

2）任务与功能。前端信息采集设备的主要任务是通过数据传感器和导航定位模块采集车辆运行和货物运输数据，并将实测数据以有线方式汇聚到数据采集与通信控制器，由数据采集控制器对数据进行统一处理和通信打包，再通过地面无线（或卫星）通信模块发送至管理中心。具体实现以下功能。

（1）物流车辆驾驶员所持手机每2min定位，并上报管理中心。

（2）物流车辆所载一体化监测设备接收北斗信号定位，并上报管理中心。

（3）运输设备震动监测，并上报管理中心。

（4）手机照片信息采集，加载时间戳后上报管理中心。

（5）运输车辆定位跟踪器接收北斗信号定位，并上报管理中心。

（6）接收管理中心定位频度等控制指令。

2.2.3.4 监控管理中心方案

1. 设备组成

监控管理中心主要由接入服务器、数据库服务器、应用服务器、Web服务器(可选)、监控管理终端、北斗指挥型用户机(可选)、路由器以及防火墙组成,如图2-12所示。当前端选用卫星信号一体化监控设备,则监控管理中心需配备北斗指挥型用户机,实现通过北斗RDSS链路对前端监控设备的监控管理。其中,接入服务器、数据库服务器、应用服务器、Web服务器、监控管理终端通过以太网交换机连接,组成一个局域网;北斗指挥型用户机通过串口服务器连接在该局域网内,以独占模式供访问。

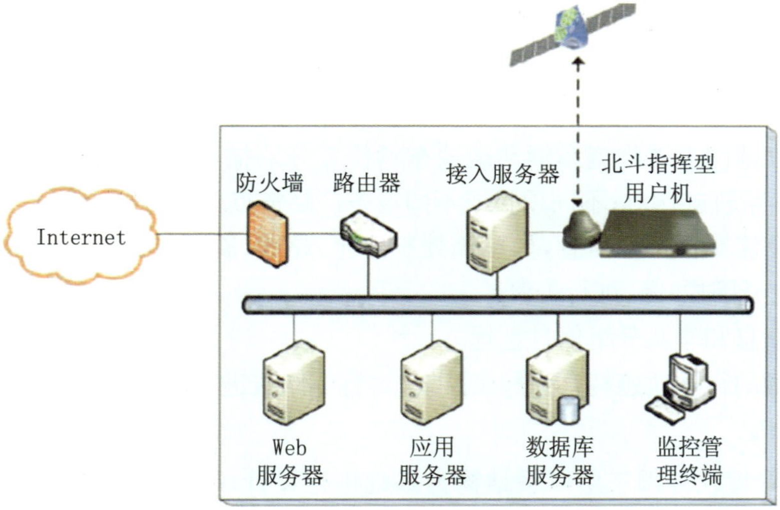

图2-12 监控管理中心结构图

接入服务器部署通信接入软件,实时通过无线通信模块接收前端数据,并实时转发至数据库及各种应用平台。当选用北斗指挥型用户机时,还需实时接收通过北斗卫星链路采集的前端数据;数据库服务器部署Oracle大型数据库,实时存储物流车辆驾驶员所持手机定位数据、物流车辆所载一体化监控设备的定位数据、运输台车所载定位跟踪器的定位数据、运输设备的震动数据、照片数据,为各种系统应用提供数据服务;应用服务器部署应用服务软件;监控管理终端部署物流信息化管理软件,实现对公司所有物流车辆和运输台车基于百度地图的实时监控管理,实现与承运商及公司内部的物流商务信息交互;Web服务器用于平台Web服务,可用于管理用户通过互联网实现车辆信息调阅和管理以及承运商与物流的商务信息交互;路由器和防火墙用于保护系统数据安全。

2. 任务与功能

主要完成对所有车辆位置信息的监控,通过数据库技术,将车队信息、货物信息、GIS 地图信息、位置信息有机融合,为公司提供准确的服务。任务功能模块如图 2-13 所示。

同时,通过互联网与承运商实现物流商务信息交互,通过与公司内部 ERP 系统和 OA 系统无缝集成,实现物流高效信息化管理。

具体实现以下功能。

(1) 通过地面无线网络或北斗卫星链路(可选)自动接收前端物流车辆手机 App 和定位设备上传的位置数据,并存储数据库。

(2) 通过地面无线网络自动接收前端运输车辆定位跟踪器上报位置数据,并存储数据库。

(3) 在百度地图上对物流车辆和运输车辆位置分别描点,绘制出行驶线路轨迹,进行线路轨迹比对;不同项目或不同设备产品描点颜色可自定义。

(4) 分析物流车辆位置信息,如车辆处于停止、超速、震动过激状态及超出预定路线(电子围栏)等,进行告警。

(5) 车辆信息和车队分组信息管理。

(6) 将车辆的行驶轨迹转存为行车路线,对行车路线进行维护管理。

3. 软件方案

车辆监控管理软件以三层体系结构为基础进行设计,确保数据、界面和控制的清晰分离。其中体系结构如下。

监控层:负责控制信息下达,格式转换,统计处理、GIS 可视化、集中显示、上级管理控制。逻辑层:数据通信模块通过网络获取监控信息和指令信息;数据管理模块对各类数据进行管理,并高效快捷地访问数据库系统;信息集成模块实现数据与监控的分离接口,确保数据存取安全。数据层:基于强大的数据库系统进行数据管理和备份,响应各种类型数据请求。

控制交互模块主要通过交互界面获取人工控制指令,该模块的主要功能有驾驶员信息录入与管理、运输设备信息录入与管理、行车轨迹回放、行车路线维护等。数据监视模块主要进行对前端振动、定位、照片信息的直接数据显示。GIS 显示模块通过 GIS 系统显示车辆信息:车辆状态、位置、速度、方向;运输设备信息:位置、震动等。具备地图缩放、电子围栏设定、路线描绘、路线比对等功能。报警监视模块对于前端监控数据进行分析，对于停止、超速、震动过激、超出范围（电子围栏）进行声光报警。上级管理模块完成对上级控制指令的解析和执行，将各种统计报表、重要业务信息及时上报。数据获取模块可以实现软件对接入服务器进行访问，从而获取车辆监控信息、上级控制信息、向各服务器和监控前端发送控制信息并向上级总部发送监控数据。数据管理模块设计为基于数据库系统的管理接口，用软件程序模块实现对数据库操作的封装，设计适合于本系统的数据库访问操作，使访问结构清晰，提高工作效率。信息集成模块实现所有用于数据接收、采集、融合、存储、提取、系统控制等功能的接口。

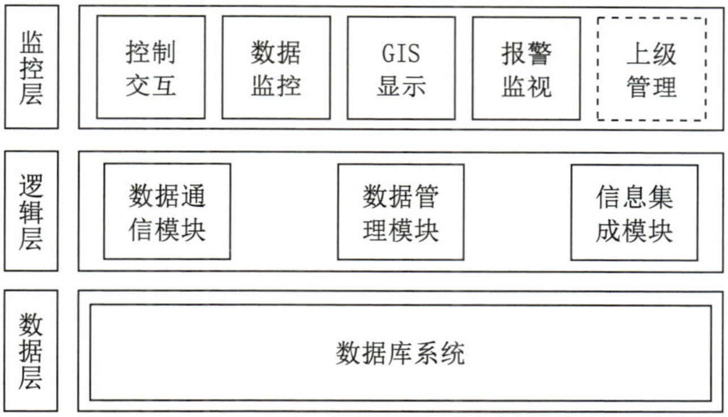

图 2-13　运输车辆健康管理软件结构示意图

2.2.3.5　系统特点

基于北斗的物流信息化管理系统具有以下特点。

(1) 符合发展方向。北斗卫星导航系统具有我国自主知识产权，采用北斗系统进行导航定位安全可控，并且可享受政府相关扶持政策，符合业界发展方向。

(2) 先进技术整合。方案整合先进的 BDS（北斗卫星导航技术）、GIS（地理信息技术）、无线移动通信技术、互联网技术，实现车辆信息化管理与监控。

(3) 系统安全可控。采用业界高性能网络安全设备，保证系统数据安全，降低不可预知风险。

(4) 可靠经济兼顾。主用模式采用地面无线网络传输数据，相对设备成本经济，同时选用北斗 RDSS 进行数据传输，具有不依赖地面网络、覆盖范围广的特点，可使监控项目覆盖边远地区。

(5) 系统扩展性强。采用 C/S 与 B/S 模式相结合的体系结构,既考虑到车辆监控管理软件的实时性和高效率,又为下一步基于浏览器的移动管理提供条件。同时为上一级部门接入提供软件模块接口。

2.2.4 具体应用——农产品物流网

物流运输效率直接影响农产品的质量与数量,也关系着农村发展、农民增收等问题。随着我国北斗卫星导航技术日渐成熟,将其应用在农产品物流环节,加强对农产品运输车辆的管理,可为农产品物流的发展和管理提供新思路。

2.2.4.1 我国农产品物流发展中的问题

伴随着我国经济的快速发展,物流业以及农产品物流业也迅速发展,但农产品物流在我国还是一个比较新的行业,发展过程中存在着诸多问题。

1. 农产品物流需求量大

我国经济发展迅速,普通居民生活不再局限于温饱,人们会追求更有品质的生活。2016 年社会物流资金投入到农产品物流的资金总数有 3.6 万亿元,已连续 13 年呈增加态势。(2018 年我国农产品物流总额达到 3.9 万亿元,同比增长 3.5%,占全国物流总额 283.1 万亿元的 1.38%。到了 2019 年,中国农产品物流总额已达到 4.2 万亿元。)伴随着农产品物流需求量的增大,物流车辆的数量也会陡增,在短时间内,农产品物流管理成本高,农产品物流运输车辆混乱,不利于管理。

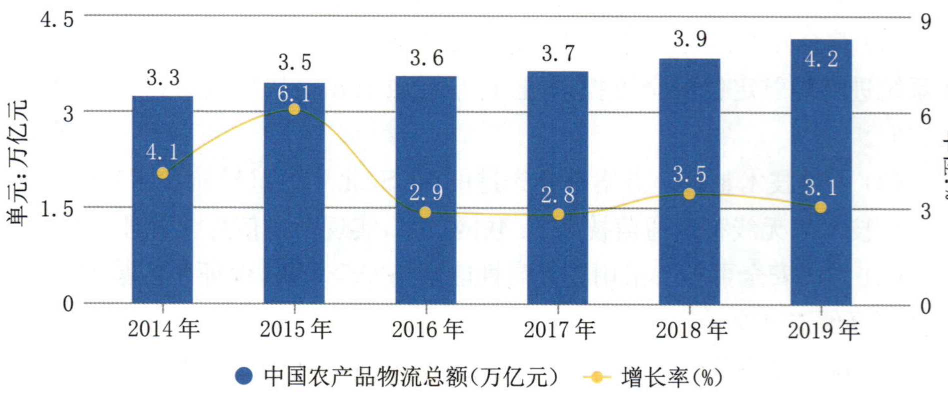

资料来源:中国物流与采购联合会前瞻产业研究院整理。

图 2-14 我国 2014—2019 年农产品物流总额

图2-14为2014—2019年我国社会资金用于农产品物流的情况，从中分析得出我国农产品物流所花费的资金逐年递增，表明社会对其需求也在逐年增长。

2. 农产品物流设施水平低

我国农产品物流基础设施发展滞后，"村村通"作为一项惠民工程，是保障农村经济发展的基础设施之一，也是农产品物流发展的必要条件。现实中，我国尚有部分农村没有实现村村通公路。另外，公路存在技术标准低、质量差、管理落后的问题。多种运输方式的联运交通网络在国内尚未形成，在运输过程中经常会发生交通拥堵现象。农产品生产具有季节性，在上市过程中具有批量性和集中性的特点，在运输过程中产生的时间差，不仅会使农产品产生浪费与损耗，而且会直接造成农产品卖不出理想价格、农民增收困难等问题。

3. 农产品物流信息化不完善

信息化水平低体现在两方面：一是信息化的基础设施匮乏，与城市居民相比，农民较少上网，网络用户和农业网站主要集中于沿海发达城市，中、西部地区的上网农民用户更少，农业网站对于农民来说几乎形同虚设；二是中国流通企业的电子商务仍然属于"单家独户"封闭运行的电子商务信息，农产品物流呈现主体多元化、规模普遍偏小的现象。

2.2.4.2 北斗卫星导航在农产品物流中的应用研究

北斗农产品物流平台融合了物联网、云计算、卫星定位、地理信息等先进技术，使农产品物流产业能够更专业化、规模化地进行物流活动，各农产品物流企业经营主体共享相关基础设施和配套服务设施，发挥整体优势和互补优势，从而有利于对货源的集散进行统一管理和调度，实现监控并管理车辆及货源，合理分配资源、优化路径、降低成本、合理配载，提高货车装载率和运输效率，实现农产品物流的规模效应，促进载体地区的可持续发展。

2.2.4.3 北斗农产品物流平台

时效、质量、成本作为物流运输的基本要素，要求在物流配送运输过程中以最小的综合成本来满足用户的需求，提供高质量、高时效性的配送服务。尤其是时蔬瓜果、肉类制品，对运输过程的要求更高。如农产品物流云服务体系模型所示，在基于北斗的农产品物流云服务平台中，通过有效地融合大数据分析、神经网络、启发式最短路径等科学算法，结合卫星导航定位、GIS

空间分析、移动通信等先进技术手段，为物流服务中的货源调配、装配分拣、配送调度、统计分析等各个基础环节提供坚实的服务支撑，在保证顾客对农产品物流配送服务需求的同时，可以对农产品市场预测、种植规划等方面提供决策支持。

2.2.4.4 农产品运输车辆管理

北斗卫星导航精确的定位功能和特有的短信报文功能，可以对运输车辆的信息进行日常管理维护，该平台收集了货源信息、车源信息、专线信息、司机信息，能够将车辆的运行状况及时、准确地传达给配送中心，确保随时有车辆可供调配。

农产品物流云服务平台不仅能准确了解到物流车辆的具体位置，对运输车辆进行监控，也能为运输中的车辆提供物流导航、交通、天气状况等信息，避免物流车辆因为不了解特殊规定遭遇罚款，以及在遇到突发情况时临时改变路线等问题。对农产品运输车辆的管理，将会减轻农产品需求量增大而带来的管理混乱问题，减少因此产生的运输成本。

2.2.5 具体应用——远洋渔业冷链物流

近些年来，随着我国海洋渔业特别是远洋渔业的发展，以及国民生活水平的提高，越来越多的深海鱼类产品走上我国广大消费者的餐桌。冷链物流作为保障渔业产品在运输过程中质量安全的必要技术，已经有很多企业投入使用。而现阶段，在冷链物流过程中，接受者大部分通过查看温度监测仪的记录来了解产品是否有变质等，无法做到实时监测与提前预警。

为了方便管理与调度，很多远洋渔业企业致力于建立属于自身的渔获物冷链物流系统，以求能够直观地了解渔获物的运输状态。在冷链物流追溯系统中，应具备以下模块：客户管理、渔获物订单管理、渔获物运输状态信息模块、可视化运输定位管理模块等。

如何清晰地显示运输车辆的位置，如何获得渔获物在运输过程中准确的质量信息等是冷链物流系统建设准确性与必要性的体现。本文重点就北斗卫星导航系统与 RFID 温度传感器技术在该系统中的应用进行分析，描述两种技术可为系统做出的后台数据支持作用，实现实时地对冷链物流过程中的渔获物位置及温度等进行监测，保证渔获物在物流过程中的质量安全，同时方便管理者进行实时监控。

2.2.5.1 RFID温度标签概述

在物联网技术应用中，RFID是一种最常用且关键的射频识别技术，它可以在任何恶劣的环境进行工作，且具有唯一识别性和多个标签同时进行识别等优势。一般的RFID标签，可以就产品的基本信息进行存储，但无法主动监测。在远洋渔业冷链物流过程中，除了要识别运输车辆与其渔获物的基本信息外，最重要的是需要实时监测渔获物的温度变化，并将温度信息传回后台数据库，方便管理者远程智能调节。

RFID温度标签是在一般RFID电子标签的基础上，加入可以监测温度的温度传感器，如ZWT-TTH1002温湿度RFID传感标签等。在运输过程中，RFID温度标签可以实时监测渔获物的温度信息，并根据时间设置通过无线传输等方式将信息传递至RFID阅读器，因此阅读器可每隔一段时间将所接收到的数字信息转换成易识别的信息，进而传入后台数据库进行记录。同时具有异常报警功能，当温度超出限定区域后，及时发出信号，方便管理者进行调节。如图2-15所示。

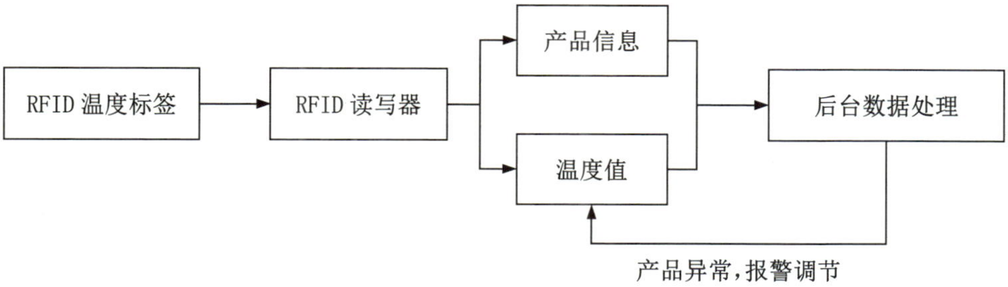

图2-15 RFID温度标签工作流程

RFID温度标签集成了RFID电子标签与温度传感器技术，既可以对渔获物进行身份识别，还可以实时采集其温度信息，并将这些信息通过电路网络传输到后台监控系统。将RFID温度标签应用在远洋渔业冷链物流过程中，可保障渔获物实时状态信息能准确地传输至冷链物流系统，方便管理者监测以及后续的渔获物追溯。

2.2.5.2 北斗与RFID温度标签在渔获物冷链物流系统中的应用

1. 远洋渔业冷链物流过程概述

由于远洋作业的特殊性，渔获物在捕捞完成后，必须通过海洋运输与岸上运输，才能到达渔获物市场等。而为了保障整个运输过程中渔获物的新鲜度、质量等信息满足市场的要求，海上与岸上运输过程中的载体环境都需要一直保持在合适的低温状态，即为远洋渔业冷链物流过程，如图 2-16 所示。

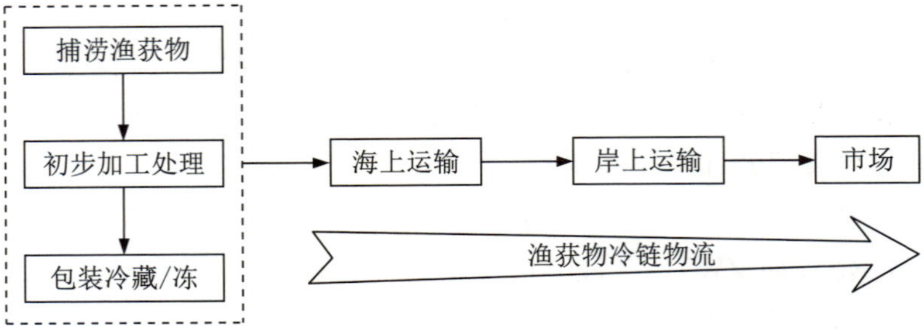

图 2-16　远洋渔业冷链物流过程

2. 北斗与 RFID 温度标签在远洋渔业冷链物流中的具体应用

1）运输载体识别与定位。在冷链物流过程中，运输定位是极其重要的一个环节。通过了解运输载体的地理位置信息，可以方便管理者远程监控，避免出现运输载体因未知的事故导致渔获物产品无法及时送达目的地等情况的发生。北斗卫星导航系统是目前我国应用最广泛的导航系统，将其与 RFID 标签相结合并应用到远洋渔业冷链物流中，可以使得该过程更加智能化。

（1）身份识别。目前为了方便管理，在很多远洋渔船上可以贴上专属的"身份标识"，标明渔船名称、所属公司等基本信息，通过射频技术系统的参与，在载有渔获物的渔船靠岸后，岸上接收人员可以用 RFID 读写器读取渔船身份信息，并将信息传回后台数据库，明确渔获物来源；同时在岸上的运输车辆上，也配备同样的身份标签，上面载有运输商信息、车辆信息、运输量信息等，方便后续接收者判定身份，避免与前期接收信息不符，导致质量安全纠纷问题的发生。

（2）载体定位。为了避免远洋渔业冷链物流过程中监控对象的丢失，引起后续监控问题，需要对运输载体进行实时的定位监测。在运输载体上装上北斗卫星导航终端，可以实时将位置信息通过卫星传送给监测中心终端，显示运输的状态与轨迹；若出现突发状况如改变运输目的地等，管理者可以在监控平台上准确找到该运输载体的位置，通过北斗卫星进行短消息联系，实现精准调度等管理。具体应用如图 2-17 所示。

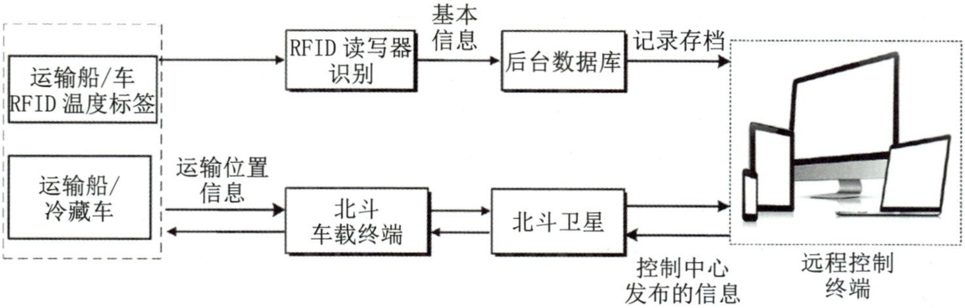

图 2-17　北斗与 RFID 温度标签在远洋渔业冷链物流识别定位中的应用

2）渔获物实时温度监测。渔获物运输过程中的低温环境是保障渔获物运输质量最关键的要素。为了保障渔获物运输质量，降低损耗率，就需要实时对运输温度环境进行监控。就此本文提出在冷链物流过程中，应用 RFID 温度标签实现对运输过程中温度的实时监测，具体如图 2-18 所示。

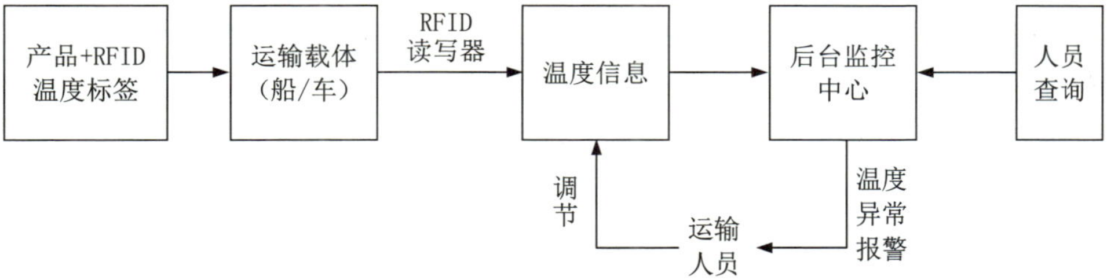

图 2-18　温度实时监测

(1) 温度信息采集。在进行渔获物包装时，运用 RFID 标签读写器将渔获物的名称、数量、此刻温度等信息写入 RFID 温度标签，并将其粘贴在对应的包装上，每个标签在后台数据库中都设置有对应的温度记录表，设置好温度记录的时间间隔，由安装在运输仓储空间内的 RFID 读写器每隔一定的时间进行温度信息采集，并记录在标签中。每次读取完标签中的信息后，都对标签中的信息进行清空，防止发生信息存储量不足的情况。

(2) 温度数据处理。RFID 读写器将温度信息采集后，对其进行解码转换，生成数据信息，这些数据通过无线网络与卫星传输，到达监控中心数据库，便于实时监控与调节。若温度数值与设定的低温数值差别较大时，需要及时通知相应的运输者，及时调节温度。

(3) 数据存储。监控中心在收到传回的温度数据后，在对应的数据库中对相应信息进行存储，包括温度值采集的时间、地点等。当数据被记录存档后，相关人员可以随时查询当时的记录，方便以后的分析与调整。

3）渔获物追溯。RFID 温度标签的应用一方面可以让管理者实时监测到产品的温度信息，并根据实际情况与理论值之间的差距大小进行温度调控；另一方面，RFID 技术也为产品在整个物流过程中的追溯过程提供了全方位的支持。通过产品上可读写的 RFID 标签、无线网络及后台服务等，全程监测产品的状态并将信息传回数据库，再由终端进行显示，完成整个流程的质量溯源。

目前，在远洋渔获物冷链物流过程中，RFID 标签提供的质量追溯功能已经应用在远洋渔船的作业中。通过将打印标签并将其贴在捕捞上来的渔获物包装表面，在运输交接过程中，利用 RFID 读写器读取现有数据并进行更新，可以完成整个过程的溯源监测。各个中间产品转运者可以清楚地了解到该批次是由哪一艘船只在什么地点和时间捕获等信息，且信息可以实时共享。

3. 北斗与 RFID 温度标签在远洋渔业冷链物流中的应用实现

在远洋渔业冷链物流中，包含海上运输与岸上运输两部分。目前基于北斗与 RFID 的冷链物流监测已经在远洋渔船上实现部分功能，可以监测渔船的动态即渔获物海上运输的路线与具体位置，如上海开创远洋渔业公司在大型拖网渔船"开富号"上建立了基于物联网技术的远洋渔船及作业指挥服务系统。在该系统中，北斗卫星船舶定位子系统主要对船舶进行实时定位，然后结合渔船安装的北斗船载终端通过北斗卫星进行船岸信息交互；渔获仓储与质量安全溯源子系统主要使用 RFID 技术对渔获物出入库情况进行记录和管理。如图 2-19 所示。

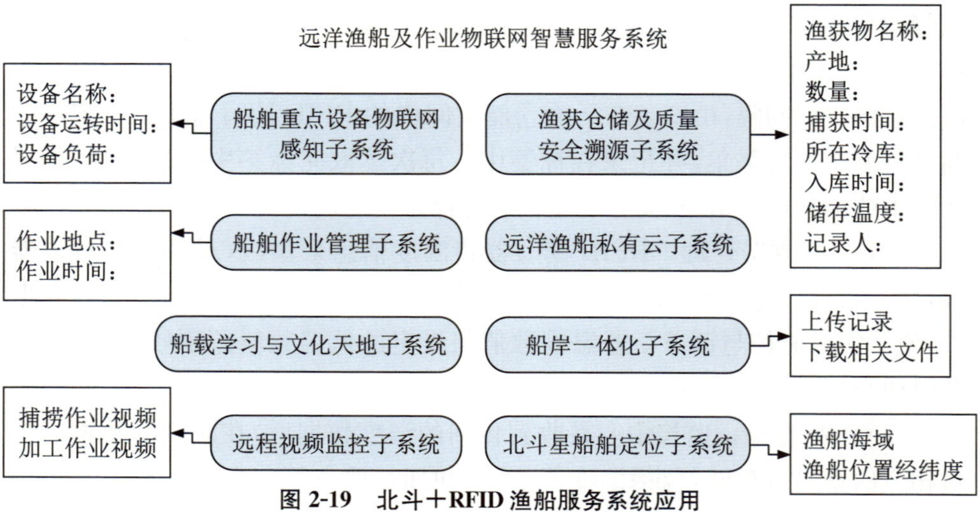

图 2-19　北斗＋RFID 渔船服务系统应用

但目前还未能实现利用RFID温度标签实时监测储藏温度并进行智慧调节，且远洋渔业冷链物流的海上与岸上未形成完整统一的运输链，中间信息的衔接度不够高。后续会将继续北斗＋RFID温度标签在远洋渔业冷链物流系统中的应用研究，并形成完整的系统，使得实时监测“产业化”。

随着现代信息技术和远洋渔业的结合，远洋渔业的发展越来越智能化，人们平常无法看到的作业状态等信息也变得“透明化”，增强了渔业产品销售的效率与安全。因此在以后的远洋渔业发展中，北斗与物联网各类相关技术的结合会变得越来越紧密，应用范围也会越来越广泛。

2.3 环境监测

随着多样化的北斗业务在实际应用中的推广，原有的GPS技术逐渐不能满足当今物联网的飞速发展，特别是在功能上相差甚远。原来以GPS卫星无线通信定位为核心的远程监控终端逐渐被北斗终端取代，环境质量监测就是一种体现。通过北斗系统完善环境监测网络，扩大监测范围，在现有国控监测点位的基础上进一步优化调整，是掌握环境质量状况和发展趋势的重要手段。近年来由于空气质量恶化，雾霾现象出现增多且危害加重。为了更好地监测环境质量，推广卫星环境遥感监测的应用，推进环境监测天地一体化进程，充分发挥环境遥感技术在国家生态环境状况调查、自然保护区人类活动监督核查等方面的应用，提高卫星环境遥感技术业务水平，服务环境监测管理。

2.3.1 系统网络总体设计方案

于泓博在《基于北斗和Zig Bee的环境质量监测系统设计》一文中设计的基于北斗和Zig Bee的环境质量监测系统，采用北斗、Zig Bee技术结合的方式组成监控网络，完成对环境中的温度、湿度和空气中各种气体含量进行监测和预警，以确定环境质量状况，定时、定点地将环境质量数据发送监控中心，可以为环境质量评价和环境影响评价提供必不可少的依据。该系统具有组网方便、覆盖面积大、不受地形影响等优点，可以应用于城市、森林、湖泊和沙漠等各种工作环境中，能够准确、及时、全面地反映环境质量现状及发展趋势，为环境管理、污染源控制、环境规划等提供科学依据。

系统网络主要包括北斗系统网络和 Zig Bee 网络。Zig Bee 网络主要由协调器节点、路由节点与终端节点组成。结合此系统的具体使用环境场合，可以多种形式组网，将协调器节点作为网络系统的主要节点，完成对网络的建立与管理、环境数据收集管理及连接北斗终端发送数据。其他路由、支路节点与终端节点负责环境数据采集并发送数据至协调器节点。

该系统内的协调器节点还有一个重要任务，就是在系统网络中其他节点第一次与协调器节点通信时，如果出现该通信节点不在其路由列表中，此时协调器节点将依据不同路径情况，选择最匹配的网络路由路径。通过协调器节点将信息汇总，通过北斗终端模块发送给北斗卫星通信系统，在通过地面接收站接收，在监控中心就可以实时收到被监测的环境信息。

2.3.1.1 系统网络与硬件电路设计

1. 系统硬件总体方案设计

整个系统的总体硬件电路主要包括采集主控制器模块、温湿度采集模块、烟雾采集模块、LCD 显示模块、Zig Bee 节点模块、北斗模块和 ARM 主控模块几个部分，系统硬件总体结构如图 2-20 所示。

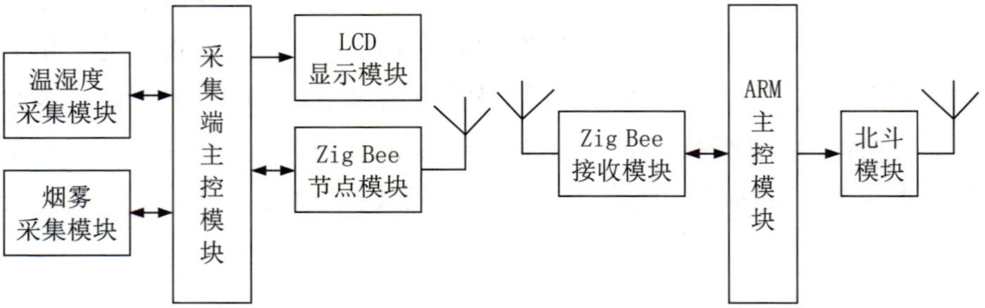

图 2-20 系统硬件总体结构

该系统采用具有北斗与 UPS 双系统的 SUN-BGR 模块，它是一种自动测报通用型模块，采用 USB 接口方式，与其他器件连接方便，能够在恶劣的环境指标下工作。Zigbee 节点模块采用 CC2530 模块，完成 2.4 CU 通信和各个模块之间的组网。

采集端主控模块采用单片机 STC89C58 芯片，配有时钟振荡电路和复位电路，主要完成各部分之间功能的控制与信息的传递工作；温度检测模块和烟雾传感器模块主要是通过传感器来完成对温度和空气中的气体、粉尘的采集工作，并将得到的数据发送给单片机，如果采集回来的数据超过预先设置的报警域值后，主控模块则将数据和报警信息通过终端中的 Zig Bee 路由和终端节点子模块发送给协调器节点，这个协调器节点通过 ARM7 主控模块与北斗模型相连，完成了从采集到发送的整个过程，实现了系统的远程监测和预警功能。

2. 温湿度采集模块电路设计

温湿度采集模块中采用 DHT11 数字式温湿度传感器完成温湿度的采集，该传感器应用特定的数字采集模块与温湿度传感器技术，以保证产品的高可靠性和优异的稳定性，该产品具有优良的品质，响应速度快、抗噪能力强、高超的性价比等优点。该传感器的相对温湿度参数指标如表 2-1 所示。

表 2-1 DHT11 相对温湿度性能参数

性能指标	温度	湿度
参量范围	0～55℃	2%～90%RH
精度	±2℃	±5%RH
响应时间	6s	6s

DHT11 具有电源引脚、数据引脚和电源引脚 GND 三个引脚，使用极为方便。具体电路连接图如图 2-21 所示。

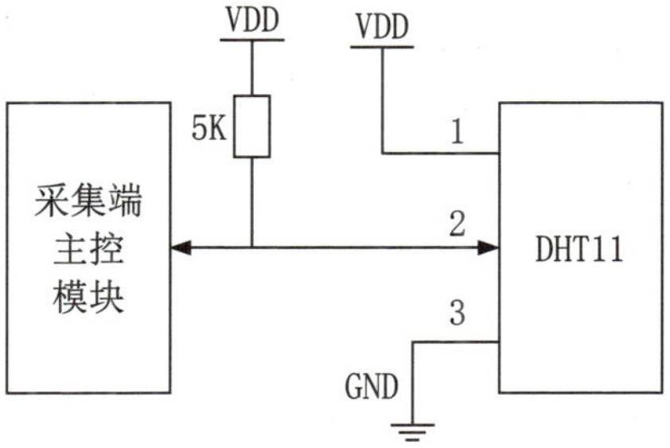

图 2-21 硬件接口连接示意图

3. 烟雾采集模块电路设计

烟检测报警模块主要完成烟雾探测和空气中各种气体含量的检测。检测电路主要采用 MC14468 芯片，它是采用离子烟感探测技术的报警专用芯片，具有的突出特点就是探测域值即灵敏度是通过改变电阻值进行设定的，对于应用的环境不同改变相应的电阻值，从而达到改变灵敏度的目的。报警电路由 MC14468 外接一个离子室及少量的外部元件构成。

电路采用 9V 叠层电池供电。为了防止其他外界因素造成的误报警，将 MC14468 自身电压滞后 100ms，再加上单片机产生 90ms 的延时，这样就大幅度地提高了系统的报警可靠性。

2.3.1.2 系统软件程序设计

1. 路由与终端节点工作流程设计

由于系统外设较多，所以在程序设计时采用各部分功能程序分开设计的方法，最后再将其一一引用到主函数中，用以实现不同的功能。在编程语言上，本设计采用适合将程序模块化的 C 语言来编程，这样不但可以提高编程速率，也方便了各个程序之间的调度工作，使整个系统能更稳定地工作下去。系统中重要的就是路由与终端节点算法，该算法决定系统整个网络通信的组成和信息传输的通畅。

2. 调节器与北斗终端工作流程设计

软件系统中另外一个重要流程就是调节器与北斗终端流程。首先完成对 Zig Bee 节点信息的汇总，通过 Zig Bee 网络中的调节器再将汇总后的数据通过北斗通信系统发送给环境监测中心，从而完成了环境信息的传输和收集过程。

总之，基于北斗和 Zig Bee 的环境空气质量监测系统的测量结果与标准值进行了比较，最大的误差值满足要求，证明该系统运行稳定可靠，同时又具备了北斗和 Zig Bee 技术的组网方便、不受地形限制和自主卫星通信的特点，这些技术的有机结合，可以广泛地应用于各个行业的监控和信息传输，具有广大的应用空间和推广前景。

2.3.2 基于北斗的环境监测

长期以来在环境自动监测工作中，特别在环境应急监测中，对环境自动监测点位或移动监测车辆的管控经常处于“看不见、听不到”的盲区状态。

正基于此，需要一套运用卫星通信技术、计算机网络技术、地理信息技术等构建的环境应急通讯与监测系统，最大限度地整合现有的各项监测、监控资源，实现稳定有效的数据采集传输、信息通信、GIS 定位寻踪、监控指令管理等功能，为非常状况下的环境监测管理、应急指挥决策提供强有力的支持。

目前，北斗一号卫星导航系统广泛地应用于交通运输、海洋观测、水文监测、气象监测、抗险防灾及国防安全等众多领域，而其在环境监测方面的应用还鲜有报道，在此背景下提出“北斗环境监测信息系统”的构建。

“北斗环境监测信息系统”基于“卫星定位设备＋无线通信设备＋GIS”的方式加以构建。卫星定位设备可以得到移动监测车的实时位置；无线通信设备把实时位置和监测数据等信息传输到监控中心；GIS 则完成移动监测车实时位置的显示和跟踪及其他地图信息的处理。

该系统采用北斗一号卫星导航系统实现卫星定位与无线通信功能。北斗一号卫星导航系统是区域性导航定位系统，采用双星有源定位体制，由空间卫星、地面控制中心站为主的地面部分和用户终端见表 2-2 部分组成。北斗用户机的各主要指标见表 2-22。

表 2-22　北斗用户机的各项指标

指标项目	主要技术规格
定位精度	优于 20m(有标校站地区)，优于 100m(无标校站地区)
定位成功率	≥99%
信息误码率	$\leqslant 1\times10^{-5}$
待机时间	8h(标配电池)
工作温度	车内：－20～＋55℃；车外：－40～＋55℃
存储温度	－55～＋70℃
湿度	98%(无冷凝，45℃)
电磁兼容	满足《军用设备和分系统电磁发射和敏感度要求》(GJB 151A-97)和《军用设备和分系统电磁发射和敏感度测量》GJB 152A-97)
电源性能	直流供电 9～32V；交流供电 220V，50Hz
接口	数据接口：RS232 接口，天线接口：Q16-ZJ3 G2 M
协议	符合《北斗一号用户机数据接口要求(4.0 版)》协议

考虑采用北斗一号卫星导航系统，其主要具有以下系统优势：①我国自行研制、自行建设、自行管理，具有完全自主知识产权，且国内政策主导。②同时具备定位导航与双向通信功能，而无须其他通信系统支持或配合，以 GPS 为基础的系统在使用质量和效果上完全受制于与其所组合使用的通信手段。③覆盖范围广阔，无通信盲区。④安全保密性强，可靠、稳定，适合关

键部门应用。

“北斗环境监测信息系统”由两套指挥型用户机和两套车载型用户机组成。各指挥型终端和车载型终端间通过北斗卫星通信进行互联。

两套指挥型用户机，一套安装于厦门市环境监测中心站监控中心，作为系统的指挥调度中心，一套安装于厦门市环保局信息中心的指挥车上，功能和监控中心相同，便于领导外出实时指挥调度。两套指挥型用户机配备一套指挥端监控平台软件，实现监测巡查计划的建制和派发，GIS 实时定位，监控移动端巡查回放，接收、查阅、修改监测数据、终端短信通信、污染区域测绘、系统维护等功能。

两套车载型用户机，一套安装于应急监测车内，实现在外出监测时计划的接收与执行、监测数据传输、GIS 定位、区域测绘、短信通信等功能。应急监测车监测数据的传输频次为每分钟一个数据。另外一套安装于厦门溪东环境空气监测子站，向监控中心传输实时环境空气监测数据，频次也为每分钟一个监测数据。

2.3.3 具体应用——兰州市道路微环境抑尘效果评估及方案优化

目前我国的空气污染形势严峻，城市大气污染已成为区域性环境问题之一，针对这种现状中国政府曾于 2013 年发起“大气污染防治行动计划”，制订出在 2017 年实现全国范围内地级及以上城市可吸入颗粒物浓度比 2012 年下降 10%以上的目标。受地理位置、气候和工业经济发展的影响，兰州市大气污染非常严重，特别是大气可吸入颗粒物污染，近年来兰州市 PM 污染状况的改善主要是由本地污染物排放量的减少造成的，同时也受沙尘、浮尘天气年际变化的影响，不同径粒大气颗粒物污染对兰州市的作用有明显的特征，另外气象因子亦有一定的影响。兰州市采取多种方法进行道路抑尘作业，但在实际工作中这些方法能使道路微环境 PM 浓度降低程度尚不明确，同时抑尘作业的科学性也有待提高。利用高精度的实验仪器和科学的实验方法对三种类型方法在道路微环境下的抑尘特性进行分析和总结，对现有方案的科学性进行初步的评价，进一步地规划更有效的作业方案。

2.3.3.1 材料与研究方法

1. 数据采集方案

试验选择在甘肃省兰州市北环路上多个路段进行，北环路是兰州市的主干道之一，它路面宽阔、车流量大、抑尘车辆作业有规律，具有极强的代表性，便于数据的采集和分析。对道路微环境来说，颗粒物来源除生产、生活和交通外，空气流动也会向该微环境输入污染物。颗粒物去向主要有经过空气流动输出、抑尘作业处理作用以及植物吸附作用等。目前兰州市抑尘方法主要有喷雾吸附、近地吸尘和道路清洗清扫等类型，本文针对这三种类型方法的抑尘效果进行研究。

由于可能影响局部道路微环境内抑尘效果的因素比较多，实验方案选择在空气流动比较小或者无空气流动的情况下进行，同时假定大气压强、湿度、温度、光照强度、空气密度等都是相对稳定的。在确定研究对象之后，进行数据采集方案的设计，首先根据需求在道路周围布设数据采集点，同时记录各点的位置信息，紧接着根据数据采集点的分布情况进行无人机航线规划，然后进行航测获取带有位置信息的 $PM_{2.5}$ 和 PM_{10}。浓度数据，再经过数据提取、坐标转换、空间可视化等步骤对道路微环境的变化进行研究。在使用仪器时要保证所采集数据的准确性，防止其他干扰源的出现，同时设置对照组。

2. 检测系统

基于北斗定位的无人机颗粒物检测系统总体上可以分为北斗定位模块、主控模块、$PM_{2.5}$ 和 PM_{10} 浓度传感器、数据记录模块、无人机系统等部分，在主控模块的控制下 $PM_{2.5}$ 和 PM_{1} 浓度传感器和北斗定位模块同时工作，利用数据记录模块对得到的与位置相关联的 $PM_{2.5}$ 和 PM_{10} 浓度数据进行记录，完成对空间上特定点的 $PM_{2.5}$ 和 PM_{10} 浓度的检测和记录。$PM_{2.5}$ 和 PM_{10} 浓度传感器采用激光散射原理进行颗粒物检测，最小分辨粒径为 0.3μm，在温度为 25℃相对湿度为 50％的情况下相联数卡对误差为 $\pm 5\mu g \cdot m^{-3}$。北斗定位模块采用 BDS/GPS 合定位的工作模式，定位精度为 2.5m(CEP50)。据记录模块将数据以文件形式存储于模块上的 SD 中。实测数据表明，基于北斗定位的颗粒物检测系统能够满足试验方案要求。

2.3.3.2 结果与分析

1. 喷雾吸附类

喷雾吸附类手段基本原理是将水加压并经过管道输入到高压喷嘴雾化装置，水经过雾化可以吸附粉尘形成粉尘颗粒团而沉降。文中选用研究对象为多功能喷雾抑尘车，它总长近 10m，最大蓄水量 12t，喷射角度可调整。

(1) 多功能喷雾车抑尘特性。为探究多功能喷雾车对道路微环境的作用效果，将喷射口仰角固定为 20°，分别在 A、B、C 三种环境中对它的抑尘特性进行探究。其中 A 组在 $PM_{2.5}$ 和 PM_{10} 浓度分别为 $46\mu g \cdot m^{-3}$ 和 $95\mu g \cdot m^{-3}$ 的环境中。

实验中，在第 6min 时多功能喷雾抑尘车开始工作，开始阶段由于水雾化吸附作用导致空气中的 $PM_{2.5}$ 和 PM_{10} 浓度短暂升高。经过短暂升高后在第 7min 时达到最大值后开始下降，在第 16min 时各浓度趋于稳定。在第 32min 时出现上升趋势，到第 39min 时再次达到与初始状态相当的稳定状态。另外可以发现：在 A、B、C 三种环境测试进行中各浓度升高幅度、稳定状态降低幅度和所用时间都不尽相同，车辆对颗粒物浓度较大的环境空气质量改善更为明显，且在初始浓度都较低的环境中各浓度不会进一步降低，统计大量数据发现在 $PM_{2.5}$ 和 PM_{10} 浓度分别低于 $30\mu g \cdot m^{-3}$ 和 $48\mu g \cdot m^{-3}$ 左右时几乎无降低作用，同时在该地区多功能喷雾抑尘车抑尘效果持续时间约为 35min。

（2）多功能喷雾车抑尘空间特性。为探究多功能喷雾车抑尘空间特征特性，特设计 D、E、F、G、H、I 六类方案进行测试，假设该车辆的行进路线与水平面是平行的，其中 D 类为该车辆在未工作情况下以车辆行进路线上特定点的竖直垂线上间隔相同距离设置多组检测仪器检测空气中 $PM_{2.5}$ 和 PM_{10} 的浓度，E、F、G 类分别为车辆经过特定点后 5min 时、10min 时、15min 时各组仪器检测 $PM_{2.5}$ 和 PM_{10} 的浓度，所有数据采集点前后位置不变。

实验中发现在一定范围内与多功能喷雾车竖直距离越近，抑尘降霾效果越明显，超过 35m（特定距离）该车辆的作用效果几乎可以忽略，紧接着进行 H、I 方案进行测试，H 类为该车辆在未工作情况下以车辆行进路线为中心线离地面高度为 Sm 的水平面上设置多组检测仪器检测空气中 $PM_{2.5}$ 的浓度，I 为该车辆经过 16min 时检测空气中 PM_{10} 的浓度，所有数据采集点前后位置不变。同时可以发现距离车辆 15m 内抑尘效果非常明显，随着距离增大，抑尘效果越来越弱，超过 27m 降霾效果可以忽略。当然这与车辆的具体性能和设置也有关。

2. 近地吸尘类

近地吸尘类方法是利用重力沉降与离心分离技术将空气进行过滤，从而达到空气净化的目的。文中选用气动干式吸尘车为例进行研究，选用的气动干式吸尘车长、宽、高分别为 7m、2.5m、3.9m。

（1）气动干式吸尘车抑尘特性。为更好地了解气动干式吸尘车的工作特性，分别在 J、K、L 三种环境中对它的抑尘特性进行探究，由该车辆特点决定的各组仪器放置高度、与车辆行进路线的距离都为 0.5m，J 组测试方案在 $PM_{2.5}$和 PM_{10}浓度分别为 $68\mu g\cdot m^{-3}$和 $95\mu g\cdot m^{-3}$的环境中进行。

在第 7min 时该车辆开始工作，随后各浓度开始在很短的时间内迅速下降，在第 8min 时达到最低值，下降幅度约为 50%，之后各浓度开始上升，在第 17min 时趋于稳定。另外可以知道：在大多数情况下气动干式吸尘车的抑尘效果都非常显著，特别是在 $PM_{2.5}$和 PM_{10}浓度比较高的环境下，但是在 $PM_{2.5}$和 PM_{10}浓度分别低于 $21\mu g\cdot m^{-3}$和 $35\mu g\cdot m^{-3}$左右时几乎无降低作用，有效作用时间约为 10min。

(2) 气动干式吸尘车抑尘空间特征。气动干式吸尘车吸盘的大小及位置直接决定该车辆的作用范围，另外为保证该车辆良好作用效果，吸盘的位置一般较低，所以该车辆仅对道路地面附近 $PM_{2.5}$和 PM_{10}有较强的吸收处理作用。

3. 清洗清扫类

清洗清扫是传统的道路清洁及抑尘方式之一，文中选用道路清洗车为例进行研究。为了解道路清洗车的抑尘特性，分别在 M、N、O 三种环境中对它的抑尘特性进行探究，由该车辆特点决定的各组仪器放置高度、与车辆行进路线的距离都为 1m。M 方案及其对照组是在 $PM_{2.5}$和 PM_{10}浓度分别为 $39\mu g\cdot m^{-3}$和 $52\mu g\cdot m^{-3}$的环境中进行。

在第 7min 时该车辆开始工作，$PM_{2.5}$和 PM_{10}浓度开始出现波动，直到实验结束浓度值并没有出现升高或者降低的趋势，只是围绕着某一固定值波动，波动幅度大约为初始浓度的 30%。通过观察可以发现：在不同环境中，$PM_{2.5}$和 PM_{10}浓度变化规律都比较类似，在某些时刻 $PM_{2.5}$和 PM_{10}浓度值震荡比较剧烈，这可能是由水经过加压冲击地面、墙壁或者其他物体激起的浮尘引起的。通过本实验可以知道传统的道路清洗清扫车的直接抑尘作用及其微小，亦有可能导致 $PM_{2.5}$和 PM_{10}浓度的短暂微量升高。其空间特征与气动干式吸尘车空间特征相类似。

4. 优化方案

结合多功能喷雾车和气动干式吸尘车的特性经过合理推理猜想设计一种城市道路抑尘作业方案：在多功能喷雾车作业一段时间后，气动干式吸尘车进行作业，按照这种思路设计方案进行测试。P 组初始 $PM_{2.5}$和 PM_{10}浓度分别为 $78\mu g\cdot m^{-3}$和 $98\mu g\cdot m^{-3}$，在第 6min 时多功能喷雾车开始工作，$PM_{2.5}$和 PM_{10}浓度经过短暂升高后持续下降，在第 20min 左右时到达稳定状态，紧接着在第 29min 时气动干式吸尘车开始工作，$PM_{2.5}$和 PM_{10}浓度立即下降并随之再次到达稳定状态，稳定状态持续约 28min 后 $PM_{2.5}$和 PM_{10}浓度开始上升。

同时，可以清楚地看出不同车辆以及它们所代表的不同类型方法的抑尘特性。在多功能喷雾车喷口仰角约为 20°的情况下有效范围高可达 35m，宽为 27m。并且随着距离增加，降霾效果逐渐减弱，在进一步调整仰角或加大喷雾功率的情况下抑尘作用范围可以进一步增大。

通过以上方案的探究可以知道：多功能喷雾车处理后形成的颗粒团在自身重力作用下沉降并附着在地面上，如果不及时对这些粉尘颗粒团进行处理，随着水分蒸发由车辆的碾压、空气的流动和其他因素的影响，粉尘会再次飘浮在空气中使道路微环境中的 PM 浓度升高。喷雾吸附类方法作用范围广但它不能处理产物，这些被水汽吸附后形成的颗粒团如果不及时处理，会再次飘浮在空气中造成污染。近地吸尘类方法能直接对各种悬浮在空气中的颗粒进行过滤，作用效果显著，但此类方法的缺点是作用范围窄，受吸盘大小及位置的制约它只能对近地面小范围的空间进行处理。清洗清扫类方法会对空气中的颗粒物浓度有短时扰动作用，此类方法的直接抑尘作用极其微小，只能用来清理表面或者给空气加湿。对于将喷雾吸附类和近地吸尘类相结合的方法，扬长避短，显示出一定的先进性和实用性，能够提高作用效果并且延长这种效果的作用时间，提高作业的科学性的同时还提高了水资源的利用率。

综上，不同类型方法对道路微环境作用效果不同，以多功能喷雾车为代表的喷雾吸附类作用范围较广，大量实验数据证明在轻度污染情况下可以使 $PM_{2.5}$浓度降低 36%左右，并且在一定范围内环境 PM 浓度越高，车辆的抑尘效果越明显。以气动干式吸尘车为代表的近地吸附类抑尘效果非常显著，可以使 $PM_{2.5}$浓度降低 57%左右，由车辆的结构和工作原理所决定的该车辆的有效作用范围很小，传统的清洗清扫类方法对 $PM_{2.5}$和 PM_{10}浓度并没有明显的降低作用。

对于将多功能喷雾车和气动干式吸尘车结合起来的优化方案，大量实验数据证明在轻度污染情况下可以使 $PM_{2.5}$和 PM_{10}浓度分别降低 73%和 75%左右，使 $PM_{2.5}$和 PM_{10}浓度分别稳定在 $23\mu g \cdot m^{-3}$和 $35\mu g \cdot m^{-3}$左右的同时，使有效作用时间延长为原来的 2 倍，这种方案能够大大提升抑尘效果并延长这种效果的持续时间。

第3章　基于北斗系统的城市建设应用

3.1　智慧城市建设

城市作为交易中心和聚集中心，是人们步入社会文明时代的标志，其作为区域中心和政治中心的地位不断增强。我国现阶段正处于城市化高速进程状态。国家统计局公布数据显示，2019年末中国城镇人口占总人口比重已达60.6%。城市人口剧增，城市规模迅速扩大，与此同时，交通系统拥堵、应急系统不够通畅等系列社会问题不断涌现，成为城市可持续发展的障碍，因此克服现有城市发展困境并寻求新的发展动机是当前迫切需要解决的难题。近年来，以物联网、云计算等新一代技术为核心的智慧城市建设理念被提出并广泛接受，被认为是解决当前城市发展核心问题的有效方法，成为城市发展的主要方向。智慧城市80%以上的信息与时间和空间有关，需要位置、速度、时间及地理信息。

北斗卫星导航系统具有定位、测速、授时、短报文通信功能，是智慧城市的重要基础设施，中国科学院院士杨元喜更是明确指出，发展以北斗为支撑的智慧城市应成为国家战略。实践证明BDS性能稳定、使用方便，对我国的国防建设、森林防火、抗震救灾、海洋渔业、交通运输、物流、物联网等领域的发展发挥至关重要的支撑作用。

针对智慧城市建设，日本的Prendinger等人利用虚拟实验室构建了东京智慧城市3D模型，研究了导航系统在智能交通上的作用。意大利的Zanella等人构架了城市物流网，并探讨了其在智能城市建设中的应用。西班牙的Martinet-Balleste等人注意到智能城市建设中相应出现的公民隐私权泄露问题，提出了一系列应对措施。我国王冠生等人对北斗卫星在智慧交通、智慧减灾、智慧社区等方面进行了评述。张攀等人从交通、水电、环保等多方面探讨了北斗卫星导航系统在智慧城市建设中的应用。李德仁院士等人基于智能传感器网和对地观测网等物联网新技术，探讨了数字城市发展到智慧城市的趋势和基础理论。

迄今为止，对于智慧城市并无严格定义，其概念大致起源于2008年IBM公司提出的“智慧地球”理念，构想出充分利用IT技术，将各类传感器装备在世界各个角落，将电网、铁路、公路、隧道等有机联合，形成物联网，再通过互联网将物联网整合，实现全球智慧状态。两年后IBM又提出“智慧城市”理念，在《智慧的城市在中国》白皮书中对智慧城市定义为：能够充分运用信息和通信技术手段感测、分析、整合城市运行核心系统的各项关键信息，从而对于包括民生、环境保护、公共安全、城市服务、工商业活动在内的各种需求做出智能的响应，为人类创造更美好的城市生活。

智慧城市是人类对未来理想生活的一种美好愿望，人们可以借助科技尽享便利的生活，与环境和谐相处。建设智慧城市更是解决目前城市发展过程中遭遇到的诸多如安全隐患、矛盾突出、资源不足、交通拥堵、环境污染等制约城市发展问题的重要途径。2013年9月，国务院办公厅发布了《国家卫星导航产业中长期发展规划》，指出：如今全球卫星导航产业三大发展趋势之一，便是从以导航应用为主向导航与移动通信、互联网等融合应用转变。

北斗也需要在这样的历史机遇期，进一步与互联网、物联网等新一代信息技术相融合，主动融入智慧城市等新领域的发展，提供更多具有行业特色的位置、导航、时间和通信服务。北斗导航在智慧城市中的应用涉及以下方面。

3.1.1 智能交通

随着经济的发展和社会的进步，城市人口增多、汽车的数量持续增加、交通拥挤和堵塞现象日趋严重，由此引发的环境噪声和大气污染等已经成为现在社会面临的严峻问题。智能交通系统作为近10年大规模兴起的改善交通堵塞、减缓交通拥挤的有效技术措施，越来越受到国内外政府部门和专家学者的重视，在许多国家和地区也开始了广泛的应用。

智能交通即高度智能化程度的交通系统，是在GPS、射频识别、GIS等技术的集成应用和有机整合的平台下而建立的一种大范围、全方位发挥作用的高效、便捷、安全、环保、舒适、实时、准确的综合交通运输管理系统。目前我国的BDS发展迅速，足以取代GPS在智能交通系统中的地位，甚至其所具有的短报文通信服务功能作为一项优势比GPS更适合应用在智能交通系统中，能在我国的智能交通系统中更加重要和广泛地去应用。

3.1.1.1 应用类型

1. 智能交通监控与管理系统

利用BDS采集到的各道路车流量情况进行实时采集与整理，对道路交通状况进行分析，实时监控各交通路段的车辆信息。同时将收集到的路况信息上传到智能交通系统中，利用BDS的短报文通信功能以语音播报的形式为驾驶员提供交通路况信息，选择合理的驾驶路线，避开拥堵区。

2. 行车安全管理

通过对BDS位置信息的显示进行分析，能记录道路上一些不安全的行为，如超速行驶、在单行线上逆行、不按交通限制行驶等情况，以便事后及时处理，加快事故的确认和处理，使受阻的路段尽快恢复通行，提高道路交通运营能力。

3. 公交车监控和调度

利用BDS的短报文通信功能，公共交通管理部门可以采用车辆监管系统对各车发回的信息进行综合分析，再将调度命令发送给司机，及时调整车辆运行情况，实现有效管理。同时，还可以推广使用电子站牌，电子站牌通过无线数据链路接收即将到站车辆发出的位置和速度信息，显示车辆运行信息，并预测到站时间，为乘客出行提供方便。

4. 紧急援助

通过BDS进行定位，结合交通监控管理系统，可以对遇有险情或发生事故的车辆进行紧急援助。监控台的电子地图可显示求助信息和报警目标，规划出最优援助方案，帮助值班人员快速地进行应急处理。

3.1.1.2 具体设计

1. 卫星高精度定位

卫星定位导航为智能交通提供了时间和空间两个要素，是智能交通的必要基础。近年来，随着高精度卫星定位导航技术的发展，特别是北斗亚米级高精度定位技术的逐渐成熟，高精度定位技术具备了向一般行业和大众市场推广的条件，能够直接应用于城市交通规划和管理、智能公交、车辆安全和辅助驾驶、智能出行等领域，推动智能交通的创新升级。

采用普通的卫星定位算法的终端，实时定位精度一般在10m左右。影响定位精度的因素包括星历误差、卫星钟误差等与卫星有关的误差，电离层延迟、对流层延迟和多路径效应等与信号传播有关的误差，以及接收机噪声和模型算法等与接收机有关的误差。

高精度卫星定位技术依托卫星地基增强系统，采用差分定位方法对部分误差进行修正和消除，从而提高定位的精度水平。

卫星定位终端与卫星地基增强系统进行通信，接收卫星地基增强系统的基准数据或误差改正数据，并结合卫星观测数据进行计算，从而获得较高精度的定位信息。

采用差分方法可以消除卫星星历及卫星钟误差，并将大气折射的影响削弱到最低程度。使用不同等级的终端，可以达到米级、分米级甚至厘米级的定位精度。

地基增强系统包括服务平台及多个基准站。基准站连续观测卫星，服务平台实现对卫星观测数据的采集、处理、计算和发布。系统组成如图3-1所示。

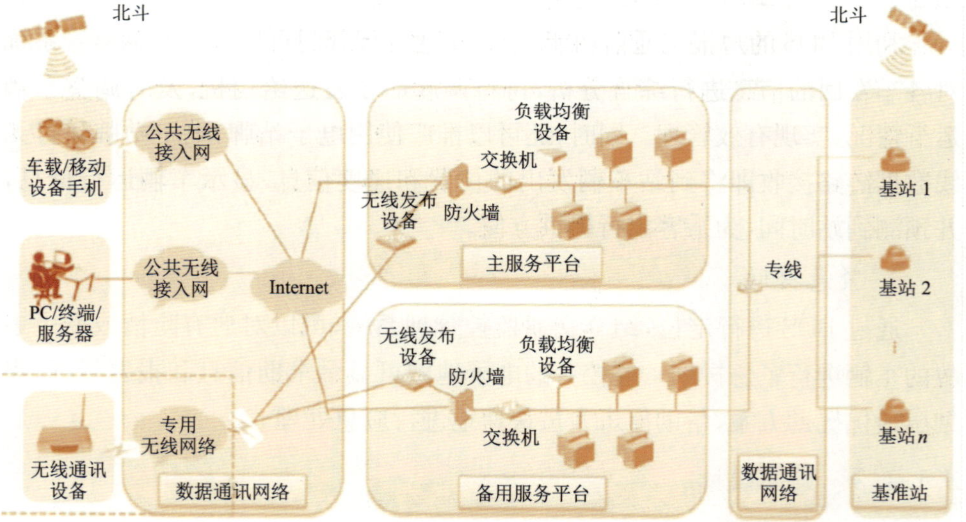

图3-1 地基增强系统组成

卫星定位终端可以通过无线公网、调频副载波广播、卫星广播等通道获得地基增强系统的数据服务。

2. 调频副载波播发技术

调频副载波广播作为地基增强系统数据的一个重要发布手段，特别适用于智能交通领域。

无线公网是目前主要的播发方式，包括 GPRS 和 4G 等，不过长期运营费用高，系统并发能力受限（双向通信），网络可靠性难以保障，特别是在发生自然灾害等应急情况下无法使用。卫星通信覆盖面广，但是对硬件和软件要求高，因此投资、运行和维护费用相对较高。

调频副载波方式有覆盖面积广、基础设施完备、通信信号稳定、运营成本低、系统并发容量无限制（广播方式）、抗灾能力强等特点；同时，调频接收终端是目前各种车辆上安装最广泛的设备，城市内、高速公路沿线均有良好的调频信号覆盖；因此，基于调频副载波的地基增强播发系统可以应用于智能交通行业的主要基础设施。

在利用调频副载波开展动态交通信息的应用过程中，相关信息标准也得到了国家支持，如动态交通信息在调频副载波通道的相关标准 GB/T 27605—2011《卫星导航动态交通信息交换格式》已于 2012 年正式发布。

基于已有标准，采用调频副载波播发技术，进行地基增强信息的广播服务，具备成熟的技术基础。

1）总体方案。调频副载波播发系统总体框架如图 3-2 所示。系统分成三大部分。

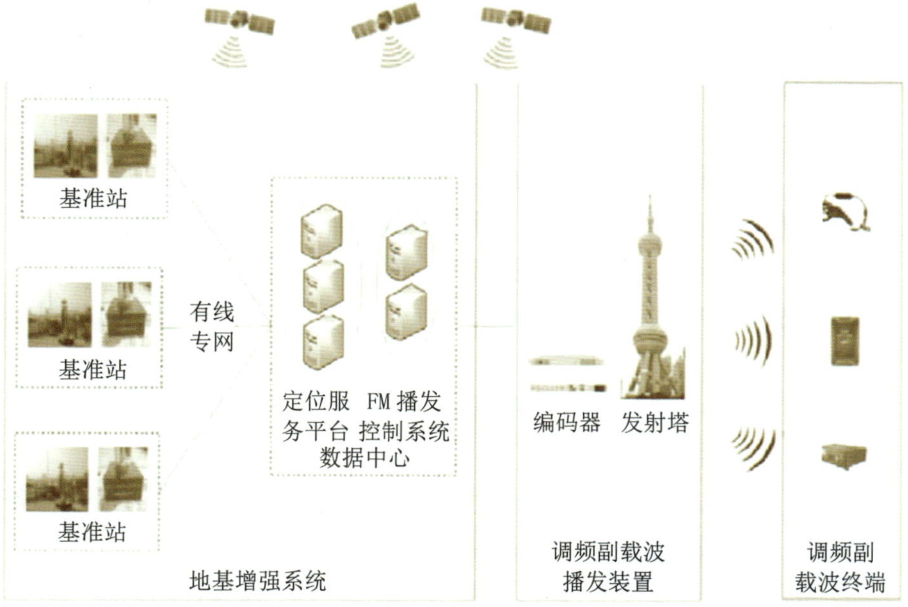

图 3-2 调频副载波播发系统总体框架

(1) 地基增强系统。包括连续观测卫星的基准站，对数据采集加工和提供位置服务的定位服务平台，以及 FM 播发控制系统。

(2) 调频副载波播发装置。可复用各地已经建成的广播发射系统的调频发射机和天线；在信号进入发射机前，通过本系统所使用的编码器进行编码。

(3) 调频副载波终端。对于接收到的调频信息进行解码，得到增强数据，发送给定位模块实现高精度定位。

2) 地基增强数据的播发。传统地基增强系统与终端设备之间是双向通信的，地基增强系统根据终端上报的概要位置，虚拟出一个概要位置附近的基准站，将其增强数据发布给终端(VRS 技术)；或将离终端最近的一个基准站的增强数据发布给终端(伪距差分技术)。

通过调频副载波进行的播发是单向的，只能根据调频副载波覆盖区域的特点选择把其中一个或几个基准站的增强数据播发出去，由终端进行选择和应用。

定位服务平台主要由数据层、算法层、逻辑层和发布层四个层次组成。其中，数据层负责各基准站原始观测数据的采集、存储和分发；算法层利用原始观测数据产生基本的增强数据；逻辑层处理服务逻辑，对增强数据按服务类型进行封装；而发布层则实现与用户终端的交互，发布增强数据。

为实现调频副载波播发的功能，对于定位服务平台需包含 FM 模块，整合和发布需要通过调频副载波播发的参考站增强数据。

3) 播发控制系统。FM 播发控制系统实现从定位服务平台获得的增强数据，按调频副载波播发装置要求的格式进行封装，并推送给播发装置。

系统由五个模块组成，各部分的功能如下。

(1) 位置增强数据获取接口。用于创建和维护 FM 播发控制系统与定位服务平台的 TCP 连接，获得定位服务平台每秒一次实时播发的增强数据。

(2) 数据打包模块。按照播发的增强数据特征进行分类打包，满足不同应用的需求。

(3) 协议编码模块。按照调频副载波发送所需要的协议和编码格式进行规则化的拆分和封装。

(4) 广播数据发送模块。发送到调频副载波播发设备，借助播发设备将增强信息通过调频副载波播发到终端。

(5) 多广播塔分发模块(预留)。建立及维护 FM 播发控制系统与各个广播塔之间的连接，并进行数据分发。

4）编码器的选择。广播数据系统和多动调频数据广播两种编码标准都很成熟，且在国内都已成功应用。考虑地基增强数据播发量，以航海无线电技术委员会3.0数据为例，在播发北斗GPS双系统增强数据的情况下，一个站每秒的数据量约为3kb，因此推荐使用DARC标准及相应编码设备。

5）终端模块。调频副载波接收模块用于接收调频副载波数据，并对数据进行纠检错校验以及解码等工作，将增强信息实时传送到应用终端，其技术方案主要包括FM低频再生高频放大电路、FM高频接收芯片、DARC接收芯片、MCU控制芯片几个部分。FM低频再生高频放大电路、FM高频接收芯片用于处理调频副载波物理信号；DARC接收芯片用于处理MPX复合信号，将MPX复合信号转换成数字信息，并将数字信息进行解调、解码和纠错；FM控制芯片用于控制整个模块各个芯片的工作以及与模组外部的通信。

调频副载波接收模块/芯片在动态交通信息接收应用中已得到了广泛的应用，在汽车前装、后装等设备上具有大量的应用。在现有车载定位终端的基础上，进行接口改造以适配调频副载波接收模块，即可接收增强数据。

综上，作为一种基础能力，北斗高精度定位技术能直接嵌入到各种智慧交通的应用方案中，图3-3展示的是北斗高精度定位技术在智慧交通中的部分应用场景。

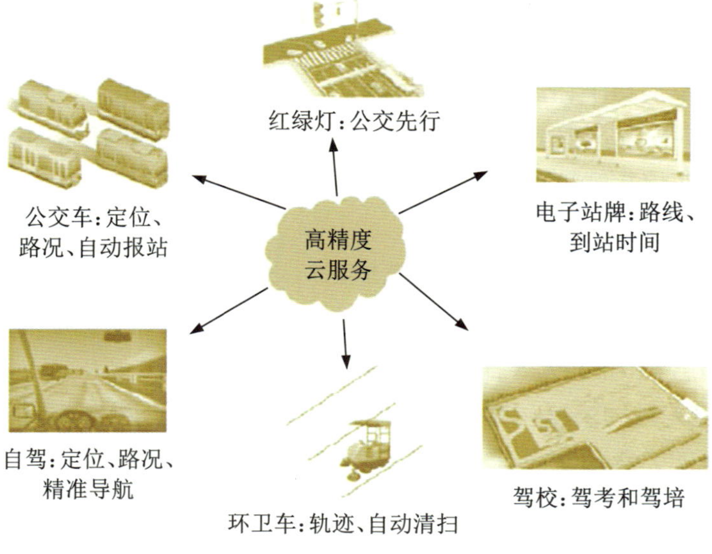

图3-3　北斗高精度定位技术在智慧交通中的应用

在图3-3的应用场景中，城市部署了一套包含调频副载波播发装置的地基增强系统，向城市公共交通、私家车、市容环卫车，以及驾校提供高精度云服务。

实际上，北斗的高精度定位能力对现有智能交通产业多个领域的发展都能产生巨大的推动作用。下面是其在智能交通领域的典型应用。

(1) 更精准的先进交通信息系统(ATIS)。采用了北斗高精度定位能力，浮动车的路况信息采集将更加准确，路况信息将更加可用，解决了主辅路、高架桥、多岔路等复杂路段由于定位不准确导致的路况信息不确定问题。

(2) 更智能的交通出行。高精度定位能力将极大地提升车载导航设备的导航能力，提高了道路匹配、弯道提示、并道导引和基于路况的动态路径规划的准确性和有效性。

高精度定位能力对于出行时间规划、到达预测以及组团跟车等方面也将起到基础性的作用。

(3) 更有效的先进交通管理系统(ATMS)。由于采用了北斗卫星亚米级的定位技术，使得基于车道的精细交通管理和调度成为可能，应用形态包括：拥堵场景下的放行自由流车道收费；基于车道的车辆(如危险品运输车辆、重卡等)运行精细化管理；更精准的交通引导和信号灯控制等。基于高精度定位能力，才有可能实现有效的车路协同、车车协同。

(4) 更精细的公共服务车辆的运营管理。车道级的管理，可以实现对公共服务运输车辆进行精准监控和管理，准确掌握公共服务车辆的真实作业情况，譬如环卫清扫车、渣土车等。

对城市智能公交信息化而言，亚米级高精度的应用，使得自动报站更加准确，公交车停靠管理更加科学，对公交车的调度更加有效，也更易实施公交优先的城市交通的发展策略。

(5) 更先进的车辆控制系统(AVCS)。对于交通工具，采用了高精度北斗定位技术，极大地提升车辆的安全辅助驾驶能力，实现弯道自动预测减速控制、占道自动提醒、无人辅助驾驶等先进智能功能。

(6) 更先进的快速收费(ETC)。结合北斗高精度定位和 RFC 读写基站技术，将有能力实现对现有 ETC 卡口进行改造，实现单基站、多通道、兼容无卡收费等功能，降低 ETC 建设成本，减少基站对环境电磁污染和能耗。

北斗高精度定位也在交通规划、驾校培训等方面都有着很大的创新应用前景。

当前，卫星导航与位置服务产业步入了发展的黄金时期，卫星定位导航技术和应用广泛渗透到经济发展和生活的各个领域，产业规模快速壮大，重要性凸显；我国自主北斗系统的建立，为中国卫星导航与位置服务产业，特别是智能交通产业提供了良好的发展机遇。

智能交通产业的发展，可以借力卫星导航和位置服务产业在技术上的进展和市场上的机遇。基于北斗高精度定位技术，能使得交通设施、交通工具、交通管理和交通规划提高到一个新的设备能级和应用水平。采用北斗高精度定位技术是智能交通领域响应国家战略布局，与卫星导航产业发展相互促进，共同发展的具体举措。

通过采用北斗高精度定位技术，将加快智能交通领域的创新应用，推动智能交通升级，带动相关产业链爆发性的增长。

3.1.2 智能家居

随着经济的快速增长和社会的发展，快节奏的生活使人们越来越追求高品质的生活，人们对舒适、方便、高效的生活环境的渴望愈来愈强烈。如何建立一个高效率、低成本的智能家居系统已经成为当今世界的一个热点问题。智能家居是建设智慧城市的一个重要环节，它能够为家庭提供全方位的信息交换功能，帮助家庭与外部保持信息交流畅通，优化人们的生活方式，帮助人们有效安排时间，增强家居生活的安全性，甚至为各种能源费用节约资金。

北斗系统最大的特色在于提供有源定位和短报文通信服务，这也是北斗相对其他导航系统的优势。利用北斗的短报文通信功能和定位功能，通过信息传感设备和智能控制系统，将与家居有关的子系统与北斗终端设备结合起来、进行监控、管理、信息交换和通信，同时通过嵌入有北斗芯片的手机发送指令到智能控制系统，实现对住宅内所有灯及各种电器的远程控制。回家前，通过手机发送信息，提前启动热水器、空调、洗衣机和电饭煲等设备；而家里的各种电气设备也可以通过触动信息传感设备并发送信息到户主的手机上。如果家中出现煤气泄漏或者火警，传感器监测到之后会及时触动智能控制系统发送信息通知户主和警方以及小区物业，即使不幸遇到小偷潜入，安防设备会自动报警，并通知小区物业和发送信息的方式通知到户主。这一切都将改变过去的家居方式，使生活更便捷、更美好。

3.1.3 智慧物流

网上购物越来越方便，而且呈飞速发展趋势，越来越多物品进入流动状态。目前,国内制造企业物流信息化水平普遍不高,大都采用“人工+条形码”的方式,该方式效率低、人力成本高,已越来越不能满足现代物流行业提升核心竞争力的需求。传统的物流方式已逐渐无法适应快速发展的电子商务的需求。

智慧物流概念的提出可以有效解决这个隐患。智慧物流是将射频识别、传感器和导航定位系统等物联网技术通过信息处理和网络通信技术平台广泛地应用于物流的各个环节,实现自动化运作和高效率管理。智慧物流概念的提出契合了现代物流的智能化、网络化、自动化、实时化的发展趋势,对物流业的影响是全方位的。

利用北斗系统,在物流车辆、中转环节设备中安装北斗导航终端,并在导航终端上设计射频识别读写器和处理器;在买家购买商品后,自动生成一个射频识别电子标签,物流公司在接收货物后将电子标签贴于商品上。在物流过程的每一个环节中,货物的射频识别通过传感芯片与物联网系统进行信息传递,从而实现了对物流过程的实时监控。货物损坏、掉包、丢失,甚至是谁什么时间将货物搬运到什么地点都可以准确查出,使业务流程公开、透明地呈现出来。这不仅有效避免了一些人为的过错,同时也明确了各方的责任。

3.1.4 智慧社区

目前,智慧城市建设在我国各地开展得如火如荼,截至 2020 年,我国智慧城市试点数量累计已达 749 个,全国 80%以上的一二线城市紧跟北京、上海、广州等中心城市的建设步伐,也都明确提出各自“智慧城市”发展战略规划。“智慧社区”作为“智慧城市”基本构成单位,充分借助互联网、物联网、传感器网和卫星现代化技术将人、地、物、网络等进行互联互通,涉及智能楼宇、智能家居、智能医院、智慧民生、智慧商务、智慧教育、智慧养老与助残、个人健康与数字生活等诸多领域,形成集成化、时空化和智慧化的全新社区形态,集城市创新管理、公共与社会服务、居民自治和互助服务于一体。

智慧养老与助残作为智慧社区重点建设内容之一,以街道或社区为单位建立智慧养老与助残服务分中心,集成北斗卫星,GIS、RFID,红外线定位、Bluetooth 等技术研制更加智慧化、人性化导盲系统。分为用户智能终端和导航服务中心,盲人行走过程中手持智能终端,通过 GPS 信息、RFID 信息、后台基础数据库等信息,实时判断是否偏离路径或到达路口等关键节点,以听觉、触觉等方式给予有效提醒,进行定位与导航。如果遇到紧急情况,一键求助服务中心，并利用摄像头把周围的视频信号和北斗定位信息传送到服务中心，由训练有素的导航人员进行人工辅助或到现场进行求助。

将北斗卫星导航技术应用到智慧城市中，既能促进智慧城市的建设发展，也可对北斗导航卫星产业的发展起到很好的促进作用。随着北斗导航系统功能的进一步完善，北斗导航系统的应用领域将进一步得到大胆探索和尝试。以北斗为支撑的智慧城市将成为国家重大经济发展策略和国民经济发展的重要支撑。

3.2 建筑与安全监测

随着建筑技术的日益成熟，每年都有一批超高层建筑和特大型桥梁开工建设及投入使用。建成后的高楼，也会因强风荷载作用、地面沉降及地震灾害作用造成楼的损害，影响建筑物的使用寿命。

对于高层建筑的安全性问题，特别是异型结构超高层建筑的安全性问题，国家制定了相应规范，从施工过程到建筑物使用、运营过程都应进行变形监测和建筑物健康评估。

3.2.1 北斗建筑安全监测

基于北斗卫星导航系统的建筑安全监测是为保证建筑使用安全，利用北斗系统，对建筑的地基、基础、上部结构等关键部位及周边环境进行监测，测定建筑在施工、运营（使用）阶段形状与位置的变化特征，获取建筑变形的信息，为工程质量安全管理提供信息支持和技术服务。

3.2.1.1 监测对象

建筑安全监测对象分为对建筑的安全监测以及对地质灾害频发或潜在发生区域的安全监测。

1. 建筑是建筑物和构筑物的总称

建筑的安全监测包括对超高层和高耸建筑、大跨度建筑、桥梁、危险房屋以及历史建筑和文物建筑的变形监测。

（1）超高层和高耸建筑安全监测。超高层建筑指建筑高度大于100m的民用建筑；高耸建筑指高度较大、横断面相对较小的建筑。

(2) 大跨度建筑安全监测。大跨度建筑通常指跨度在30m以上的建筑，主要用于民用建筑的影剧院、体育场馆、展览馆、大会堂、航空港以及其他大型公共建筑。

(3) 桥梁监测。桥梁按照受力特点分为有梁式桥、拱式桥、钢架桥、悬索桥、组合体系桥五种基本类型。

(4) 危险房屋变形监测。危险房屋指结构已严重损坏或承重构件已属危险构件，随时有可能丧失结构稳定和承载能力，不能保证居住和使用安全的房屋。

(5) 历史建筑和文物建筑变形监测。历史建筑指经城市、县人民政府确定公布的具有一定保护价值，能够反映历史风貌和地方特色的建筑。文物建筑指《中华人民共和国文物保护法》中列为国家、省、市县级文物保护单位的不可移动文物中的"古建筑"类。

2. 地质灾害频发或潜在发生区域包括自然地质灾害影响区域和人为地质灾害影响区域

(1) 自然地质灾害影响区域监测包括对山体或土体崩塌、滑坡区域，泥石流发生区域，地面塌陷区域，地裂缝区域，地面变形量等级为危险性大或危险性中等的区域进行监测。

(2) 人为地质灾害影响区域监测包括对建筑场地、斜坡和高边坡；公路、铁路高边坡；垃圾、渣土填埋场边坡；采矿区的沉降区域；尾矿库及坝体边坡；地下工程施工影响区域；混凝土坝及土石坝等进行监测。

3.2.1.2 监测内容

利用北斗系统进行的建筑安全监测内容包括水平位移监测、垂直位移监测、动态变形监测、日照变形监测、风振变形监测、建筑挠度监测以及建筑振动频率监测。

建筑安全监测除建筑的变形监测外，还需选择其他传感设备或常规方法进行辅助监测，辅助监测内容包括应力应变监测、温湿度监测、震动监测、地震及地震响应监测、预应力及索力监测和腐蚀监测等。建筑安全监测的内容依据不同工程的项目及监测要求选择性监测，以获取全面的监测数据，为建筑安全分析与评估服务。

根据北斗定位的精度级别，在进行建筑安全监测时可进行北斗一等、北斗二等、北斗三等、北斗四等监测。监测精度等级的划分见表3-1。

表3-1 监测精度等级划分

等级	监测点坐标中误差		适用方法
	水平分量(mm)	垂直分量(mm)	
北斗一等	±2	±3	静态测量
北斗二等	±4	±5	静态测量
北斗三等	±10	±15	快速静态测量
北斗四等	±20	±20	动态测量

监测点坐标中误差指的是监测点相对于基准站的坐标中误差。监测项目的精度等级需根据工程项目对监测变形允许值要求和项目委托方对后解算结果的响应时间要求综合验算后确定。

3.2.2 建筑安全服务平台的主要内容

基于北斗高精度定位技术的建筑安全监测服务平台主要包括建筑安全监测服务平台以及以北斗监测为核心的集成多传感器的建筑安全监测系统等。

3.2.2.1 建筑安全监测云服务平台软件

建筑安全监测云服务平台的主要用于省市级的建筑安全数据分析及监控,包括云服务应用软件系统和云服务运维环境。其中,云服务应用软件系统包括数据处理系统、数据管理系统、安全监测信息服务系统、安全监测分析预警系统、大数据分析系统。

1. 建筑安全监测数据处理系统

数据处理系统接收监控建筑物的监测数据,并对数据进行剔除、滤波分析、数据计算等,得到初步监测结果。系统可对以北斗监测终端为核心的多传感器观测数据进行数据融合解算。其处理内容包括:北斗定位终端的卫星观测数据,得到静态定位坐标;结构温度分布数据,绘制温度分布图;风速、风向和结构表面风荷载数据,得到脉动风速、平均风速、风向和风压等数据;应力监测点的应力观测数据,得到结构应力分布及最大应力的大小和方向等。系统将解算结果利用专线等多种传输方式报至上级中心。

2. 建筑安全监测数据管理系统

数据管理系统对接收的区域内所有监控建筑物的监测数据以及解算结

果存储进数据库，并进行备份。系统对有效用户提供监测数据的查询、调用、维护等服务。

3. 建筑安全监测信息服务系统

安全监测信息服务系统对有效用户提供安全监测信息服务，按照监测建筑的属性、监测站ID、时间等查询数据库中相关监测信息。

4. 建筑安全监测分析预警系统

安全监测分析预警系统对下级中心发送来的监测数据预处理结果包括基础沉降数据、结构竖向变形数据、结构平面变形数据、应力监测数据、卫星定位数据、环境监测数据，对其进行系统性的安全分析，并得出建筑物健康分析结果。如果某幢建筑的健康分析结果显示它的变形数据已超限，则立刻调派相应人员前往处理，并将后续处理结果一并记录备案保存。针对重点监测对象，建立变形监测预警模型，实现早预警、早维护，以避免因变形等原因导致的损失。

5. 建筑安全大数据分析系统

建筑安全大数据分析系统汇总各示范城市的建筑监测数据，并借助天地图等GIS信息，对规模巨大的监测数据进行挖掘和分析。系统通过信息收集、数据集成、数据规约、数据清理、数据变换、数据挖掘实施过程、模式评估和知识表示八个步骤，对庞大的监测数据进行挖掘，提取隐含在其中的潜在信息，以供建筑安全监测研究人员进行技术分析。

3.2.2.2 建筑安全监测系统

北斗高精度建筑安全监测系统，能够采集多种传感器的数据，进行综合预警，实现建筑安全监测的自动化。本系统中包含多传感器采集器，以北斗为核心的GNSS解算引擎，传感器自动监测等内容。

1. 系统关键技术

(1) 具有多天线复用技术的高精度监测终端。单个北斗监测终端的价格相对较高，但是天线的价格相对低廉，可采用时分多址技术，对天线进行轮流切换，进行数据采集，可以有效降低成本，能够更好地进行项目推广。

(2) 集成建筑安全的多种传感器进行融合解算。多传感器集成是指通过将结构位移监测与应力监测、振动监测、环境监测结合起来，建立以位移分析为主的多指标数据融合分析评价系统。数据分析是通过对卫星位移监测数据的分析，掌握结构的位移变化，通过模态分析、有限元计算等多种手段，结合应力、振动等其他监测指标完成对结构物状态的评估。

采用北斗 GNSS 多系统兼容技术，不仅可以测出结构物整体位移和坐标，还可以通过数据处理、傅里叶变换得到结构物频谱，也可测量结构物相对三维变形，从而测出扭曲、倾斜等变形参数。其所得位移和频谱可以与加速度计得到结果进行相互印证和补充。

应力是监测结构某个截面上局部受力反映，它直观了解结构件受力状态的最佳手段，是结构安全性评估的一个最重要方法。

结构振动的加速度传感器可采集出结构的振动信号，对实测信号的快速傅里叶变换（FFT）等分析方法可准确得到结构的一阶或多阶空间振动频率。

环境的变化主要指温度和风的影响，环境温度值的测量可以为后期数据分析处理，以及监测结构分析结果对比提供基础数据。

各类监测传感器数据实时同步通过光纤通信将采集数据全部传输到中心站工控机上，利用安装在工控机的建筑安全监测信息集成及预处理集成系统进行分析融合处理。

为了融合各类传感器数据，首先需要解决的就是时间同步问题，应力监测数据、加速度计数据、风向、风速数据统一采用北斗时间，进而与卫星定位测量数据一起进行数据分析和融合。

（3）设备自动检测和数据校验技术。设备自动检验技术可以轮流对建筑物内的设备进行数据质量检验，它通过数据的质量反映设备的工作状态，监控设备是否疲劳、是否死机等现象，自动调节设备的工作状态，能够进行休眠、重启、复位等操作。

数据校验和完好性检验是通过独立线程检验服务器的数据游标，对比本地的数据，能够发现服务器与本地的数据是否一致，当数据不一致时，开辟单独的传输通道，将数据补发给服务器。在此过程中，采用数据压缩和加密算法，既保证了数据的机密性，又减轻了数据中心的负荷。对本地数据的管理上，采用增量压缩，减少本地磁盘的空间，达到存储1年数据的要求。

3.2.2.3 总体框架及方案

1. 数据流程图

北斗城市监测基准网，从各 CORS 站获得原始数据，为北斗监测提供一个参考基准，为建筑物安全监测提供原始观测值，为其他用户提供差分数据，见图 3-4。

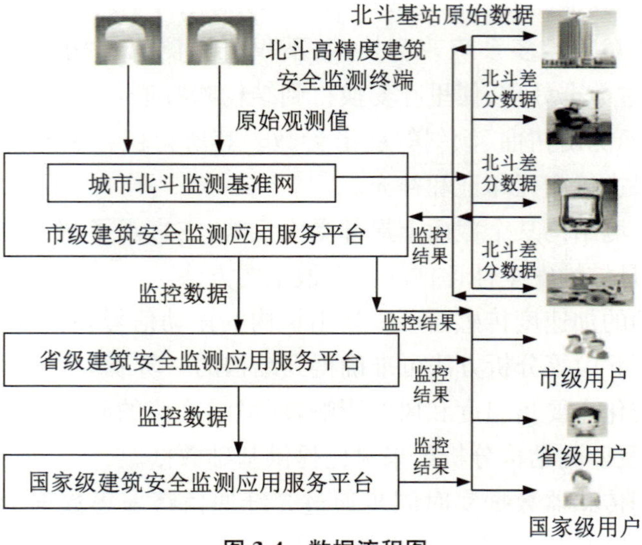

图 3-4　数据流程图

2. 建筑安全监测云服务平台架构

建筑安全监测云服务平台主要分为云服务应用软件系统和云服务运维环境，架构见图 3-5。

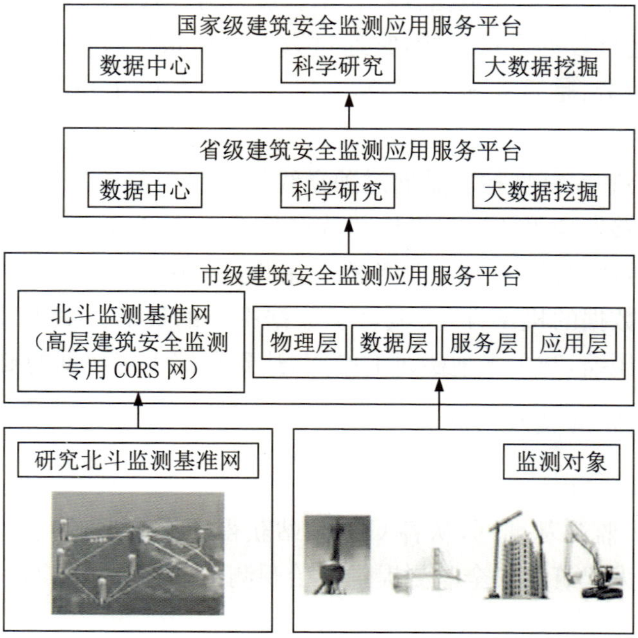

图 3-5　建筑安全监测云服务平台架构

北斗高精度定位建筑安全监测应用服务平台是实现对建筑高精度位移动态监测等功能的系统平台，云服务应用软件系统从架构上分为物理层、数据层、服务层和应用层，该系统的软件架构如图 3-6 所示。

应用层	监测对象管理	监测信息展现	分析信息展现	报警信息展现
	监测设备管理	用户管理	任务管理	GIS 相关应用
服务层	监测数据交换	安全监测评估	信息报警服务	数据压缩服务
	数据加密服务	数据预处理	共享数据交换	GIS 服务
数据层	监测数据	安全分析数据	监测设备数据	用户信息数据
	任务数据	GIS 基础数据	建筑基础资料	数据维护
物理层	数据通信	数据频率调节	原始数据调用	
	负载均衡	断点续传		

图 3-6 云服务应用软件系统架构图

数据处理系统包括以下主要模块。

(1) 数据交换模块。利用专用 VPN 通信网络进行数据的传输，保证数据的安全性；采用断点续传软件 Thunder、NetAnts 等保证通信的有效性；采用数字认证和数据校验技术，保证数据传输的安全和正确。

(2) 数据预处理模块。根据数据的特征，开发专门的数据正确性、完整性检查软件；开发专门的数据过滤软件，消除噪音数据。

(3) 数据压缩模块。研究支持数据服务快速访问的服务结果集重编码压缩技术；采用无损压缩技术。

(4) 数据加密模块。根据情况分别采用对称加密技术和非对称加密技术进行不同类型数据的加密。

3. 数据解算模块：利用专用的高精度定位解算软件，实现定位的解算

数据管理系统包括以下主要模块。

(1) 建筑 BIM 信息管理模块。利用 BIM 建筑物信息模型完成建筑物信息的管理；利用现有的 BIM 软件进行输入、展现、查询等功能的开发。

(2) 数据管理模块。完成数据的维护，主要包括监测数据的统计分析，日常备份和恢复等。

(3) 任务数据管理模块。完成任务数据的维护，主要包括任务数据的创建、任务数据的跟踪、任务的流程管理。采用工作流引擎进行任务的管理。

(4) 用户信息管理模块。完成用户数据的维护，主要包括用户信息的登记、用户授权、用户认证等功能。

安全监测信息服务系统主要研究不同类型异构数据资源的访问机制，提出典型数据资源访问模式，包括数据库、文件、传感器数据流等；给出基于模板或参数方法的数据资源访问适配器体系结构；研制异构数据源统一访问适配器开发工具，支持适配器的快速构建。

安全监测信息服务系统包括以下主要模块。

(1) 监测信息查询模块。利用列表和地图形态来查询建筑物监测信息。

(2) 监测信息展示模块。对于所查询的监控对象的监测信息进行列表和图示化的展现。

(3) 安全监测分析评估模块。对单个监测对象或建筑群进行安全评估分析，建立分析评估数据。

(4) 预警信息展现模块。对于出现问题的监测对象或建筑群进行预警信息展示。可以在地图上以警示颜色进行表现，也可以以警示声音进行展现，特殊情况下要将这些信息显示在登录页面，以保证预警信息引起重视。

(5) 预警信息处置模块。对系统提示的预警信息，分派相应工作人员按照系统提供的基本信息进行处理。预警信息的处置启动预警信息处理工作流，保证按职责完成相应的工作。

(6) 历史预警信息分析。提供对历史预警信息的查询，可以从时间上面把握预警的整体情况。

综上，对建筑进行变形监测，尤其是在地震断裂带和地面严重沉降地区开展甲、乙类建筑高精度位移动态监测，可以极大程度地避免建筑物的灾难性事故，保护人民生命和财产安全，这是一项社会和谐发展、人民安居乐业的

长期任务。目前在上海、杭州、成都需要进行监测的建筑物数量已有千栋左右,市场需求量非常之大。基于北斗高精度定位技术的建筑安全监测系统,在技术上具有先进性和优越性,具有一定的推广和应用价值,可以在部分地区进行示范性应用。

3.2.3 具体应用

桩基础凭借其对岩层土质的广泛适应性,及承载力高、抗震性能好、适合机械化施工等优点,已成为我国铁路建设中采用最广泛的地基处理形式。桩基础属于隐蔽工程,在以往的铁路建设中,桩基施工过程依靠施工单位人工记录,监理旁站的形式进行监管,辅以桩身完整性检测、地基承载力试验等手段抽样检测其成桩质量。由于施工记录的客观性、准确性难以保证,而承载力试验费时费力,难以大量开展。因此,桩基施工质量控制的关键在于采取有效的过程监管措施。本文通过开发铁路桩基施工管理系统,对桩基施工全过程进行即时记录,并采用自动化手段对桩长、桩位、桩身垂直度等重要施工参数进行同步监测,使桩基施工的每一环节有迹可循,为高速铁路桩基施工质量管理和进度考核提供真实可靠的凭据。

3.2.3.1 研发目标

研发桩基施工过程自动监测装备的主要目标是对桩基施工过程的关键工艺参数进行实时监测,对施工过程中出现的不满足设计要求的偏差项进行提示与报警,并将现场监测数据及时上传至后端管理平台,为管理人员提供直观、形象的进度、质量管理工具。

系统主要实现的核心功能包括:①利用北斗定位系统实现钻机姿态调整与钻杆就位引导,代替传统的人工放样。②采用自动化监测手段,实现对施工过程中钻孔深度、桩身垂直度、提钻速率、钻机电流的实时监测,对孔深不足进行现场提示。③分析、判断终孔电流,对终孔电流不足的情况进行现场提示。④开发后端管理平台,建立监测数据库,提供形象直观的进度展示与质量管理功能,实现对指定数据的查询、分析与统计。

3.2.3.2 关键技术方案

针对上文确定的桩基施工管理系统研发各项目标,分别比选合适的技术手段予以实现,分述如下。

1. 钻机姿态调整、钻杆就位引导

施工机械的三维空间引导首选北斗卫星导航系统。它的高精度实时GNSS定位技术和引导能力能够保证在任何天气下，无论白天黑夜，都能给驾驶员提供准确的操作引导。

BDS系统由提供无线电导航定位功能的卫星、地面运行控制系统和应用系统三部分组成，提供定位精度10m，测速精度0.2m/s、授时精度10ns的免费服务。通过增设地面基站，可以将平面定位精度提高到15～20mm，高程定位精度提高到30～50mm，满足现场放样需求。

在地面基站的辅助下，通过在钻机上布设移动接收站来监测钻机的三维坐标。如果只在钻杆上布设1个接收站，虽然能监测钻杆坐标，但无法反映钻杆、驾驶室的相对位置，不能为驾驶员提供操作引导。因此，最终确定在钻杆、钻机底座上分别布设1台移动接收机。

2. 钻孔深度、提钻速率监测

钻孔深度是桩基施工的关键参数，也是施工中最难以控制的工艺参数。为了监测钻孔深度，设想了2种方案：①利用接触式传感器监测线缆的行程。②利用卫星定位，通过布设移动接收机监测钻头的高度变化。2种方案在监测精度、监测成本等方面的对比见表3-2。

表3-2　钻孔深度监测方案比选

对比项目	方案1(利用接触式传感器)	方案2(利用卫星定位)
钻孔深度	可实现	可实现
孔底高程	不可实现	可实现
提钻速度	可实现	可实现
监测精度	±30mm	±50mm
硬件成本	低	高
维护成本	高	低

经对比可知，方案1、方案2都可以实现对钻孔深度、提钻速率的监测，其监测精度均在可以接受的范围内。方案1的主要优势在于硬件成本较低，但维护成本较高。方案2的优势在于可以监测孔底高程，更能反映桩端所处的

地层深度。考虑到在钻杆就位引导中已经采用了卫星定位系统方案，经过调整，优化其中1个移动接收机的位置后，可以同时兼顾钻杆平面位置及高程位置监测的需求。这样就降低了方案2的硬件成本。综合考虑，确定采用方案2进行开发。

3. 桩身垂直度监测

桩身垂直度采用倾角传感器进行监测。该传感器的监测原理是将感应器件在位置倾斜时发生的与大地引力方向的夹角变化这一物理量转化为模拟信号输出。它的作用是将一次回路的大电流变为二次回路标准的小电流(5A或1A)，使测量仪表和保护装置标准化和小型化。将传感器安装在钻杆上，通过485接口将数据传输到数据处理器，可以将钻杆姿态数据实时显示在控制终端上。

4. 终孔电流判断

电流监测采用电磁式电流互感器。它通过交流电引起的传感线圈的电磁感应变化来反映电流的大小，是一项比较成熟的技术。需要解决的关键问题在于如何判断终孔电流。经过多次试验，最终结合钻孔深度监测数据确立了终孔电流的判断准则。

3.2.3.3 系统开发

桩基施工过程自动监测装备的总体开发方案：通过北斗卫星定位系统监测钻孔深度与提钻速率，利用倾角传感器监测桩身垂直度，结合卫星定位及电流互感器的数据判断终孔电流，再通过控制终端对以上数据进行采集、处理和展示；通过控制终端内置的移动通信网络将数据实时上传至后端管理平台，实现桩基施工的远程管理。

确定开发方案后，需要根据设备性能要求对硬件设备各部件进行选型，根据功能需求进行软件系统开发。

设备性能要求：①选择合适的传感器，使各项指标的监测精度满足现有施工验收标准要求，以CFG桩为例，各监测项目精度要求如表3-3所示。②数据采用485接口输出。③监测设备能够有足够高的耐久性、抗震性。④终端设备可采集并保存30d以上的现场监测数据。⑤设备安装简易，全天候工作。

经过比选确定了各部件型号，在这个过程中重点考察了传感器的精度、工作温度范围及抗震性能，并对关键部件进行了送检。如选用的倾角传感器

[型号 SCA103T(D.04)],其分辨率达到 0.0010(模拟输出)和 0.0090(数字输出),而且传感器内置温度传感器,可补偿灵敏度漂移误差和温度引起的偏差,适合于在施工现场使用。

表 3-3 CFG 桩基施工监测项目精度要求

监测项目	监测精度	验收误差
桩身垂直度	±0.5°	≤±1%
钻孔深度	±15mm	≤±10cm
平面位置	±10mm	≤±5cm
提钻速率	±0.02m/min	

软件系统需要满足的功能如下。

(1) 数据采集与处理。根据监测项目、监测频率及数据格式要求,对各项监测数据进行采集与处理。

(2) 设计文件导入。通过数据表形式导入设计文件,包括平面位置坐标、桩底标高等信息。

(3) 钻杆就位导航。在控制终端生成桩位平面图,以动画的方式引导钻杆在设计平面位置坐标就位。

(4) 现场施工监测与提示。在控制终端实时、直观地显示钻孔深度、桩身垂直度、钻机电流等主要指标,对钻孔深度不足、终孔电流异常、桩身倾斜等情况进行提示。

(5) 数据存储上传。系统应对采集的数据进行自动存储,并在具备网络条件时自动上传至后端管理平台,对遗漏数据自动进行补传。

(6) 身份认证与权限管理。为保证施工记录的准确性,应对不同类别的操作人员分别授予相应的权限,并进行登录认证。

3.2.3.4 系统应用

桩基施工管理系统研发完成后,投入高速铁路施工现场进行了试用。试用的主要目的:①将系统监测数据与现场人工记录数据进行对比,验证系统监测数据的准确性、可靠性。②通过现场试验积累数据,进一步验证系统在施工环境条件下的操作性、适用性与稳定性。③调试数据上传接口,实现与后端管理平台之间数据的实时传输。

2016 年 4—9 月、2017 年 3—5 月，该系统在 2 个高铁项目上试用，进行了数百根桩的施工监测。经比较，与现场人工记录数据保持一致。系统硬件设备在现场高温、扬尘、振动环境下工作性能良好，实现了监测数据的实时上传。试用结果表明，系统在监测数据准确性、系统稳定性等方面均达到了设计目标。

综上，桩基属于隐蔽工程，难以在完工后对施工质量进行全面检测。通过开发桩基施工自动化监测装备，利用北斗卫星定位实现钻杆的自动就位引导，节省了人工放样工序，提高了放样准确性；采用北斗卫星定位、倾角传感器、电流互感器等先进技术和仪器分别对施工过程中的钻孔深度、提钻速率、桩身垂直度、终孔电流进行实时监测，为现场操作人员提供了便捷、直观的操作指导。系统监测数据实时上传至后端管理平台，便于管理人员远程管理。经过在施工项目的现场应用，该系统的稳定性、可靠性得到验证。因此该系统的研发有利于提高我国高速铁路桩基施工信息化管理水平。

第4章　基于北斗系统的社会安全应用

4.1　公安指挥系统

4.1.1　基于北斗的公安扁平化指挥系统架构组成

随着经济发展和科技进步，各类社会矛盾凸显，不稳定因素增多，公安面临的形势更加严峻，传统指挥已不能适应新形势下公安科学决策、快速反应、精确打防管控等要求。因此，公安扁平化指挥系统应运而生。公安扁平化指挥的特征是减少中间环节、增加指挥幅度、权力更加集中、调动范围更广，直接"点对点"式地调度一线警力，以公安指挥中心为主，以派出所和现场指挥调度为辅，直接指挥最小作战单元和勤务岗位，实现对警情的快速反应、迅速处置，最终达到提高勤务指挥质效、增强整体防控效能的目的。公安扁平化指挥系统是信息化建设的龙头工程，须着重实现"空中有图像、地面有监控、现场有警力、图上有定位，指挥有手段"的天地一体化指挥目标。

4.1.1.1　北斗在公安中的作用

北斗系统覆盖中国全境无盲区，安全可靠、稳定性高、保密性强。北斗在公安中的地位和作用日渐显著。首先，公安警员定位信息必须高度安全：警员警车位置、处置场所等都属于保密信息，而公安终端使用美国GPS安全隐患大；其次，极端应急下通信需要保障，北斗终端短报文功能可以将警员位置和现场信息回传至中心，解决了特殊环境下通信盲区问题，尤其适合在地域辽阔的新疆、西藏等常规通信手段无法到达的地区使用。

4.1.1.2　体系建设和总体设计

1. 总体建设目标

天地一体化公安扁平化指挥系统是一个跨区域的，集多级指挥调度、单警作战指挥、北斗卫星通信、视频实时传输、目标跟踪监控、电子地图应用、移动侦查指挥于一体的系统工程，构建了一套技术先进、体系完备的“多级远程联动”指挥作战信息系统，实现了公安指挥中心、现场指挥部和现场民警远距离、跨区域的有效指挥、资源共享和信息互动。

2. 系统架构组成

天地一体化公安扁平化指挥体系主要包括空中侦察、地面指挥、通信网络和指挥中心四个部分，如图 4-1 所示。

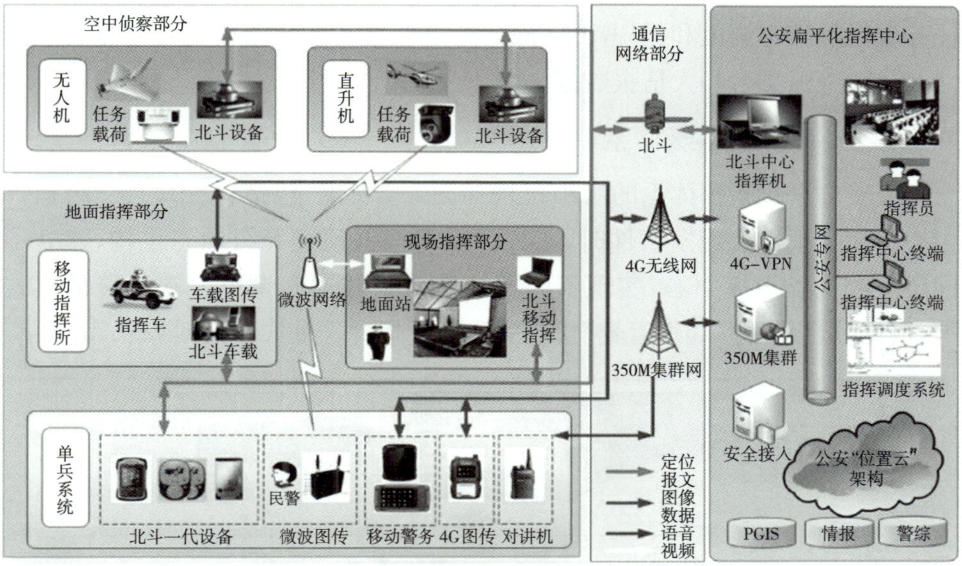

图 4-1　系统总体架构和组成图

(1) 空中侦察部分。无人机和直升机搭载任务载荷并进行图像实时获取和无线微波回传，基于机载北斗设备把定位信息回传到指挥中心。

(2) 地面指挥部分。现场指挥部基于卫星通信指挥车来建设，安装地面站接收空中侦察单元回传的视频数据，转换后落地并现场展示。利用北斗移动指挥机实现对车辆和单兵的定位监控，通过北斗卫星回传给上级北斗指挥机；同时汇聚行动小组和移动指挥车发回的视频信息、现场情况、情报信息，重要信息通过宽带卫星回传到公安部指挥中心。移动指挥车是行动的核心前线单元，通过车载指挥软件调度周边警力，收集现场证据、音视频监控，下发指令等。车载 4G 图传能回传现场视频，车载北斗设备可作为无 4G 情况下定位和短报文回传的补充。单警系统是配发给民警的各类北斗设备和终端，实现北斗定位回传、警务执法和现场采集等功能。

(3) 通信网络部分。主要包括北斗卫星通道、4G 无线通道和公安 350M 集群。其中北斗卫星落地借安装在公安网内的北斗指挥机来接收下属北斗用户机回传的定位和短报文信息;4G 网络主要通过运营商部署 VPN 专线到公安部门来实现 4G 数据的回传接收;350M 集群是公安自己建立的独立语音集群对讲网络,实时接收集群手台和车台的语音数据。

(4) 公安扁平化指挥中心。是指挥体系的核心大脑和后台,在指挥室内通过大屏系统实时显示回传现场视频和定位信息,通过指挥调度软件实现对任务现场的实时调度和指挥功能,底层通过位置云技术架构实时对接公安内网 PGIS、警综平台和大情报数据平台。

4.1.1.3 扁平化多级体系

公安扁平化指挥体系的组织机构如图 4-2 所示,包括省、市、县三级指挥中心。在处理重大突发事件时,指挥体系可根据预案等级动态重构,建立不同层次的现场指挥中心,实现不同警情模式下的动态调整。常规警情模式下,遵循“层级指挥、属地管辖”机制完成逐级指挥。重大警情时,省、市、县三

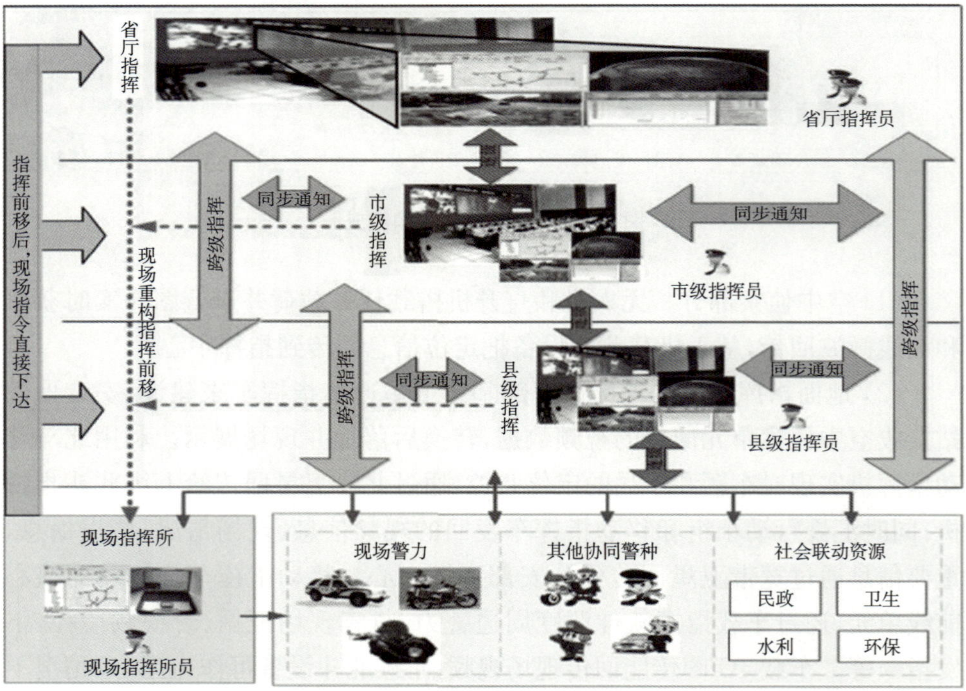

图 4-2 扁平化多级体系

级指挥单元可进行跨级指挥，任何一级指挥单元都可动态调整为现场指挥单元，形成“关口下沉，指挥前移”的战时指挥模式。根据现场指挥员级别，动态调整现场指挥所的权力，指令直接发出并反向传递到各单元，实现与社会资源的实时互动。

1. 空中侦察设计和应用——建立空中图像侦察系统的需求

公安部门对于重大案件的前期摸排、重大安保线路的现场调查、重大警情的联动处置、群体性事件的现场掌控，都需要用无人机和直升机进行空中实时侦察和取证。重点任务包括大范围搜寻和侦察、对群体性事件中重点人物进行拍照、实施撒传单和催泪弹等驱散反制手段，以及利用“图像凝视”技术自动对嫌疑车辆进行动态实时跟踪。

空中图像侦察系统由飞行器、地面控制站、任务载荷和情报处理站组成。飞行器包括飞机机体、动力装置、飞控导航、北斗传输设备、回收装置等；地面控制站包括遥测无线电发射、地面遥测接收等；任务载荷包括可见光摄像机、红外摄像机和数码相机等；情报处理站实现实时拼接地图和目标定位功能。

2. 地面指挥体系搭建和应用——现场和车载北斗指挥单元

在现场指挥部和移动指挥车上搭建基于北斗的用户和指挥机以及北斗指挥软件，实现现场指挥部对现场警车和单兵警员的指挥调度功能。其中现场指挥部使用北斗增强式指挥机，北斗指挥软件用以实现北斗定位、通信指挥等功能，通过逐级通播、位置报告和态势等构建指挥网络，满足多级指挥要求。

由于公安警务人员工作环境和职业的特点，对警务终端有特殊要求：要保障警员定位的安全性；要有三防能力，适应户外恶劣环境；屏幕硬度要高并且强光下可见；电池续航长，能满足长时间工作；产品要轻便，操作灵活。单警作战软件负责与指挥中心、移动指挥车以及周边警员进行信息传递和联动，具有导航定位、快速编组沟通、证据采集上报、在线查案和语音对讲等功能。考虑到公安现场网络的特殊性和复杂性，单警终端采用北斗/GPS双模芯片，既能利用北斗和GPS实现双星定位和无缝覆盖，也能利用短报文实现应急通信保障。

3. 扁平化指挥中心平台

扁平化指挥中心平台是公安扁平化指挥体系灵活运转的“大脑”，目标是“搭建公共平台、集成基础设施、引接现有系统、互联社会联动”。平台利用位置云技术把矢量、三维、街景和PGIS警用地理信息平台多种地图进行整合，增强公安民警“精确侦查、精确布控和精确抓捕”的侦查办案能力。实现天网、4G视频和语音对讲的指挥调度大整合。建立警综平台、大情报等公安业务系统的桥梁，创建了扁平化指挥和情报研判的一体化流程。

基于北斗的单兵终端、移动指挥车和无人机组成地面和空中的现场感知手段，通过北斗、4G和350M集群网搭建多级指挥神经网络，采用位置云构建公安扁平化指挥中心，构成了典型的“云＋端”创新警务模式，是北斗导航和位置服务技术结合公安扁平化指挥需求的一个崭新和大胆的尝试。公安扁平化指挥体系分别在广西和新疆公安进行了实践检验，取得了较好的实战效果，但后期建设也需要考虑到公安科信部门的技术支持力度和加强培养公安技术人才等问题。

4.1.2 北斗导航在公安指挥调度中应用

公安部门面临和承担着艰巨办案任务，以及破案困难时，必须走科技强警之路，向科技要警力，通过公安信息化建设技术提升战斗力。随着公安网络基础条件和信息化应用水平不断提高，以及公安部“金盾工程”的推广和深化，今后公安信息化的一个重要趋势就是构建基于空间位置信息的统一指挥调度体系。

除了重要的战略和安全意义，目前BDS已经逐渐走向民用和产业化，对带动我国经济增长点有着巨大的促进作用。办案过程中警员位置信息是指挥调度的核心数据，关乎公安安全的保密信息。利用我国自主卫星系统获取定位是今后公安信息化建设发展的重点和趋势。利用GPS和北斗双模技术，不仅能保证国家信息安全，而且能对现有GPS和通信网络进行辅助定位和通信互补，意义巨大。

4.1.2.1 建设目标和核心技术

公安综合指挥调度系统的建设就是利用空间地理信息技术，以GIS、GLASS和RS为基础，以公安信息网络为依托，以信息共享和综合利用为目标，建立基于公安专网的多级综合指挥地理信息平台，以提高在指挥决策、快速反应、协同作战等方面的综合能力，同时为情报收集、案件侦查、行动收网、公安稽查、警力部署等公安业务提供基于位置的辅助分析与决策支持。

2012年，BDS开始试运行，目前已经形成覆盖亚太大部分地区的服务能力，已于2020年可提供全球的定位导航服务。相对于GPS，BDS一个最大的优势就是其本身集成了通信功能，可以实现短报文传输，特别是在没有通信网络信号覆盖的盲区也能实现定位和短信息的回传，为公安侦查指挥提供很强的定位和通信能力。

“位置云”是一种基于 3S 技术、IT 技术、网络与通信技术的综合体系，包含基础设施、服务与开发平台、产品解决方案等部分，吸纳所有与位置相关的资讯，能够为社会各领域提供基于位置的多需求解决方案。位置云技术的核心实施策略就是“云＋端”。“云”是基于云计算技术的位置服务后端平台，负责智慧思考与智慧决策，像大脑；“＋”是驻留在终端的软件中间件，负责智慧传输与智慧反馈，像神经系统；“端”是各类带有定位能力的智能产品，包括消费电子和专业设备，负责智慧感知和智慧执行，像感官与四肢。

构建在北斗和位置云平台上的公安指挥调度系统应用和常规 GIS 应用的最大区别在于：现场与后台的实时联动、多应用系统的充分融合、通信网络的多种支持，以及自导航功能的充分结合。

4.1.2.2 系统设计

1. 总体框架

公安综合指挥调度系统包括北斗导航终端和位置云架构的指挥调度后台系统两大部分，可以同时承载 4G 通信网络和北斗卫星网络，并利用终端上的单兵作战软件和公安内网的地图及情报系统来实现指挥调度功能。总体框架如图 4-3 所示。

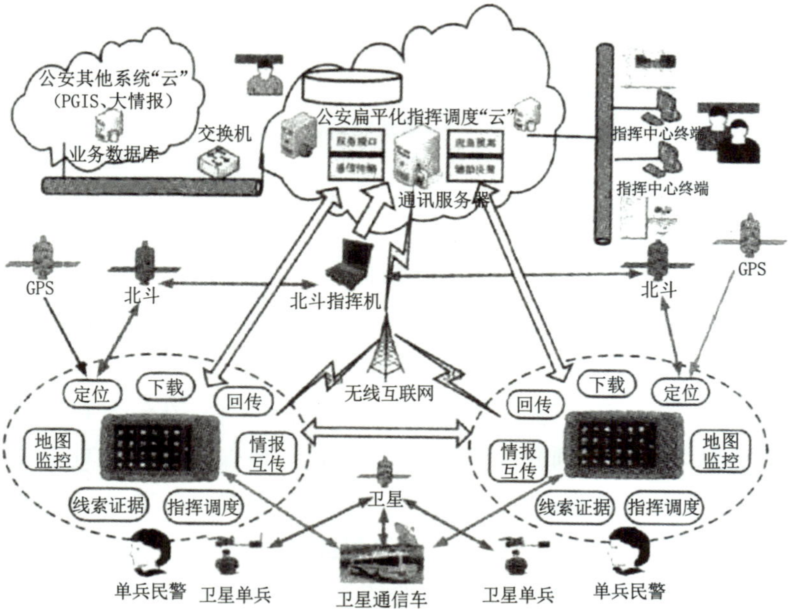

图 4-3 总体框架图

2. 多级架构

系统从组织架构方面分为总队指挥中心、支队指挥中心和侦查现场三层。其中以总队为中心，向上可以和公安厅、公安部沟通，平级可以与其他警种协同作战，向下可对各支队、大队和前线警员进行指挥调度，形成一个科学的上下贯通、无缝连接的高效扁平化指挥体系（如图 4-4 所示）。

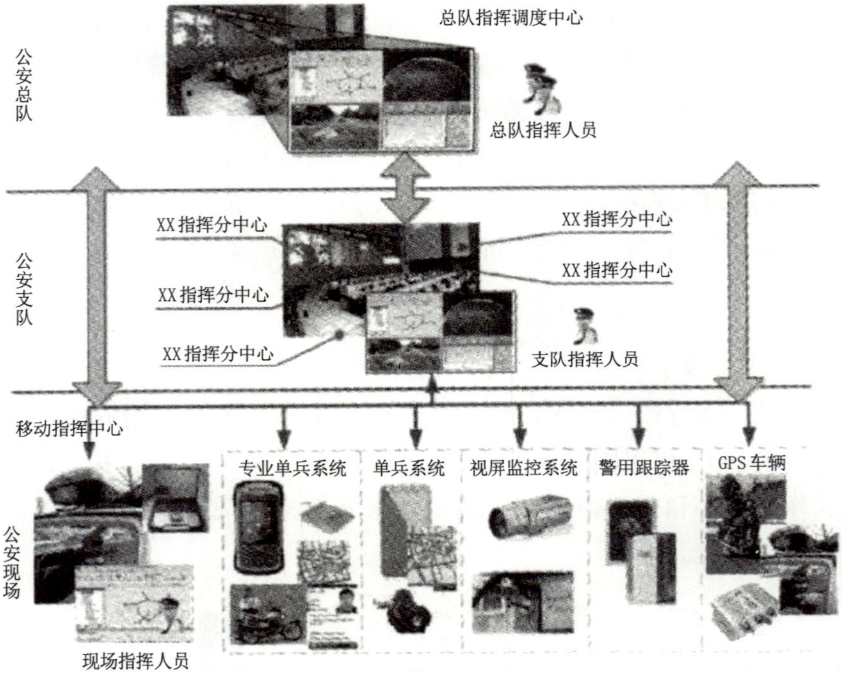

图 4-4 多级指挥体系

4.1.2.3 北斗导航实现单警的"端"应用

1. 北斗实现双星定位和通信链路保障

考虑到公安侦查指挥现场情况无线通信网络的特殊性和复杂性，系统采用北斗/GPS 双模单警终端进行定位和通信的保障。

(1) 双星定位。实时定位方面首先采用 GPS 定位，在没有 GPS 卫星信号的情况下可以无缝转换到北斗卫星定位，双星定位保证定位信息完美覆盖。

(2) 通信互补。数据通信链路方面也是首先选择 4G 信号，单警终端可以选装联通 4G(WCDMA)和电信 4G(CDMA2000)模块。定位信息和采集数据的实时回传，以及公安数据的下载主要依靠 4G 移动网络，在无 4G 移动信号的情况下，利用北斗卫星的短报文通道，把关键的定位数据和现场文字情况分包分块地回传到指挥中心的北斗指挥机上，再通过北斗指挥机和通信服务器的对接，把采集数据传输到指挥系统的数据库中；同时对于后台指挥调度的文字指令信息，也可以通过北斗指挥机实时地下发到单警终端上，实现应急情况下的实时通信保障。

(3) 短报文数据标准。格式为信息编号，CRC 校验位是否为 BCD 编码方式，是否有密钥、发信时间、发信方地址、收信方地址、电文字节长度、电文内容。

2. 公安现场指挥的地图导航应用

(1) 终端自由导航。利用北斗导航终端设备可实现智能声控导航、二维三维立体显示、3D 实景显示、周边信息实时查询等核心导航功能。

(2) 定位监控和战友位置查看。利用北斗导航装置可以把位置上报给指挥中心，同时终端可以实时查看附近警员位置及详细信息。

(3) 侦查小组建立和信息实时沟通。终端用户可以建立不同的侦查组，实现消息指令收发、作战指令实时接收和回复。指挥中心还可以推送给导航终端案件目标地信息，实现"一键导航"、协调作战，以及快速增援。

(4) 证据线索采集和实时上报。利用北斗导航装置的定位芯片和摄像头可实时记录当前位置信息、周边图片、案件相关文字描述等多种信息，并通过无线方式实时回传到指挥中心，供领导作战决策指挥和案件分析情报研判用。

(5) 在线语音查案和语音对讲。通过一键呼叫和指挥中心进行语音通话，实时获取案件和嫌疑人的相关重要资料；同时还能发起多方无线语音对讲，实现一呼百应的功能。

4.1.2.4 基于位置云技术的系统架构

1. 位置云建设公安多级信息联动的网络系统

(1) 建设内容。公安指挥调度系统的建设首先需要建立一套符合公安安全接入规范的信息交换和数据共享网络体系，铺设好一条基础的信息高速公路，以实现业务对象之间、公安网内和网外之间、监控和移动终端之间的信息互通和数据交换共享。采用位置云体系中的位置接入数据标准和分布式多点通信模块来实现以上功能。网络架构如图 4-5 所示。

(2) 网络结构和部署。系统涉及 VPN 网、安全接入平台和公安内网三类信息网络，分别独立成网，通过路由器和网闸进行隔离和交换。

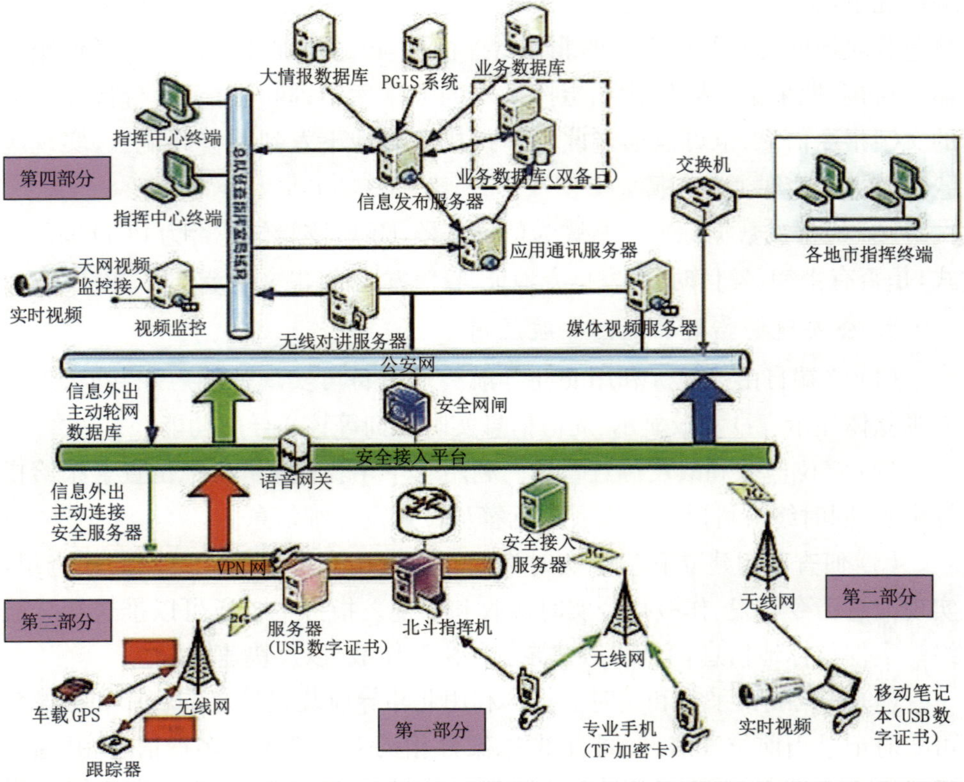

图 4-5　公安网络安全接入

VPN 网。运营商基于 4G 公网增加相应隧道技术和安全加密技术组建的“专线”网络，直接从运营商机房迁入到公安部门的信息中心。

安全接入平台。按照公安部边界安全接入的规范要求，采取区分链路安全防御的方法，构建集边界保护、身份认证、应用安全、安全隔离和平台自身安全防护等功能的边界接入平台，实现 VPN 网络和公安内网之间的隔离。

公安内网。公安系统内办公用的独立网络，和其他网络实现物理隔绝。

目前 VPN 网和安全接入平台采用三层交换机实现信息数据的单向传输，VPN 网上的机器必须插数字证书才能单向访问安全接入平台上的服务器；安全接入平台和公安网之间采用网闸技术进行信息数据交换，也是只能单向访问公安网内的机器。

网络部署。VPN 网上部署代理服务器实现移动终端北斗/GPS 数据上传，安全接入平台上部署安全接入服务器实现和公安内外网之间的互联和互通，其他数据库、信息发布、应用通信等服务器和指挥终端都部署到公安内网中。

2. 位置云实现后台多业务整合的“云”服务

(1) 建设内容。公安指挥调度系统中涉及的多种类型地图各有特点。矢量和 PGIS 地图只能表现案件现场的平面信息，对于布控和抓捕的地点和建筑物，需要更加真实现场照片和更加立体的三维地图来提供细节展示，增强公安民警的“精确侦查、精确布控和精确抓捕”的侦查办案能力。

系统使用位置云体系中多框架和地图接口，创新地把矢量、三维、实景和 PGIS 地图等多种地图模式都集中整合到指挥调度地理信息系统中，通过不同的地图可视化角度来辅助公安侦查指挥工作。

(2) 重点区域真三维和三维实景地图的应用。重点区域真三维地图可以掌握场所的真实环境，对于制订抓捕行动方案非常有帮助，且对于侦查员布控位置和守候出入点安排，通过查看建筑物的真三维地图会非常直观和逼真。

作为遥感和真三维地图的有效补充手段，基于三维实景地图弥补了传统二维地图数据量不足的问题，提供一个“身临其境”的实景环境，为侦查办案提供直观影像数据，并且可进行通道尺寸、建筑物高度和射击通视距离量测，具有“可视、可读、可写、可画、可量、可链接、可挖掘”等特点。

(3) 实现与公安 PGIS 平台的整合与对接。公安 PGIS 的最核心功能就是把公安各警种业务数据都集中整合并且上图管理，实现公安信息化领域“一张图”模式。PGIS 是今后警用 GIS 应用发展的大趋势和大方向。随着全国公安 PGIS 的逐步建立和完善，和 PGIS 整合能有效保证实时获取公安各类信息和资源（宾馆、酒店、单位、门牌地址等），逐步成为一个数据自动更新和信息极大共享灵活的公安综合应用系统。

4.1.2.5 建设成果与应用效果

基于北斗和“云＋端”技术的公安指挥调度系统主要有以下特点和建设成果：一是构建了公安信息化领域第一个基于云计算技术和面向实战的北斗综合指挥系统和应用框架；二是搭建了公安侦查的多级指挥体系，提高了公安侦查指挥过程中信息传递的效率和扁平化指挥的能力；三是建立了公安领域快速高效的移动侦查指挥体系，大大增强和提高了公安现场指挥调度和应变决策的能力；四是提供了基于手机的北斗导航、身份识别目标比对、手机无线对讲调度、手机 GPS 定位、PGIS 地图展示等多种先进侦查办案手段，增强了公安一线干警的案件侦查和现场实时取证的能力；五是建立了公安 GIS 指挥系统与公安大情报系统、各业务系统等之间的信息通道和桥梁，增强了现场情报研判效率，大大提高现场缉查的能力。

基于北斗和“云＋端”技术的公安指挥调度系统于2011年首先在广西公安禁毒部门得以充分应用和实践。通过一年的建设，建成了广西全区6个禁毒侦查指挥中心，实现了广西全区禁毒移动指挥中心的全覆盖，完成了全广西80％禁毒支队侦查指挥车辆的实时监控和警力调度，完成了全区50％禁毒民警数字化警用终端的配发，为广西公安禁毒乃至广西公安信息化水平的提高做出了贡献，并且得到了公安部领导和广西公安厅领导的高度评价，被认为是“禁毒工作新的跨越和突破，禁毒信息化迈上新的台阶，广西公安新的技术平台”。

广西公安禁毒项目社会效益非常明显，广西公安禁毒指挥调度系统在边建边用的过程中一直坚持“贴近实战、易用好用”的原则，利用各类先进的终端设备和软件系统，积极开展各类禁毒案件的侦查工作，并且取得了多起战果。2011年自治区公安厅禁毒总队应用指挥调度系统，调度区、市、县各级禁毒部门共破获重特大毒品犯罪案件5起，其中公安部督查重点案件2起，共抓获犯罪嫌疑人22名，缴毒10余kg，多次受到公安部禁毒局的通报嘉奖，为保障国家安全和社会安定起到了非常重要的作用。

综上，系统整体构成了一个典型“云＋端”公安侦查指挥的创新应用工作模式，其中“端”是基于北斗/GPS双模芯片设计的三防导航终端，作为一线单警手持单兵设备“＋”是终端上的单兵作战系统软件及北斗/4G无线实时通信通道，最后信息汇集到后台整合了多地图数据和大情报系统的“云”系统中去，在公安指挥实际工作中极大地提高了现场采集的效率，缩短了指挥处置的时间。系统具有模块化设计、功能扩展能力强和在线实时信息处理快等特点，能在公安刑侦、治安、反恐等其他警种快速地应用和推广。

4.2 人员搜救系统

在航空、航海和重大自然灾害中对遇险人员的快速搜救一直是世界各国研究的重要课题。目前我国的搜救体系主要基于视觉搜索和无线电定位引导，方式落后，搜救效率较低。利用同时具有定位和通信功能的北斗系统构建一套完整的搜救体系具有十分重要的意义。

在对遇险人员的搜索营救中核心因素有两个，即被救人员的位置、生命状态等信息和对施救人员的有效指挥调度。利用北斗系统构建的搜救体系可以同时实现这两方面的需求。北斗搜救体系可由北斗卫星、地面指挥中心、救生型用户机和指挥型用户机构成。其中救生型用户机为被救人员携带的小型终端设备，指挥型用户机可以安装在救援车辆、救援直升机和救援船只上。北斗系统搜救体系的工作过程如图 4-6 所示。

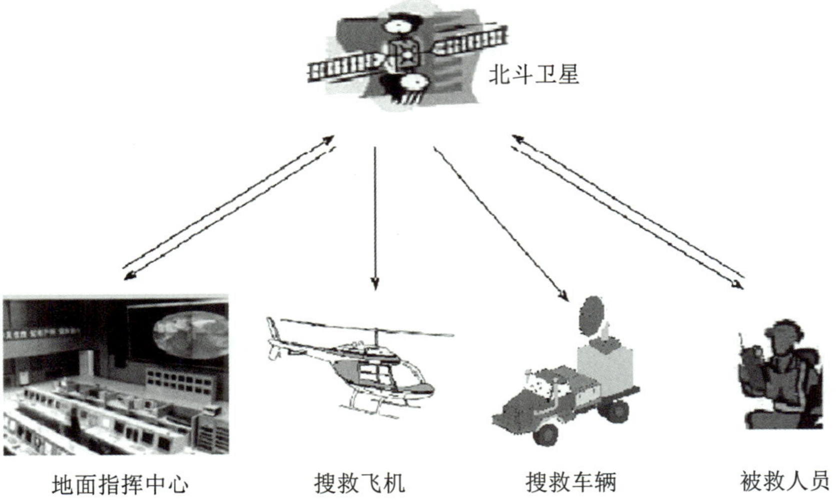

图 4-6　北斗系统搜救体系的工作过程

当遇险人员携带的北斗用户机进行北斗定位操作过程中，在获得自己的位置信息的同时，北斗地面指挥中心可监收到该用户机的位置信息，从而确定了遇险人员的位置。如果被救人员具备操作用户机能力，还可以通过短报文通信功能向指挥中心报告自身的安全状态、环境条件等信息。

确认被救人员位置信息后，北斗地面指挥中心组织营救人员进行救护。北斗地面指挥中心可以将遇险人员的位置信息直接发送到搜救直升机或搜救车辆上的指挥型用户机，并在电子地图上进行显示，使营救力量在第一时间到达营救地点。同时北斗地面指挥中心也可以接收到搜救直升机或搜救车辆上的指挥型用户机的定位信息，从而得到搜救人员的即时位置，保证有效地指挥调度。

现在研究的主要以海上搜救为主。

4.2.1 北斗系统搜救体系的构建

徐韬在《基于电子海图的北斗海上定位和搜救系统研究与实现》中提出：系统是基于电子海图的北斗海上定位和搜救，因此电子海图的显示是不可缺少的一部分。本系统采用了航行船舶携带的用户机设备、指挥机和PC端电子海图形成的岸端搜救控制中心两部分。PC端采取了已有的电子海图显示系统，故只需在用户机上开发电子海图；系统的定位和搜救功能，包含船端用户机定位和搜救功能、岸端搜救控制中心定位和搜救功能。系统总体设计中详细阐述了系统需求分析、系统设计原则、总体结构设计以及系统工作原理。

4.2.1.1 系统需求分析

本系统是一款基于电子海图的北斗海上定位和搜救系统，系统利用电子海图以及北斗卫星导航系统，对海上遇险船舶进行定位和搜救、对海上航行船舶进行有效的监控和管理。系统包含用户机电子海图显示、船端用户机定位和搜救功能、岸端搜救控制中心定位和搜救功能，下面分别从这三个方面来阐述系统的需求分析。

1. 电子海图

电子海图的显示主要是在用户机上面实现的，需要完成的功能如下。

(1) 电子海图显示。通过S-57数据传输标准和S-52数据显示标准，实现电子海图在用户机上的显示。

(2) 显示模式。电子海图的三种显示模式：即基本、标准以及全部。

(3) 语言选择。电子海图地理位置名称的中文和英文显示。

(4) 缩放显示。在用户机上对电子海图进行放大和缩小显示。

(5) 颜色方案。白天、黄昏、夜晚三种方案下的电子海图显示。

2. 船端用户机定位和搜救功能

船端用户机定位和搜救功能需要完成的功能如下。

(1) 当前位置显示。将获取到的船舶实时经度和纬度值，经过墨卡托投影变换和坐标变换之后，在用户机电子海图上面显示海上航行船舶的当前位置。

(2) 搜索地址。在用户机电子海图上面对当前海图制图区域内的地理位置进行搜索，使其显示在用户机电子海图上。

(3) 短报文信息。船舶利用北斗短报文信息实现船舶与船舶之间、船舶与岸端搜救控制中心之间的通信。

(4) 求救键。船舶在遇险时，来不及时间编辑求救信息，通过一键式“求救键”的方式选择相应的遇险类型把求救信息快速准确及时地发送给岸端搜救控制中心。

3. 岸端搜救控制中心定位和搜救功能

岸端搜救控制中心定位和搜救功能需要完成的功能如下。

(1) 接收遇险信息。通过北斗卫星导航系统具有的短报文通信功能，岸端搜救控制中心接收来自船端的遇险信息。

(2) 遇险目标定位。通过遇险船舶发送过来的信息，在岸端搜救控制中心 PC 端电子海图上显示遇险船舶在海上的具体位置。

(3) 救援指令发送。岸端搜救控制中心利用北斗短报文信息给船端用户机发送救援信息。

4.2.1.2 系统设计原则

为了更好地实现用户所需功能，在进行系统设计时，需要遵循以下几点设计原则。

1. 实用性

对现有的设备、环境等资源进行充分利用，以用户的实际需求为主设计系统的各个功能模块，最大程度显示电子海图、满足定位和搜救功能，系统应具备人机交互界面友好、操作简便、灵活等优点。

2. 先进性

在满足现有功能的前提下，系统设计应当具有一定的前瞻性，应该使用当前比较先进的技术，系统中采用了北斗卫星导航系统的定位和短报文通信功能，在今后较长的一段时间内保持了技术的先进性。

3. 规范性

系统中采用的 S-57 数据传输标准、北斗指挥机信息传输格式、编解码协议以及串口传输协议等符合国家和行业的标准。

4. 模块化设计

系统的设计采用模块化设计，首先在用户机上实现电子海图的显示功能，结合 PC 端电子海图以及北斗卫星导航系统来完成定位和搜救功能，这样便于今后对系统各个功能的维护和扩展。

5. 可维护性

系统应具备自检以及自身故障诊断等功能，以便在出现故障的时候，系统能得到及时、快速的修改，使系统具有可维护性。

6. 可扩展性

系统应具备良好的海图数据接口、短报文数据处理接口，方便以后接入系统的各种增值功能，使系统各方面的功能都能得到完善，使系统具有较高的可扩展性。

4.2.1.3 总体结构设计

此系统在基于电子海图平台上实现北斗海上定位和搜救功能，电子海图的显示是关键，本文岸端采取已经开发好的 PC 端电子海图，船端采用在随船舶携带的用户机上面开发电子海图。

电子海图的基本显示功能包含三种显示模式、中英文语言选择、放大和缩小显示以及三种颜色方案。

系统的定位和搜救功能，包含船端用户机定位和搜救功能、岸端搜救控制中心定位和搜救功能。系统的总体功能图如下图 4-7 所示。

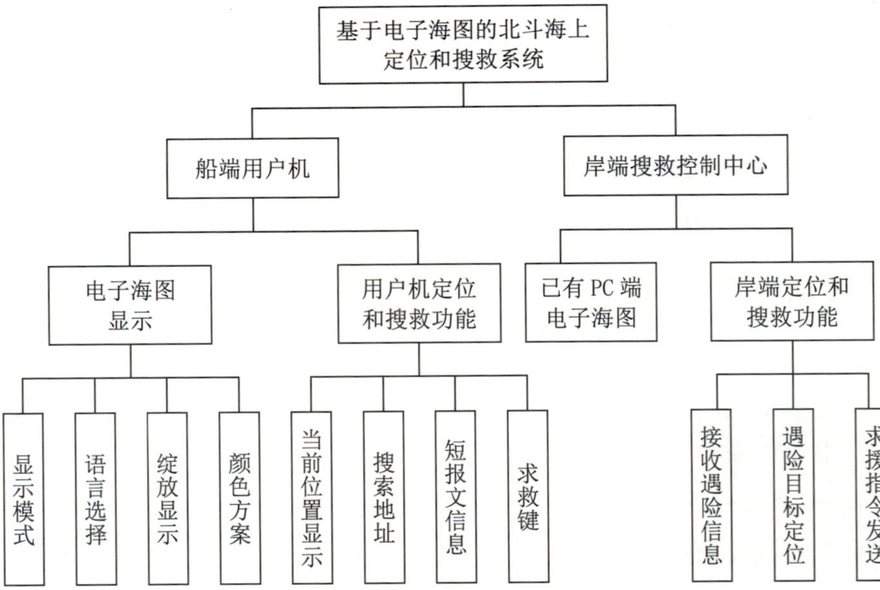

图 4-7　系统总体功能图

通过北斗卫星导航系统具有的短报文通信功能，岸端指挥机用来接收船端用户机发送的短报文信息,信息通过串口传输设备显示在 PC 端;岸端搜救控制中心的救援指令信息也通过指挥机发送给用户机,从而实现船端与岸端之间的通信。同时,用户机与用户机之间也可以利用北斗卫星导航系统的短报文进行通信,实现船舶与船舶之间的相互通信。北斗海上定位和搜救的应用系统总体构成图如下图 4-8 所示。

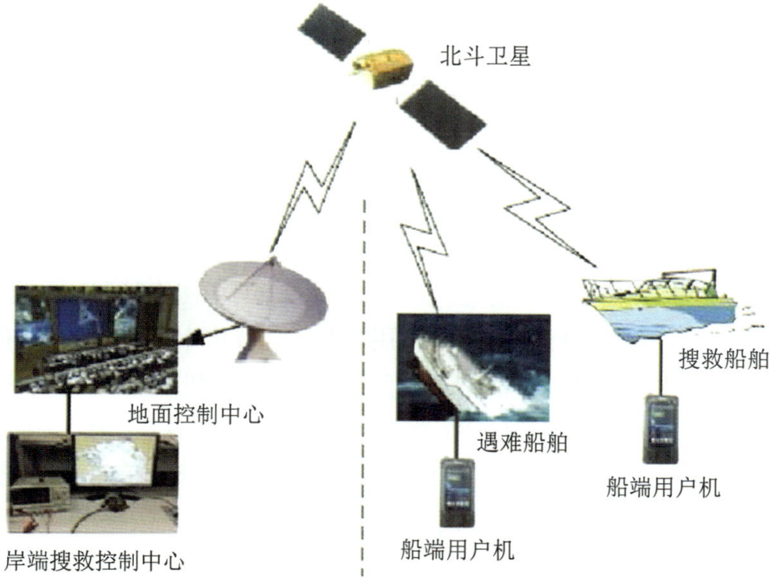

图 4-8　系统总体构成图

4.2.1.4　系统工作原理

船舶在海上航行过程中,海上航行船舶与船舶之间需要通信,同时航行船舶也需要与岸端搜救控制中心之间进行通信,岸端搜救控制中心通过短报文信息获取遇险船舶的海上地理位置,对遇险船舶进行定位,快速展开搜救工作。系统总体工作示意图如下图 4-9 所示。

系统基于电子海图利用北斗卫星导航系统进行定位和搜救,在前面章节详细讲解了电子海图理论知识,即 S-57 数据传输标准和 S-52 显示标准。利用数据处理、程序设计和图形显示技术来实现电子海图在用户机上的基本显示功能。

系统的定位和搜救功能,包含船端用户机定位和搜救功能、岸端搜救控制中心定位和搜救功能。

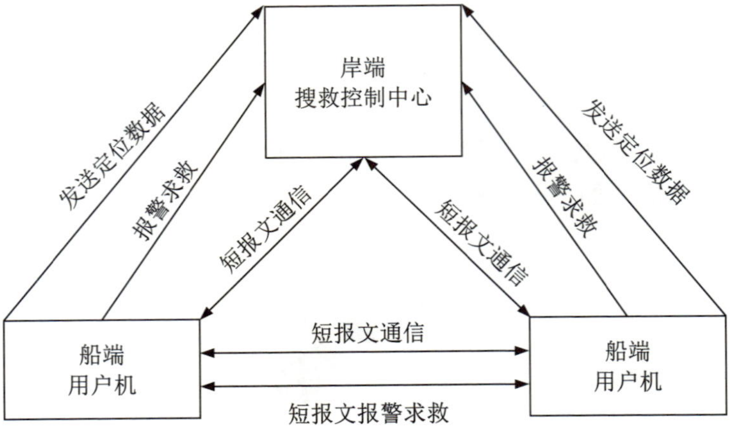

图 4-9　系统总体工作示意图

船端用户机定位和搜救功能包含当前位置显示、搜索地址、短报文信息、求救键信息。在海上航行的船舶携带用户机，利用北斗卫星导航系统的定位功能，获取实时的经度纬度值等导航信息，结合用户机上面开发出来的电子海图，完成当前实时位置在电子海图上的显示以及搜索电子海图制图区域内的地理位置；使用北斗短报文通信可以将通信信息和求救信息发送给海上航行的其他船舶和岸端的搜救控制中心。这里面涉及海图数据的处理、数据库设计以及图形显示技术、北斗通信技术等。

岸端搜救控制中心定位和搜救功能包含接收遇险信息、遇险目标定位和救援指令发送。研究短报文通信传输协议标准，实现岸端与船端之间的通信，通过接收船端用户机发送过来的信息，获取海上航行船舶的实时经纬度值，将其进行坐标转换，在岸端搜救控制中心 PC 端电子海图上面进行定位显示。

4.2.2　北斗系统搜救体系的应用

前面介绍了用户机上电子海图的显示，结合已有 PC 端电子海图和指挥机，本章将在这些基础上，利用北斗卫星导航系统，实现系统定位及搜救功能。系统的定位和搜救功能，包含船端用户机定位和搜救功能、岸端搜救控制中心定位和搜救功能两部分。船舶在海上航行的过程中，使用定位功能进行当前位置显示以及地址搜索，便于船舶的安全航行；利用搜救功能中的短报文通信功能，做到船舶与船舶、船舶与岸端搜救控制中心进行通信，便于遇险船舶得到及时有效的救援。

4.2.2.1 船端用户机定位和搜救功能设计

前面的系统需求分析中说明了船端用户机的定位和搜救功能需求，包含当前位置显示、搜索地址、短报文信息和求救键信息。船端用户机定位和搜救功能框架如图 4-10 所示。

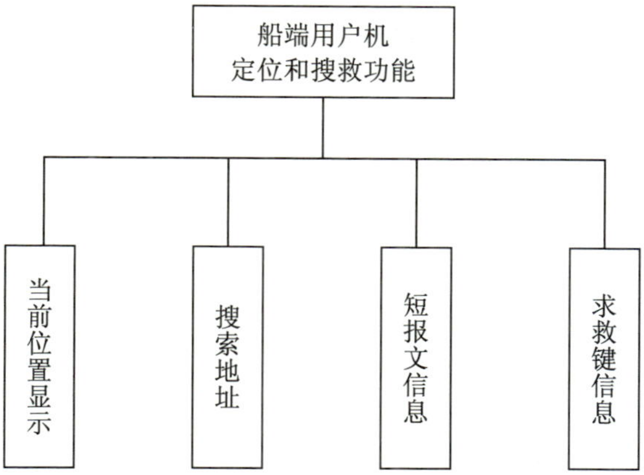

图 4-10 船端用户机定位和搜救功能框架

1. 当前位置显示设计

当前位置显示的关键是获取海上航行船舶的实时经度和纬度值，经坐标转换后在用户机电子海图上进行正确的位置显示。

通过研究北京东方联星公司提供的 LX310-BG-RD 用户机北斗导航系统 API 参考手册（V1.0）可知，北斗系统尽量兼容第三方地图软件与使用 Android 位置服务的第三方应用，故定位编程和 Google 位置服务编程接口几乎一样。也是通过 Location Manager. GPS_PROVIDER 来获取位置信息，这是为了兼容现有的 Android 地图和位置服务程序。用户机接收到海上航行船舶的实时经度和纬度值，然后判断经纬度值是否在当前用户机电子海图制图区域内，如果不在制图区域内，则无法在电子海图上显示当前位置，如果在制图区域内，则需经过坐标转换得到用户机设备屏幕坐标系下的坐标，最终在用户机电子海图上面进行当前位置显示。当前位置显示流程图如下图 4-11 所示。

2. 搜索地址设计

搜索地址即用户编辑位置名称，在用户机电子海图上正确显示此位置，

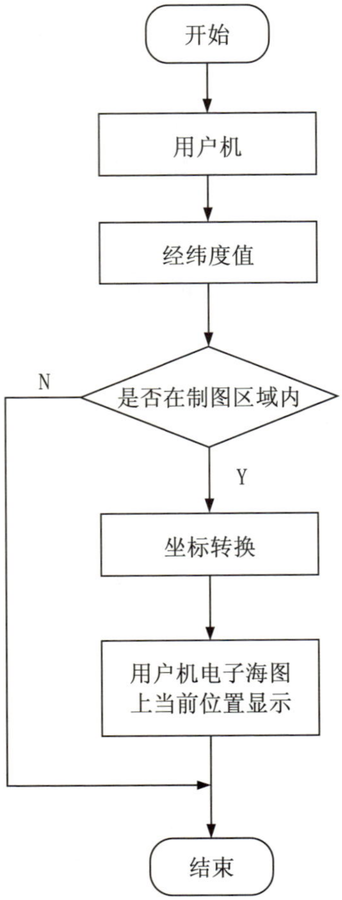

图 4-11　当前位置显示流程图

做到在电子海图上面查找相应的地理位置。搜索地址的关键是匹配海图数据中提取出来的位置与用户编辑的位置，从而得到位置的经纬度值，然后经过坐标转换，在用户机电子海图上显示需要查找的位置。

4.2.2.2　船端用户机定位和搜救功能实现

用户机中定位功能是基于电子海图实现的，船舶航行过程中，通过北斗卫星导航系统定位功能，进行经纬度解算在用户机电子海图上得到船舶位置，用户机定位功能包括当前实时位置显示和搜索地址。用户机搜救功能是通过北斗短报文实现的，包含短报文信息和求救键信息。船端用户机定位和搜救功能如下图 4-12 所示。

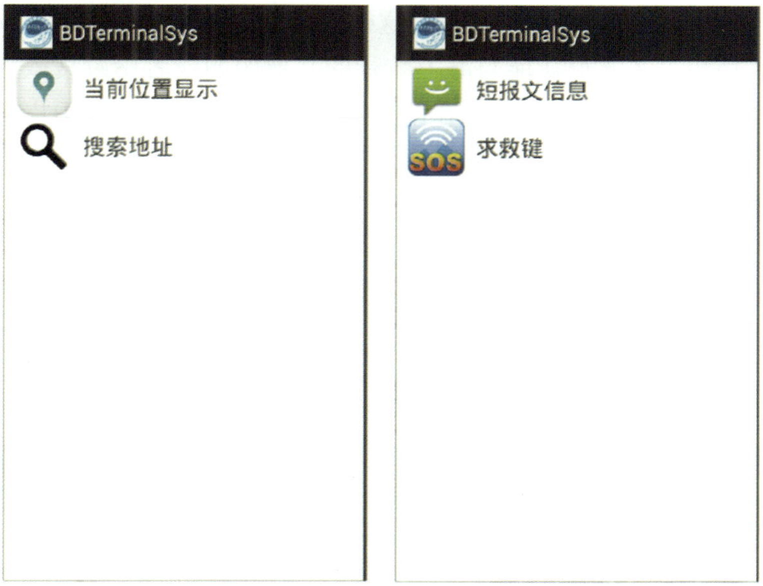

图 4-12　船端用户机定位和搜救功能

1. 当前位置显示

由于海上环境特别，茫茫大海，海上航行船舶很难依据海上周围环境来判断自身所处的具体位置。而随船携带的用户机利用北斗卫星导航系统具备自身定位的功能，然后将海上行驶船舶的具体位置显示在用户机电子海图上面，这样将会直观方便地查看船舶航行到哪里，以便制定有效的航行路线。

由于系统电子海图的制图区域是选取深圳盐田港附近区域，系统定位功能中的当前位置显示是在深圳洲仔头进行测试的，当前位置显示如下图 4-13 所示。

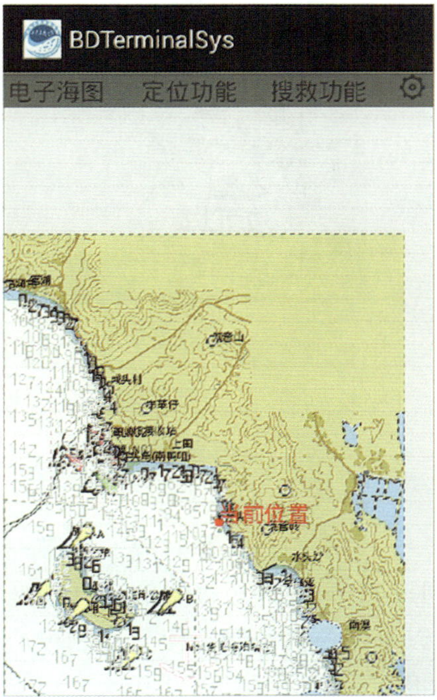

图 4-13　当前位置显示

2. 搜索地址

海上航行船舶在航行的过程中可以通过自身携带的用户机，来查看电子海图进行海上其他位置的搜索查找，这样便于船舶在海上有效的航行。同时用户机利用短报文通信功能与海上航行的其他船舶或者岸端搜救控制中心进行通信，可以知道其他船舶所在的具体位置名称，然后通过用户机上的电子海图搜索地址功能，其他船舶在海上的位置就一目了然了。

将海图制图区域数据中位置信息提取出来存储到数据 address. db 中后，在用户机设备中导出 address. db 并打开，在用户机电子海图搜索地址编辑框中输入地理位置名称，点击搜索。测试中选取了深圳盐田港区域中的一些位置(直门头和弓洲)，在用户机电子海图上搜索地址如图 4-14 所示，左图为直门头地址搜索，右图为弓洲地址搜索。

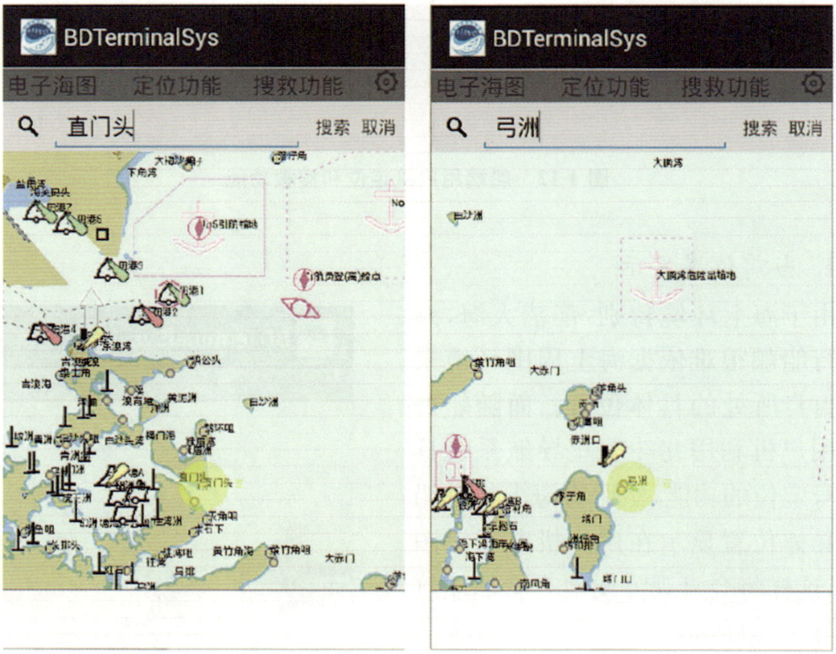

图 4-14　搜索地址(直门头和弓洲)

3. 短报文信息

每个用户机都对应一个唯一的用户 ID 号(图 4-15 中用户机用户 ID 为 136419)，发送短报文信息可以是两个用户 ID 号不一样的用户机之间，也可以是用户机和岸端搜救控制中心的指挥机进行短报文通信。用户机发送短报文信息中可以包含其所在海上位置的经度和纬度坐标，点击发送按钮后，信息就能发送到对方用户或者岸端搜救控制中心指挥机，本文中用户机发送短报文信息给岸端搜救控制中心的指挥机(下图中指挥机用户 ID 为 306761),这样用户机通过短报文信息就可以发送遇险信息和接收救援指令。用户机发送短报文信息如图 4-15 所示。

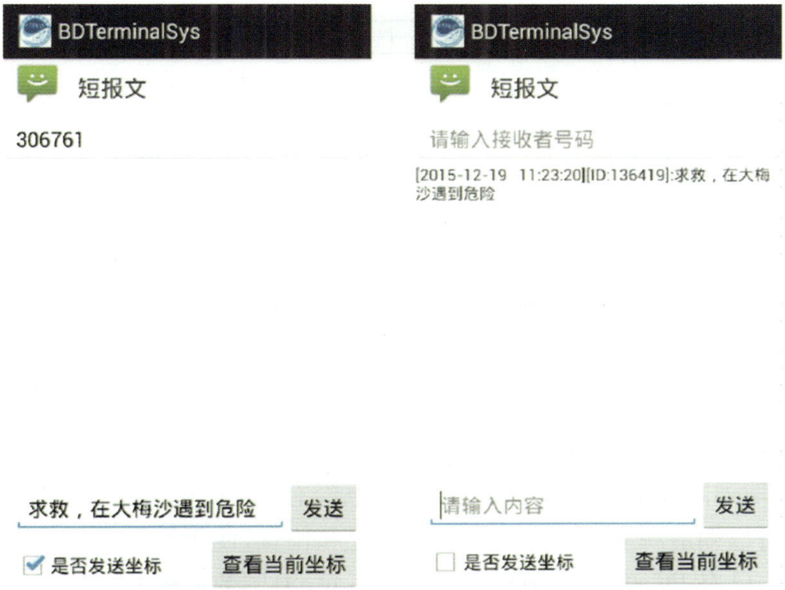

图 4-15 用户机发送短报文信息

4. 求救键信息

求救键功能是海上航行船舶在遇到突发状况下或者紧急状况下发生的撞船、触礁搁浅、海上火灾等,船员来不及编辑具体短信内容并发送短报文信息时,可以通过点击“求救键”的方式把求救信息快速、准确、及时地发送给岸端搜救控制中心。利用这种方式,省去了编辑短报文信息的时间,节约救援时间,控制中心可快速对海上遇险船舶进行施救。求救键是提前将一些船舶的基本信息如船舶名称、船舶类型、船舶编号以及载客人数输入设置好,当遇到紧急情况时将其和自身的经纬度值打包封装好成一个数据包发送给控制中心,这样控制中心可以根据海上遇险船舶通过北斗短报文发送过来的求救信息,依据船舶信息以及遇险类型做出相应的救援措施,从而有效地对海上遇险船舶进行救援,以降低各方面的损失。

4.2.2.3 岸端定位和搜救功能设计

4.1 系统需求分析中说明了系统的岸端搜救控制中心定位和搜救功能需

求，包含接收遇险信息、遇险目标定位以及救援指令发送。岸端定位和搜救功能框架如图 4-16 所示。

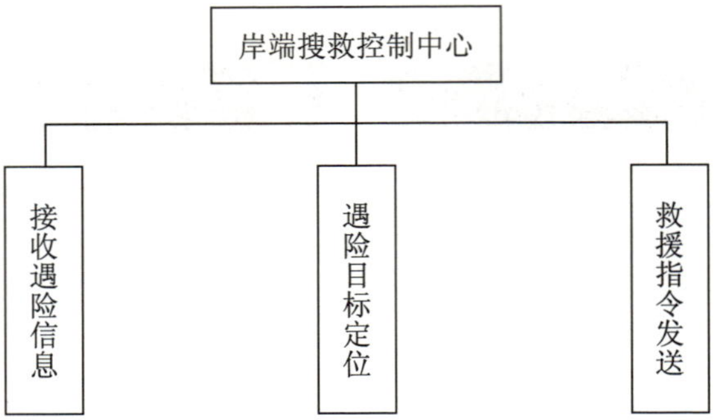

图 4-16　岸端搜救功能框架

4.2.2.4　岸端定位和搜救功能实现

岸端搜救控制中心可以通过北斗短报文同海上航行遇险的船舶进行通信，并获取遇险船舶的具体位置，显示在已经有的 PC 端电子海图上，这样控制中心可以知道海上航行船舶的航行情况和位置，便于采取有效的管理和救援措施。已有 PC 端电子海图如图 4-17 所示，海图数据的制图区域选取深圳盐田港附近区域。

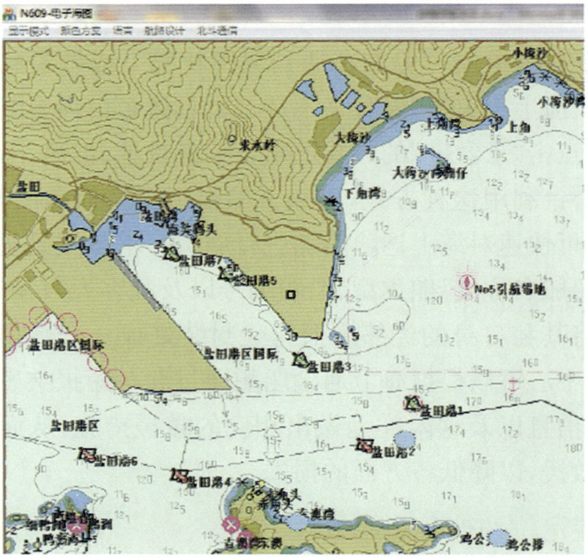

图 4-17　已有 PC 端电子海图

1. 接收遇险信息

海上航行船舶在遇险时，船舶上航海人员通过携带的用户机利用北斗短报文信息按照一定的传输格式给岸端搜救控制中心发送求救信息，岸端搜救控制中心通过北斗指挥机接收信息，然后把信息传输给外设 PC 端进行显示。指挥机接收到的信息是按照一定的格式进行封装的，我们可以根据通信信息传输格式对报文信息进行解析显示出来，这样以便岸端搜救控制中心做出有效的搜救决策。

2. 遇险目标定位

海上航行船舶在遇到危险情况时，利用船舶自身携带的用户机向岸端搜救控制中心发送求救信息，根据发送过来的报文信息解析出海上遇险船舶的经度和纬度，以便及早地确定出遇险船舶在海上的精确位置，然后制定搜寻计划，将损失尽可能地降到最低，达到有效地对海上航行的船舶进行监督和管理。根据"电文内容、扩展数据"格式，解析出用户机向岸端搜救控制中心用户机发送过来的数据信息，得到海上遇险船舶的经纬度值，确定其在海上的具体位置信息。岸端搜救控制中心用户机界面点击获取目标位置，得到目标船舶的经纬度值。

根据获取目标信息中的目标位置可以知道目标经度和目标纬度值，然后点击目标海图定位，经过墨卡托投影和坐标转换得到 PC 机设备屏幕坐标系下的坐标，这样就可以在 PC 端设备屏幕上的电子海图上面显示遇险船舶在海上的具体位置，便于岸端搜救控制中心的救援力量对海上遇险船舶进行搜救。

3. 救援指令发送

为了有效地对海上航行的船舶进行监督和管理，岸端搜救控制中心可以利用北斗短报文与海上航行船舶进行实时通信。如果船舶在海上遇险时，遇险船舶利用用户机向岸端搜救控制中心进行求救，岸端搜救控制中心可以利用指挥机通过北斗短报文回复遇险船舶，从宏观的角度来调度管理海上航行的船舶，将各方面的损失降到最低。

根据外设至用户机信息传输格式，通信申请(MYMTXSQ)传输格式，根据通信申请传输格式中指令、用户地址和信息内容，将救援信息发送给海上遇险船舶，以达到对海上遇险船舶救援的效果。

4.2.3 北斗系统搜救体系应用展望

北斗系统搜救目前已经在汶川地震救灾、神七着陆应急救生等特定条件、特定区域中得到应用，但要构建一套覆盖范围广、信息交换及时、管理调度有效的搜救体系还需要很长时间的规划建设。

4.2.3.1 完善北斗系统搜救体系硬件设施建设

建立完善的北斗搜救指挥中心、配备先进的北斗用户机、配装高效的搜救装备是被搜系统搜救体系的基础，是快速掌握救援信息、准确地指挥调度和有效实施救援的保障。只有完善的硬件设施建设，北斗系统搜救体系才能得到有效的普及应用。

4.2.3.2 理顺救助力量管理体制

进一步发展海陆空立体搜救体系是今后搜救领域的重要发展方向。目前各救助队伍的人、财、物由交通运输部救捞局直接管理，搜救业务由辖区救助局管理，体制和管理上不健全，信息不通畅，对立体搜救的组织和开展都不利。要建立完善的搜救体系必须从大局出发，在辖区局内统一规划、统筹建设、合理布局、协调管理、同步训练、统一实施快速而有效的搜救行动。

4.3 安全预警机制

上一节讲述了基于北斗的搜救活动，但是防患于未然，做好安全预警机制才是王道。本节主要从铁路、公路和船舶方面论述目前常有的安全预警机制。

4.3.1 基于北斗的铁路施工安全预警防护

铁路线路及站场施工作业具有作业流程复杂、作业区域跨度大、线路长、环境条件差、现场作业人车等机具多、产生冲突的因素较多、现场作业安全要求较高等特点。现在仍采用人防为主、技防为辅的监控和防护的方式，通常在车站设有驻站联络人员，现场设有电话员和现场防护员，还没有真正实现车对车、车对地、地对车之间实时动态监控及预警提示，尚无法确保行车、施工和突发事件时施工作业人员人身绝对安全。此外，由于还存在对施工作业管理不严格，警惕性不高，安全制度和措施落实不到位，标准未执行等主观因素以及恶劣天气（如高低温、大雾、雨雪、风沙等）或地形崎岖、施工噪声等客观因素的影响，造成列车驾驶员看不清标识物或防护人员看不清列车的情况发生，从而导致事故发生。因此，需要利用北斗卫星定位技术对铁路线路及站场施工作业人员、车辆、设备等进行高精度定位和监控，实现安全防护。

4.3.1.1 铁路施工安全预警防护系统构成

铁路施工作业中人员和车辆安全预警防护，就是通过北斗定位系统采集人员车辆位置信息，将机车和人员所经过地段的动态位置（经度、纬度）、时间、机车和地段状态、相互实时间距等信息，通过 GSM/3G/4G 无线通信网络，实时上传到监控中心的铁路人员安全预警与防护服务平台，再由具有 GIS 地理信息系统处理，实时反馈给运行的列车和施工作业人员终端，实现对铁路施工作业人员和车辆等关键环节的远程监控，根据位置距离关系及施工作业防护区域做出自动判断，当位置信息达到提前设定的预警提示参数时，系统会自动给列车和施工人员发送报警信息，实现实时报警，使两者之间都相互采取相应的防护措施，从而避免人员伤亡事故发生，确保列车和施工人员安全。

现场人员通过配置便携式北斗卫星定位终端获取现场作业车辆、人员的位置信息，并记录列车、人员的移动轨迹来监控作业过程。在列车上、施工现场、线路限界内设备及限界内的人员安装或携带安全预警定位终端，通过应用北斗卫星定位系统、铁路 GIS 地图实现对现场作业车辆和人员的全过程位置监控；同时，辅以计划管理、电子围栏监控等手段，实现对现场人员车辆进行实时监控和提示，达到施工的全流程监控与管理的目的，系统构成，如图 4-18 所示。

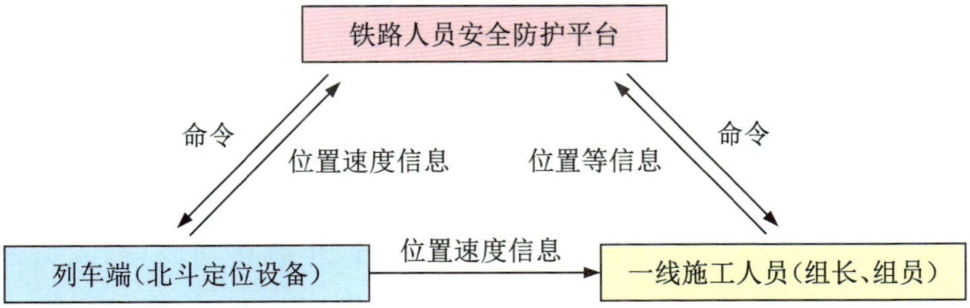

图 4-18 铁路施工作业人员和车辆安全预警防护系统关系图

要实现高精度的定位必须在铁路沿线及场站内建设差分基站，为定位终端提供高精度差分数据，人员及车载定位终端 GSM/3G/4G 通信模块或者 Wi-Fi 将由差分基站获得的卫星信号并解算的差分数据传输给高精度定位终端；高精度定位终端利用自身高精度卫星接收天线获取到的卫星数据和差分数据，通过处理软件解算出高精度坐标数据，再由 GSM/3G/4G 移动通信网接入铁路局网络安全平台(MTUP)，通过代理服务器转发实现移动互联网与铁路局内网的跨网数据交换，从而使部署在铁路内网的服务平台接收到定位终端上传的位置信息。同时，实现人员实时监控、安全预警、作业计划调度、电子围栏等功能。系统可部署在铁路综合信息网内，设置应用系统服务器、GIS 服务器、差分数据服务器。系统结构如图 4-19 所示。

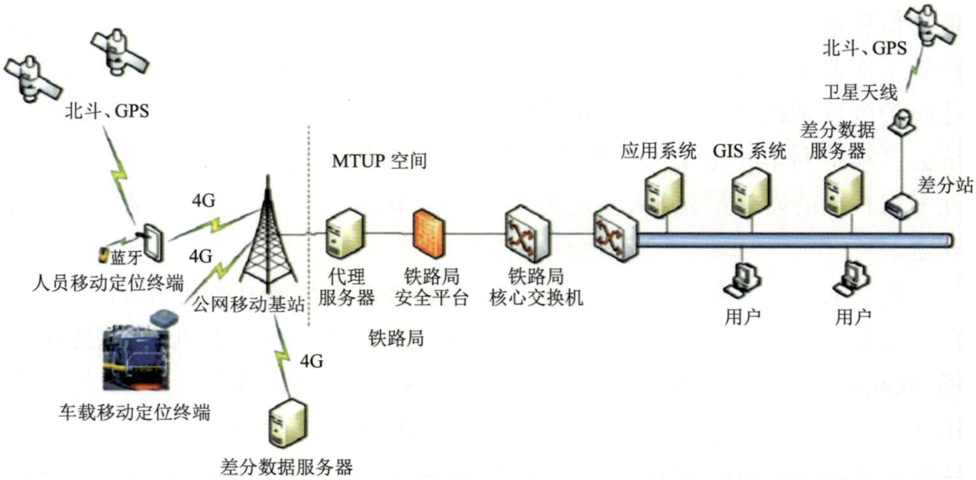

图 4-19　铁路施工作业人员和车辆安全预警防护系统结构图

4.3.1.2　系统功能

铁路施工作业人员和车辆安全预警防护系统的主要功能包括：作业人员计划管理和安全作业区域管理；实时查看作业人员位置动态和行动轨迹，通过网络实时监控现场作业情况；预警发布功能结合机车的定位装置，当机车接近在线路上作业的工作人员时能及时预警。

系统主要包括铁路人员安全预警防护平台、车载移动终端、人员移动终端三部分。

(1) 安全预警防护平台功能主要包括实时监控、发布预警信息、电子围栏、作业计划调度、历史轨迹回放、数据服务、设备远程管理、用户权限管理、大数据处理、统计分析等。

(2) 车载移动终端，在列车控制室内安装集北斗差分定位及短报文、卫星天线、惯导技术、移动通信技术于一体的终端设备，北斗卫星天线也可外置到车顶，用电缆线接进控制室。移动端内置业务管理软件，承担业务管理以及位置的管理等功能。主要功能包含测量铁路线路坐标；回传铁路线路坐标信息至铁路人员安全预警防护平台（绘制沿线危险区域）；记录列车轨迹；发送列车实时位置、速度、方向等信息至服务平台，平台根据人车之间的位置关系测算出距离数据，当达到设定预警参数时向前进方向内所有施工人员移动端发送预警和报警信息等。

(3) 施工人员佩戴的移动终端，是一种集北斗差分高精度定位、卫星接收天线、移动通信技术、智能操作系统于一体的定位终端，采用三防设计，有易于携带、操作简便等优点，并且可以与智能手机、平板的蓝牙或 Wi-Fi 连接通信，从而实现高精度数据采集、高精度位置导航、通过坐标位置找人找物等功能。目前，基于北斗卫星导航系统的现场作业人员随身携带的高精度定位终端，已具备不低于亚米级精度，且能识别股道，通过平台 GIS 地图上人与机车的空间位置关系，在机车接近时能及时接收平台发送的预警信号，以增强现场作业人员的安全。

4.3.1.3 关键技术

我国北斗导航系统的运营完全可以实现列车行驶过程中对行驶过程安全状况进行实时监控和预警提示。安全状况包括线路（桥隧）技术状态、既有营运线上及站场内施工作业人员位置等。做到及时提示司机和施工作业人员，使列车在运行中能及时发现并处理运行过程中出现的危险情况，同时使司机和施工作业人员均能按技术规程正常操作。

铁路线路作业人员安全预警主要包括机务段（站修所）作业人员安全预警、货运编组站作业人员安全预警、营业线施工作业（巡检）人员安全预警等。

在《基于北斗的铁路施工作业人员和车辆安全预警防护系统方案研究》中，秦健利用北斗卫星系统高精度定位技术、地基增强差分技术，结合地理信息系统（GIS）、计算机网络、移动通信技术及其他辅助技术等多技术集成，为铁路施工作业中人员车辆安全预警防护应用提供全面的技术支撑和配套解决方案，构建铁路人员车辆安全预警防护的软硬件综合系统。

1. 北斗卫星定位技术

北斗卫星定位技术是利用卫星技术发展建立起来的一个高精度、全天候和全球性的无线电导航定位、授时的多功能系统。由于卫星在轨道上位置是可知的，接收机在接收卫星观测数据时，便可测得卫星到接收机的距离，利用三维坐标中的距离公式，利用 3 颗卫星，组成 3 个方程式，最终解出观测点的位置坐标(X,Y,Z)。同时由于卫星时钟与接收机时钟之间还存在误差,结合X,Y,Z和钟差,需要接收4颗卫星,接收机通过星座分布分组,选择误差最小的一组用进行定位结算,形成4个方程式进行求解,从而得到观测点的经纬度和高度,进一步可以解算出被测载体的运动状态,如速度、航向等。

2. 地基增强技术

地基增强技术是在北斗卫星和地面接收机之间组成地面基准站网络,基于载波相位实时动态差分(RTK)技术,通过在一定范围内建立若干个连续运行的永久性基准站,基准站连续观测卫星把所接收的载波相位信号(或载波相位差分改正信号)传送出去,建立高精度静态和动态地心三维坐标参考框架,通过多个基准站组成的网络,建立该区域的定位误差模型。数据处理平台实现对基准站所观测的卫星数据进行采集、处理、计算和发布,并通过地面通信系统播发导航信号修正量和辅助差分定位信号,卫星定位终端接收卫星地基增强系统的基准数据或误差改正数据,并结合自身卫星观测数据进行计算实现误差修正和消除,从而获得较高精度的定位精度。采用差分方法可以消除卫星星历及卫星钟误差,并将大气折射的影响削弱到最低程度,使不同等级终端的用户,可以获得米级、分米级甚至厘米级的定位精度服务。

3. GIS

GIS是为了获取、存储、显示、查询定位数据而建立起来的计算机数据库管理系统,把传统纸质地图通过计算机系统转化成具有独特的视觉化效果并具备空间地理分析功能的数字化矢量化的电子地图,结合数据库系统的支撑,进行空间分析(例如:查询和统计分析等),将信息和资料直观、形象地在电子地图上显示出来,为卫星定位数据的展示及分布情况提供良好的地图环境,将空间位置信息和物体的属性信息完美结合起来,可以以更直观的方式实现在地图上的交互以及空间位置的分析。

4. 移动通信技术

移动通信技术是基于蜂窝移动无线通信系统的数据传输技术,具有信号覆盖区域广、数据传输速率高、频带利用率高等特点,可实现无线高速数据传输,组成移动无线数据传输网络与北斗卫星定位终端相结合,通过无线通信系统与服务平台之间互联互通,实现定位信息、作业计划、报警等数据的传送和处理。

综上,随着技术的进步,利用北斗卫星系统高精度定位技术、地基增强技术,结合GIS、计算机网络、移动通信技术及其他辅助技术,已具备了为铁路施工作业中人员和车辆安全预警防护提供全面的技术支撑和解决方案。构建铁路施工作业人员和车辆安全预警防护系统，可有效地实现对人员和车辆的实时监控、发布预警信息、设置电子围栏、作业计划调度管理、历史轨迹回放、数据服务、统计分析等工作，可进一步增强铁路施工作业工作的安全性、可靠性、可控性，提高铁路施工工作的质量，有效降低人员伤亡事故发生率，保障铁路运输的安全有序运营。

4.3.2 基于北斗的公路施工安全预警机制

公路线路的施工和养护，是公路运输组织体系中一项基础性的工作。伴随着我国公路网建设的不断完善，公路的施工和养护事业也不断朝着大型机械化方向发展，大型机械的应用一方面提高了作业效率，保证了车辆可以在道路上的安全平稳运行，另一方面由于作业时大型施工车辆运行速度快，带来了作业机械碰撞施工人员的风险。鉴于此，并结合北斗技术在交通领域的应用，迫切需要研究一套基于北斗高精度定位的公路施工人机安全位监控预警系统，集成应用卫星定位技术、地理信息系统、无线数据通信技术、计算机等技术，克服环境因素影响，提供施工人员、作业机械车辆的实时定位及人机安全位预警信息，为公路的建设和养护提供重要安全保障。

4.3.2.1 人机碰撞预警系统功能需求

1. 人机碰撞预警系统基准数据

(1) 公路线路高精度位置数据。利用北斗高精度终端，采集施工路段的高精度位置信息，数据点的间隔默认为0.5m，并能快速生成数字地图。

(2) 施工车辆及人员位置数据。施工过程中的施工车辆运行位置、施工人员位置的信息。

(3) 公路施工路段关键物位置数据。采集公路段进出口、桥梁、隧道等关键物的位置信息。

2. 人机碰撞预警系统主要功能

(1) 快速生成公路施工专用电子地图。根据预设线路数据坐标文件形成专用电子地图。

(2) 实时显示施工车辆运行轨迹。实时查看施工车辆位置及历史轨迹。

(3) 人员防碰撞安全监测预警。实时监测施工车辆及施工人员的精准位置实时预警，防止发生人机碰撞等事件。

4.3.2.2 基于北斗高精度定位的公路施工人机安全位监控预警系统总体框架及实施流程

1. 总体系统构成

基于北斗高精度定位的公路施工人机安全位监控预警系统建设包含三大子系统——地面综合控制子系统、施工车辆车载系统、施工人员子系统。

2. 地面综合控制子系统

该系统主要由数据处理中心和运行维护管理两部分组成，地面综合控制子系统提供施工车辆定位、施工人员位置等管理功能，提供基于业务的数据分析与统计。根据车辆与人员之间的位置，计算人车之间的安全位预警信息，将车辆的位置、人员的位置、人机安全位信息数据传输到车载系统和手持系统。系统的建设为公路施工车辆的安全运行及施工人员的人身安全提供重要保障。具备如下功能特点。①集成地理信息系统：可在数字地图上直观反映施工车辆和施工人员的位置。②人机安全位预警：基于位置数据融合处理和实时人机安全位预警算法等关键技术，实现安全位预警，提升施工现场作业安全。③高精度定位：结合北斗地基增强系统，实现北斗高精度定位，达到实时厘米级定位精度。④大数据挖掘：实现基于位置大数据的挖掘，辅助管理人员决策分析，提高现场施工管理水平。

3. 施工车辆车载系统

该系统与地面综合控制子系统通过数据传输模块进行信息交互，车辆终端利用北斗地基增强系统，实时显示接收传来的车辆和施工人员的高精度位置，计算人车之间的安全距离预警信息并实时报警。

4. 施工人员子系统

该系统通过数据传输模块实时接收车辆的位置信息，计算人车之间的安全距离预警信息并实时报警。

总之在公路施工时，经常会发生许多不可预估的危险，基于北斗卫星系统设计的施工车辆与人员安全位预警系统，阐述了北斗高精度 RTK 定位技术、施工车辆安全位预警算法，通过无线数据传输技术，将安全预警信息及时向外传播，可有效防止在公路施工期间车辆之间、车辆与人员碰撞事故的发生，减少经济损失和人员伤亡等事件，具有较高的工程建设和运营维护实用价值。

4.3.3 船舶防碰撞安全预警

长江江苏段是我国航运最繁忙的水域之一，断面船舶日平均流量已经达到3000多艘。据相关数据统计，在长江江苏航段每年有数十起一般及以上等级水上交通事故发生，造成了大量的人员和财产损失。而在所有的事故中，碰撞事故是主要类型，占事故总数的63.8%左右。目前我国正在大力推广的“互联网＋交通”信息技术能够很好地契合水上交通运输技术点多、线长、面广、移动性强的突出特点，可以推动以服务为核心的交通管理方式创新和业务流程再造。因此，针对水上交通运输的安全和效率问题，依托北斗导航、互联网和信息融合技术，研究船舶防碰撞预警系统，对于提高水上交通安全，降低管理成本，构建长江运输的黄金水道具有极其重要的现实意义。

4.3.3.1 国内外研究现状

为了能够减轻驾驶员的操船负担，适应日益严峻的水上安全形势，国外将一系列保障船舶安全航行的辅助安全技术相继运用到船舶航行领域，如船用雷达与ARPA，船用GPS、AIS等。20世纪80年代以来，以英国利物浦工业大学研制的原型实时航海知识库系统和日本东京大学研制的实验船“汝路丸”号装配的避碰决策系统最具代表性。Kearon提出运用DCPA和TCPA加权的方法，他认为该方法可以从一定程度上描述船舶碰撞危险度，但是在实际确定碰撞危险度的过程中，它还存在一定问题。

国内学者对水上交通风险研究主要集中在某宏观水域的风险研究上，如某桥区、长江干线等。张帅将海上运输通道作为整体，分析其风险影响因素，建立指标系统，运用模糊综合评判法模型量化处理；邢辉等定通航船舶在航路中的航迹线服从正态分布，再根据沉船位置确定船舶驶入碰撞航路的几何概率。陶存新等从应急系统的角度出发，探讨了长江应急机制，构建了预警应急指挥系统。王超在研究灾害致灾机制的基础上，结合现代系统理论和预警理论，探讨了相应的预警管理机制。徐开金以危机管理理论为基础，探讨了内河水上安全预警管理的基本内容，将水上安全预警分为季节性预警、特殊性预警和改进性预警。

船舶防碰撞预警是当前水上交通安全的重要研究方向，但目前相关应用研究较少，且目前已有的研究成果大多停留在理论阶段，能够真正实施应用的较少。如何针对长江水域交通的复杂性和轮渡船舶交通安全的特殊性与重要性，将水文条件、天气因素、航道特性、水上航行流量、船舶运行特征、轮渡运行特征和运营管理要求等因素进行集成创新，系统地构建基于北斗导航、互联网和信息融合技术的安全预警管理系统，对于降低水上交通安全隐患、提升水上交通安全监管水平具有重要的现实意义，而已有的研究成果基本处于空白。北斗卫星导航系统在这方面有较大的发展空间。

4.3.3.2 船舶防碰撞预警系统框架设计

1. 整体功能框架

为充分利用现有基础信息资源和应用系统开发成果，提高系统的使用方便性，本系统主要采用 B/S 架构进行设计。总体架构设计如图 4-20 所示。

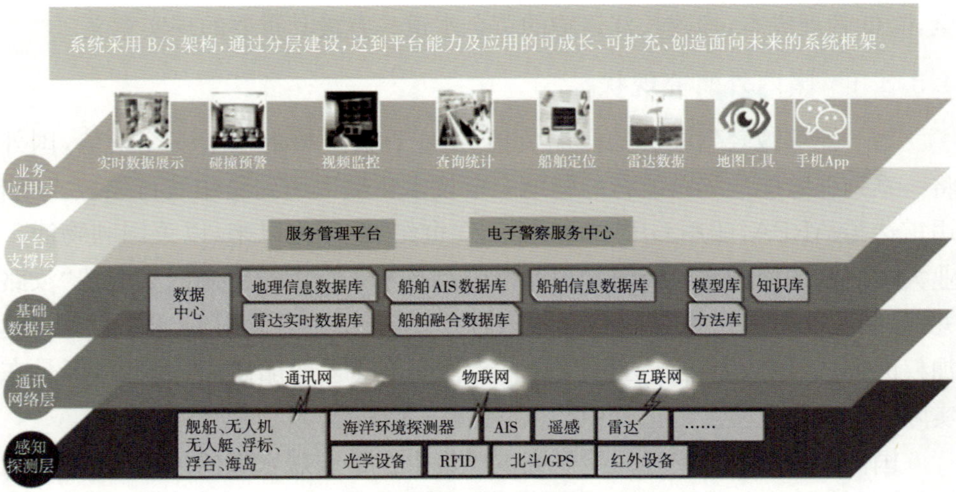

图 4-20 预警平台总体框架

项目总体架构主要分为基础数据库、日常监督管理、船舶预示预警三大部分。系统建设方面，建立数据库，实现日常监督管理便利化、智能化，在船舶预示预警方面勇于做出创新。系统服务对象主要包括现场管理部门、上级管理部门及相关数据需求部门。

2. 网络架构

船舶安全预警平台由一级服务和二级服务组成，一级服务由视频监控设备、北斗/GPS 数据服务、GPS 数据服务、海事通设备、外部厂商的通信服务等组成。这些外部服务通过专网服务器进行数据交互。二级服务为公司内部服务器提供的服务，主要由 CCTV 视频服务、海事通视频服务、北斗/GPS 服务、IIS 网站服务、二维数据服务、二维 GIS 服务等组成。

4.3.3.3 系统核心技术研发

1. 多源信号融合技术

相对于传统的数据处理方式，基于北斗的船舶安全预警系统采用大数据融合算法及处理体系结构，将 AIS、雷达分析扫描系统、机舱监测系统、视频监控系统、无线网络等多个系统进行集成，形成一体化的船舶智能终端控制系统（J-box）。通过 BDS＋3G＋GIS＋Internet＋MIS＋AIS＋雷达多种技术的创新与结合，实现对船舶的精确定位、违规报警、盲区续传、轨迹回放、规则设定、图像传输、手机查询、碰撞触警、运营分析、绩效统计和管理决策支持等功能。

2. 高精度定位终端

高精度定位终端在嵌入式操作系统的基础上集成北斗定位系统，同时发挥有源定位和无源定位各自的特长以实现不同要求的定位，并利用成熟的路由算法实现快速导航的功能，这样的用户终端更为人性化，用户可以根据自己的需要选择终端的工作模式，把快速和精准结合起来，达到更高的效率。该高精度定位终端，通过借助测绘部门的 CORS 网络或自建 CORS 基站，配合高精度定位终端和系统平台，实现在预定范围内的高精度定位。

4.3.3.4 工程实例应用

镇江市丹徒区汽车轮渡管理处于 1985 年建成通渡，位于镇江市新区大港镇西侧，南接 338 省道、312 国道及沪宁高速公路，北通扬州沿江快速、宁通高速、京沪高速等，是镇江南北交通的重要枢纽。2016 年，渡运航次 43242 个，渡运车辆 1352155 辆，车辆及货运量大，安全形势严峻。为了实现从传统渡运逐步向智慧渡运转变，强化安全现场管理，确保汽渡渡运安全，在既有研究的基础上，针对大港汽渡的实际情况开发了船舶预警系统并进行了实际应用。

预警系统主要基于矢量地图、影像、电子海图等基础地理数据，借助于 AIs 和雷达实时融合数据以及数据电子警察相关算法，完成船舶位置的动态显示及不同类别船舶的不同符号的标识；完成船舶预警碰撞不同级别提醒功能；完成港口的区域非汽渡船舶进入提醒功能；完成电子地图中的放大、缩小、测量、标注等基本功能；完成区域流量、趟次、里程、停港时间、报警类型与次数等统计分析功能；完成用户、权限、日志、系统参数配置等功能。具体功能界面如下：

1. 登录界面

登录页多公司管理，先输入公司 ID，再输入用户名和密码才能登录系统，下面有扫码图片，扫描可以下载 App。

2. 动态监管

船舶实时位置显示基于基础地图、电子海图、影像数据，在地图界面上以不同符号对动态目标进行标识，左侧为船舶树、电子区域标注、船舶实时列表、码头预警、底部船舶实时列表、顶部发送短信、船舶预警处理、船务提醒、地图船舶展示。当船舶有预警，与此船舶有关的船舶用不同颜色图片展示，显示船舶行驶方向、长宽、船舶名称、九位码等信息。

3. 实时场景模拟

点击船舶信息，场景模拟可以出现该船舶的实时场景信息，包含 4 路视频（显示哪几路可以在船舶里面事先设定好）、甚高频、天气、水文信息。

4. 船务管理

包含船舶摄像头基础资料、驾驶员、安全员基础资料、船舶检修保养维护、船舶保险维护、加油记录、码头摄像头维护。

5. 计人计车

高精度统计客流，准确判断某船舶场次、运载人员及车辆，一旦发生险情，及时提供搜救信息。并可以按时间、船舶进行人员车辆统计，提供运营分析报表，客流数据图形报表包括线图、柱状图、饼状图、要素图等。

6. 语音播报

针对船舶行驶过程中的预警进行语音播报。语音播报以当前船舶为参照，计算预碰撞船舶在当前的船舶位置，并进行语音播报提醒，比如“右前方 45°，距离当前 50m 有船舶，存在碰撞风险，请注意避让”。

7. 报表中心

查询统计模块提供了船航次统计、行驶里程统计、停港时间统计、预警信息统计的功能。

8. 系统设置

系统设置模块提供了用户管理、角色管理、日志管理、系统参数配置等功能。

综上，基于北斗的防碰撞预警系统通过装置自动判断、发现安全隐患，并通知到对应的客渡船驾驶人员，提醒其及时采取措施避免事故发生。一旦发生事故，在控制主机中可对各类监控信号进行回放，保障渡运安全。预警系统可以实现精确定位，对船舶航行进行预警防范与船舶险情模拟，为船舶管理人员决策分析提供依据。对于提升内陆河船舶航行安全，减少或杜绝紧迫危险局面的出现，降低船舶运输的碰撞事故隐患，提升汽渡运输管理的信息化和现代化水平，具有重要的理论和现实参考意义。

4.4 国家突发事件应对

随着科技的进步和社会的发展，人类在创造越来越多财富的同时，各种灾害事件造成的影响和损失也越来越大。由于我国处在欧亚大陆的东南部，东临太平洋，受东亚季风气候的影响，西面又受隆起的青藏高原的影响，天气形势异常复杂多变，降雨的时空分布极不均匀，极易发生严重的洪、涝、旱灾；在地质构造方面，我国位于世界上最活跃的两个地震带——环太平洋地震带和欧亚地震带的交汇处，导致我国的地震和各类地质灾害极为频繁和严重。受全球气候变暖的影响，今后我国的极端天气事件会不断增多。同时我国为了保持经济高速增长，对资源的过度开采，农林牧的过度开发等，对自然环境造成了很多破坏，如土地荒漠化、水土流失，直接或间接引发山洪、泥石流等地质灾害。所以，各类灾害已经造成的严重的损失和未来存在的巨大灾害风险，决定了我国防灾减灾的任务将是长期的、十分繁重的。除了自然灾害以外，事故灾难、公共卫生事件和社会安全事件等其他突发事件在我国也频频发生，同样需要高度重视。

人类一直在最大限度地降低灾害事件发生的频率和次数，通过不断研究探寻战胜灾害事件的方法和措施而获得科技进步和社会发展。在现代社会，发达的科技孕育出了对灾害事件的预测预报技术，对灾害事件提前预警成为可能。仔细研究我国在各种灾害事件中造成巨大损失的原因，有相当一部分是由于灾害预警信息的传播不畅。如果各级政府部门和广大人民群众能够及时准确地获取灾害的预测预报信息和实时监测信息，政府部门按照既定的应急预案进行部署，人民群众按照指导建议采取科学有效的应对措施，就能最大限度地降低灾害事件造成的损失。因此，政府部门和人民群众需要一个能够及时获取这些信息的可靠的途径。

近年来,“应急管理”成为各级政府最为热门的一个词语,它是中国政府管理体系中亟须整修的一块“短板”。而突发公共事件预警信息发布是政府应急管理运行机制中的关键环节,除了完善相关的法律法规,还需要建立科学的应对机制,即预防和处理突发事件的一整套科学的制度、规范、措施、方法和技术体系。

4.4.1 国家突发事件预警信息发布系统

1. 系统建设的背景

“非典”“恐袭”等重大突发公共事件的发生,对我国政府的应急机制建设提出了重大考验。党中央、国务院对此高度重视,在十九届三中全会明确提出要加强、优化、统筹国家应急能力建设,构建统一领导、权责一致、权威高效的国家应急能力体系,提高保障生产安全、维护公共安全、防灾减灾救灾等方面能力,确保人民生命财产安全和社会稳定。加强风险防范和预警处理体系体制建设。

2006 年 1 月,《国家突发公共事件总体应急预案》由国务院正式发布,成为我国突发事件应急处置工作的规范性文件。应急预案对突发事件的信息发布工作提出了明确要求。相关信息的及时、准确发布是使应急预案充分发挥作用,政府应急处置工作落到实处的根本保障。公众也需要通过一个权威、可靠的渠道第一时间获得突发事件的相关信息,在有利于公众采取应对措施的同时,也有助于消除公众疑虑,避免引起恐慌,造成不必要的损失。

因此,为了更好地进行突发公共事件的信息发布工作,有必要建设一套统一集中、运转高效的信息发布系统。2006 年,《“十一五”期间国家突发公共事件应急体系建设规划》由国务院正式发布,规划明确提出了将“国突系统”作为十个重点建设项目之一。

目前,国内各级气象部门均已建成了利用固定电话、手机短信、电子显示屏、农村大喇叭、广播电台、电视等多种发布手段的预警信息发布系统,在保障人民群众生命财产安全方面发挥了重要的作用。但是各种信息发布系统之间各自独立,无法进行集中统一的操作,导致预警信息发布任务多而重复,甚至缺发漏发。另外,突发公共事件的管理者不只是气象部门,还包括其他政府部门,如地震局、自然资源部、林业局、农业农村部、水利部、海洋局、卫健委、民政部等。各部门都有自己相应的信息发布机制和渠道,各自的建设情况十分不同。比如地震局有自己的观测系统和灾情信息发布系统,自然资源部有地质灾害预警预报信息发布系统，农业农村部有海上渔业船舶安全预警信息系统和农作物生物灾害预警信息系统，海洋局有四级海洋灾害预警发布系统，其他部门尚未建立专门的预警信息发布系统。各部门的系统在通信协议、数据接口、数据库结构和功能要求等方面缺乏统一的标准，无法实现互通共用和信息共享。各种系统、各类技术没有进行有效整合，缺少一个综合的预警信息采集和发布平台，造成政府在进行应急处置工作时上下协调和部门联动的效率不高。同时，尽管目前有多种传输媒介可以发布灾害预警信息，但是仍然存在信息覆盖面有限的问题，特别是针对常规通信网络无法覆盖的边远地区，还不具备一种有效的预警信息发布手段。基于北斗系统的国家突发事件预警信息发布系统的建设刻不容缓。

2. 北斗系统的国家突发事件预警信息发布系统建设

1）系统建设目标。系统建设的目标为：依托中国气象局现有的网络基础设施并整合现有的业务系统，在此基础上改造和扩建信息采集、传输和发布的相关业务系统；建设上连国家级发布中心、国务院应急办，下连各省级、地市级发布中心、县级发布终端和各级政府应急指挥中心，横向连接各委、办、厅、局相关部门的四级业务系统；建立各部门间信息实时共享和交换的运行机制，使系统具备发布所有种类的突发事件预警信息的能力；利用各种先进的、可靠的发布手段最大限度地扩大预警信息覆盖范围，实现“纵向到底，横向到边”的范围覆盖目标；提升政府应对突发公共事件的能力，提高应急责任人接收预警信息的时效性，提高社会公众接收预警信息的覆盖率，达到在灾害事件的应对过程中尽可能地减少人员伤亡、降低财产损失的目的。

2）系统建设方案。系统建设方案包括：建设 1 个国家级预警信息综合发布平台、31 个省级预警信息综合发布平台和 342 个地市级预警信息综合发布平台，以及在 2379 个县级气象局中部署预警信息发布终端；预警信息的传输以气象部门的气象宽带网为基础，各个政府部门之间的连接依托电子政务外网。系统建设方案的具体内容如下。

（1）确定系统建设、管理中需要遵照执行的国际、国家和行业标准，制定管理、技术等方面的管理办法、工作规程、标准规范和技术要求。

（2）开发预警信息综合发布平台，包括安全与用户管理、信息采集和传输、信息处理、数据管理、信息发布、运行监控、检索统计等功能。

（3）整合各级气象部门已有的气象灾害预警发布手段，在此基础上改建和扩建新的发布手段。

(4) 在国家级发布中心建立数据中心，在省级和地市级发布中心建立数据处理子系统，实现安全、高效的数据汇集、存储、管理和备份。

(5) 利用国务院与中国气象局之间的电子政务外网连接，满足国务院应急办和国家级发布中心之间的连接。利用各级地方政府的电子政务外网资源，实现各级政府应急指挥中心、各级政府部门和各级发布中心之间的横向连接。

(6) 建立相关的安全保障和运行维护体系。

(7) 国家级发布中心建在中国气象局，省级、地市级和县级发布中心(终端)建在当地气象局。

3) 硬件部署和网络安全架构。“国突系统”是一个以气象业务系统为中心，上连国务院和各级政府应急办，横向连接各部委、厅局以及多种信息传输媒介，下达广大公众的综合的预警信息采集、传输和发布系统。系统的横向连接依靠电子政务外网，进行预警信息的采集和传输；纵向连接依靠气象宽带网(卫星链路做备份)，实现上级发布中心和下级发布中心之间的双向数据传输；各种发布技术手段主要依靠公共通信网络(电子政务外网和气象宽带网属于专用网络)。由于“国突系统”属于涉及国家安全、社会秩序和公共利益的重要信息系统，对系统的安全体系建设(物理安全、网络安全、信息保密、容灾备份等)提出了较高的要求。在安全体系中，由于要优先考虑网络中传输的信息流的安全，所以网络安全是重中之重。因此在网络架构中增加了电子政务外网 DMZ 区和互联网 DMZ 区。整个预警信息发布系统为三级部署架构，每一级又通过 DMZ 区进行隔离，详细的系统硬件部署和网络安全架构。

4) 系统功能。预警信息综合发布平台的开发采用 JAVA WEB 技术，以 LINUX 操作系统和 ORACLE 数据库系统为基础，采用 B/S 架构。系统的功能模块由安全与用户管理模块、信息采集和传输模块、信息处理模块、数据管理模块、信息发布模块、运行监控模块、检索统计模块组成。

4.4.2 基于北斗卫星短报文预警发布的研究

目前，城市、农村等都有各自应对突发状况的措施，但是相对这些，中国自主研究的北斗卫星通信系统用于预警发布上具有更强的可行性。

1. 各种预警信息发布手段对比分析

“国突系统”的建设不是一蹴而就的，而是需要不断对其进行完善的，其中一项重要的工作就是对各级气象部门已经建成的预警信息发布手段进行改造，实现和“国突系统”的对接，使“国突系统”能够充分合理利用现有资源，在此基础上再扩建新的发布手段，以达到尽可能大的信息覆盖面的目标。

我国各级气象部门已经建成的比较成熟的、已经有多年运行经验的预警信息发布技术手段，包括手机短信、电话传真、电子显示屏、农村大喇叭、电视插播、广播插播、海洋气象短波电台等。各种发布手段主要分布在国家、省、地市三级气象局，县级气象局一般没有自己的发布手段，主要依靠上级气象部门进行发布。现有的各种预警信息发布技术手段面对的服务人群是不尽相同的，各种信息发布技术手段都有各自的优缺点和适用范围。

可以看出，预警信息的发布不可能单独使用一种手段，而必须综合运用多种手段，才能达到预警信息覆盖绝大多数公众的目标。下面对各种发布手段的特点进行详细分析，并在最后提出了利用北斗卫星导航系统的短报文通信功能进行预警信息发布的设想。

电视台插播和广播电台插播的流程：各省、地市级气象局将预警信息通过传真或电子邮件的方式发给广电部门，再由当地电视台以滚动字幕或新闻插播的方式进行播放，以及由当地广播电台进行播音。对于可以收看到有线电视或卫星电视的地区，公众在收看电视时可以接收到预警信息；对于广播电台信号覆盖的地区，公众在收听广播时可以接收到预警信息。这两种方式的群众基础最好，但是在传输时效性方面相对差一些。

手机短信是气象部门目前使用的最主要的信息发布手段。手机短信的受众范围比较广，而且在传输时效性方面也比较好。但是如果接收用户数量特别巨大时，由于通信运营商的短信网络都有流量限制，就会造成排队发送，往往完成几十万接收用户的发送任务需要几十分钟甚至更长时间，预警信息发布的时效性和可靠性会有所下降。再者手机短信高度依赖移动通信网络，无法作用于没有手机信号覆盖的海洋和偏远地区。

利用固定电话和传真发送语音信息和纸质传真文件是一种比较传统的预警信息发布方式。此方式的传输效率较低，只能针对少量特定人员，如应急责任人等。随着各种新兴的传输媒介的出现，以电话和传真发布预警信息的方式将不再是主流方式，而只是作为一种补充手段。

农村大喇叭的工作原理是：接收终端和发布终端通过无线方式，利用GSM移动通信网络进行信息传输，再利用有线广播设备进行广播播报。用大喇叭进行广播播报的方式在农村地区比较适用，也是一种有效的预警信息发布手段。但是它的信息传输仍然依靠移动通信网络，在没有移动通信网络覆盖的偏远地区，农村大喇叭也无能为力。

电子显示屏结合了LED技术和无线通信技术，能自动接收和显示信息内容。电子显示屏通过装配信息接收模块（早期采用手机GSM短信模块，后来又出现了GPRS手机模块）来接收信息。电子显示屏已经广泛应用于各种人员密集的公共场所，如乡镇、农村、学校、车站等。电子显示屏的信息传输同样依赖移动通信网络，和农村大喇叭的弊端一样。

海洋气象短波电台采用海面波和天波同步传输方式，信号发射采用单边带大功率发射机，具有功率大、传播距离远的特点。例如舟山海洋气象广播电台的发射频率为3303kHz，只要海上作业的船舶配备了短波单边带接收机，就能接收到舟山市海洋气象台和中央气象台发布的海洋气象信息。此方式是特别针对近海海域的一种预警信息发布手段。

从上面的分析可以看出，各种现有的发布预警信息的技术手段，都要利用常规的通信网络，如移动通信网络和广电网络来进行预警信息的传输。而很多偏远地区不在这些通信网络的覆盖范围之内，遇到灾害天气的时候无法及时接收到预警信息。因此，需要利用某种通信技术使“国突系统”发布的预警信息能够到达我国任何一个区域。

北斗卫星导航系统的覆盖范围包括全部的中国国土及海域，如果利用北斗卫星导航系统的短报文通信功能进行灾害预警信息的发布，就可以作用于地面通信网络不能覆盖的偏远地区，就有望彻底解决预警信息发布的“最后一公里”的瓶颈问题。

2. 预警信息发布系统的需求分析

（1）预警信息区域针对性的需求。一般来说灾害的影响范围是在一定的区域内的，应该保证预警信息不会被灾害影响范围之外的区域的公众接收到，否则的话就会对公众的正常生活产生干扰，而且这种情况的发生也会影响政府部门发布预警信息的权威性和公众对政府部门的信任度。因此，必须要求预警信息发布系统支持分区发布和接收的功能。预警信息发布系统有发送端和接收端两个部分，在两个部分之间制定一种传输协议，即可实现此功能。

（2）预警信息传输时效性的需求。由于预警信息是一种预测预报类信息，预警信息应该在灾害事件发生之前被提前发送出去，而且应该越早越好、越快越好，这样的话灾害影响地区的公众接收到预警信息就越早，那么就有更充足的时间准备好应对措施，灾害所造成的影响就越小。因此，预警信息发布系统对传输时效性有很高的要求。

提高预警信息的传输时效性主要受以下两方面因素影响：一方面要尽可能地提前预测和预报灾害，尽快地发布预警信息；另一方面要使预警信息尽快地进行传输。一般来说前一种因素的改进是比较困难的，因为受天气预报本身的原理和气象要素观测水平的制约，想要完全准确地预测预报各种自然灾害是不可能的。尽管如此，仍然可以在预警信息的传输环节下功夫，通过技术手段来挽回前面环节损失的宝贵时间。另外对于某些自然灾害，即使没有提前发布预警信息，但是因为灾害发生的不同阶段造成的破坏程度有所不同，利用这个时间差来及时地发布灾情信息，也是能够避免灾害造成更大的破坏的。

(3) 预警信息传输可靠性的需求。只有公众收到正确的预警信息，才能起到预警的作用。如果预警信息在传输过程中出现过多的错误或发生了丢失，接收端不能还原出正确的预警信息，使公众收到错误的预警信息甚至没有收到预警信息，那么在某些严重的灾害发生时，就可能造成本不应该发生的严重损失。因此，预警信息发布系统对传输可靠性的要求同样是非常高的。

预警信息发布系统的传输可靠性是建立在其依靠的通信系统的传输性能的基础上的，如果其依靠的通信系统的传输性能不能保证预警信息传输的可靠性，则必须根据所依靠的通信系统的特点，采取一些必要的措施，使此系统传输预警信息的可靠性达到要求。

3. 基于北斗卫星通信系统的预警信息发布方案

(1) 利用北斗短报文通播模式设计北斗短报文预警发布系统。北斗卫星通信系统的上星传输有两种方式：一是北斗地面中心站直接上星；二是终端上星。由于北斗地面中心站受军方管理，并不开放民用，所以基于北斗卫星通信系统的预警发布只能依靠终端来实现。

只有具有通信模块的北斗终端具备通信功能，要想使用通信功能还必须有北斗 IC 卡。北斗 IC 卡的作用和手机 SIM 卡类似，每个北斗 IC 卡具有唯一的 ID，依靠这个 ID 来进行北斗终端间的短报文通信。点对点模式的短报文通信方式有点像手机短信，只不过它是通过卫星来发短信。如果通过普通北斗终端采用点对点模式逐一发送预警信息，效率未免太低，所以不考虑用此方式发布预警信息。

北斗短报文通信系统的通信方式除了点对点模式外，还有一种通播模式。所谓通播模式，就是通过北斗指挥机进行广播方式的短报文通信。北斗指挥机和普通北斗终端相比，除了在功能和硬件配置上有所不同，它们使用的北斗 IC 卡也是不同的。北斗指挥机有专用的 IC 卡，在这张专用 IC 卡上可以设定通播 ID。此专用 IC 卡是向北斗卫星地面中心站的 IC 卡管理部门申请得到的。北斗指挥机和其管理的普通北斗终端的隶属关系就是通过将通播 ID 和普通 ID 写入对方的 IC 卡的方式进行设定的。这种设定的操作也是由北斗卫星地面中心站的 IC 卡管理部门进行的，设定好之后指挥机和终端的隶属关系就记录到系统数据库中，以后要想改变这种隶属关系，需要到该部门重新进行设定。

如果采用通播模式发送预警信息，也就是将北斗指挥机作为发送端，受其管理的普通北斗终端作为接收终端，通过北斗指挥机的通播功能进行广播方式的预警信息发布，则明显比以点对点的方式发送预警信息的效率要高得多。

采用此方式进行预警信息发布将面临用户数量限制的瓶颈问题，因为一台北斗指挥机可管理的终端数量是有限制的，一般最多为 1000 个。通常预警信息的受众人数都非常多，要想进行大用户量的预警信息发布最简单的办法就是使用多台北斗指挥机。以每台北斗指挥机管理 1000 个北斗终端，假设有 10 台北斗指挥机，那么能够接收预警信息的北斗终端就有 10000 个。理论上配备足够多的北斗指挥机和北斗终端，就可以进行大用户量的预警信息发布。但是这样做实际上是行不通的，因为每个能够进行短报文通信的北斗终端都需要一个 ID，而可申请的 ID 数量不可能特别多。由于北斗卫星通信系统本身的用户容量是有限制的，大量的用户资源为军队所有，用于民用的用户资源相对较少。此外，使用大量的北斗指挥机对预警发布单位来说其硬件配置复杂度太高，也是不可行的。可以看出，北斗卫星通信系统的用户容量制约了北斗短报文预警发布系统的用户数量。

基于上面的分析，利用北斗卫星发送预警信息目前只适用于某些特殊场合，如偏远地区和海上，仅作为常规通信手段的补充。在这些应用场合下，发布对象的数量一般都比较少，预警发布单位需要配置的北斗指挥机的数量也就比较少。未来随着北斗卫星导航系统的升级换代，如果出现能够管理更多北斗终端的新型指挥管理终端，就成了提高北斗短报文预警发布系统用户容量的关键。

(2) 北斗短报文预警发布系统和“国突系统”的结合。根据“国突系统”的建设目标，各级预警信息综合发布平台需要和已经建成的各种发布系统实现对接，将各种发布手段都整合到统一的平台上来，在此基础上扩充新的发布手段。北斗短报文预警发布系统作为一种新的发布手段，可以和已有的手机短信、广播、电视、农村大喇叭、电子显示屏等发布手段一起接入到“国突系统”的综合发布平台上来。

和“国突系统”相结合后的北斗短报文预警发布系统由“国突系统”综合发布平台、北斗发布网关、北斗指挥机组、北斗地面中心站、北斗卫星和北斗预警终端组成。其中北斗发布网关是一种协议转换设备，北斗指挥机组指的是多个北斗指挥机，北斗预警终端是改造过的普通北斗终端。

4. 北斗短报文预警发布系统功能设计

完整的北斗短报文预警发布系统由“国突系统”综合发布平台、北斗发布网关、北斗指挥机组、北斗地面中心站、北斗卫星和北斗预警终端组成。系统结构如图4-21所示。

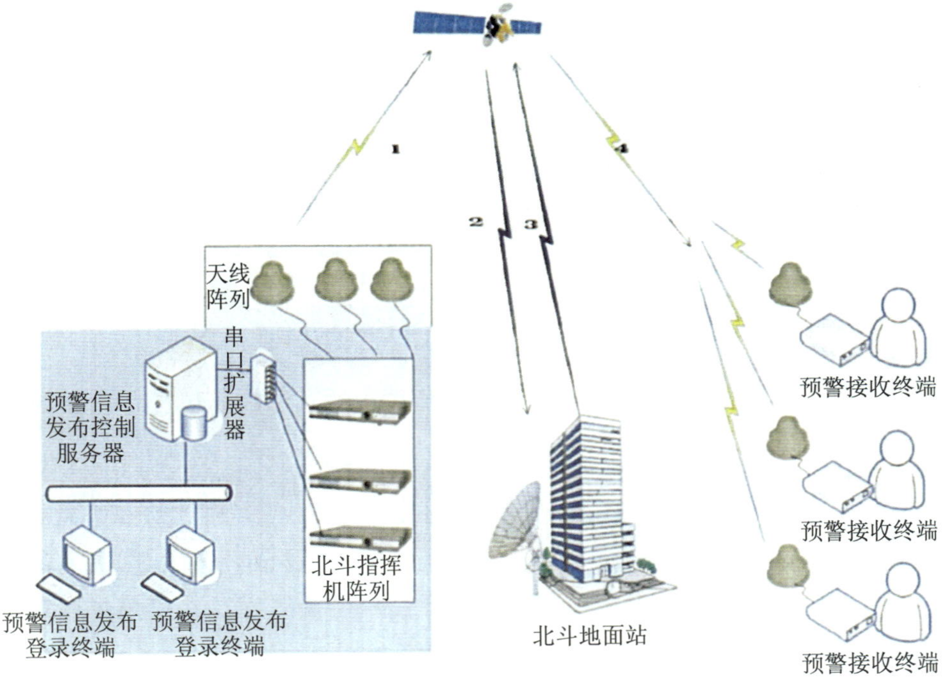

图4-21 北斗短报文预警发布系统结构图

“国突系统”综合发布平台是“国突系统”的核心部分，由于采用B/S架构，工作界面以网页浏览器的方式来实现，工作人员可以通过WEB远程登录综合发布平台，进行各种相关操作。工作界面可以进行预警信息的录入、审核和签发，并且提供系统管理、统计和监控等功能。在预警信息的录入界面提供了事件类别、预警级别、发布单位、发布时间、生效时间、失效时间和发布范围等选项，和预警信息编码的内容是一一对应的。发布范围除了需要勾选相应的行政区划名称外，也可以通过在地图上绘制圆或多边形区域的方法来进行描述，对应的就是预警信息编码中的行政区划代码和圆形、多边形区域代码。"国突系统"综合发布平台根据预警信息录入界面录入的内容生成预警信息编码，再通过"国突系统"传输协议将录入的预警信息内容封装成标准的XML文件，然后发送给北斗发布网关。

北斗发布网关是一台服务器，具有协议转换的功能，可以将以太网传输的数据转换成北斗指挥机需要的串口数据。北斗发布网关从"国突系统"综合发布平台传来的文件中，提取预警信息的描述内容和预警信息正文，将所需信息封装成北斗预警发布协议的格式，再进行北斗通用通信协议封装，然后将数据通过标准协议接口(RS232或RS485)发送到北斗指挥机，由北斗指挥机进行上星传输。北斗发布网关装有串口分配器，所谓的串口分配器就是一种PCI插槽的串口扩展卡，可连接多台北斗指挥机并行发送预警信息。北斗发布网关能够根据北斗指挥机IC卡所具有的通信权限，进行报文长度控制和发送频度控制，实现对预警信息的自动拆包和自动重传。除此之外，北斗发布网关还应具备前向纠错编码和数据压缩的功能。

北斗预警终端需要在具备通信模块的通用型北斗终端的基础上进行改造，可以将通信模块的上星发射功能去掉，只保留信息接收功能，这样做有利于降低成本和减小功耗。同时需要增加信息处理模块，使北斗预警终端具有合并数据包的功能，并且能够进行前向纠错的解码，对数据包进行质量控制。结合北斗终端本身具有的自动定位功能，北斗预警终端在接收到北斗卫星广播的预警信息数据后，可以进行区域识别和信息过滤，将发给本区域的预警信息接收并存储下来，然后进行报警提示。

第5章　基于北斗系统的生活应用

5.1　智慧旅游

旅游的主体分为两部分，旅游者和开发旅游地的工作人员。基于北斗系统的智慧旅游从两个方面设计应用，给人们的旅游生活带来了便利。以下第一部分是旅游景点利用北斗系统更好地监测开发旅游地，保护游客安全；第二部分是针对旅游地一些常见问题的解决；第三部分是北斗在自驾游中发挥的作用。

5.1.1　基于北斗的旅游点的建设完善

5.1.1.1　北斗智慧旅游发展背景

随着旅游者对旅游体验的深入需求增加，旅游者对信息服务的需求也在逐渐增多，尤其旅游是在开放性的、不同的空间之间的一种流动，旅游过程具有很大的不确定性和不可预见性，实时实地、随时随地获取信息是提高旅游体验质量的重要方式。在这样的背景下，结合旅游产业的快速发展与全球信息化浪潮，催生出智慧旅游的概念。智慧旅游是指应用云计算、物联网、三网融合等智能技术，主动感知旅游资源、旅游经济、旅游活动、旅游者等方面的信息，并将其及时发布，从而进行旅游服务与管理创新，实现旅游活动全历程、旅游经营全流程和旅游产业全链条智能化应用的现代化工程，达到对各类旅游信息的智能感知、方便利用各类旅游信息资源的效果。

目前国内外的旅游信息正向纵深发展，结合位置服务的旅游应用模式尚不成熟，促使旅游信息化呈现出对基于信息综合服务平台、实现旅游信息的精确采集、旅游信息资源化等丰富应用提出更高要求。因此，智慧旅游领域是北斗智慧应用拓展面向公众的最佳切入点。

从智慧旅游的升级过程看，旅游信息化进程从以满足单一需求为主逐步向综合化、精细化、泛在化演进，过去电子政务、网络营销与游客途中管理等信息化应用逐渐无法满足游客与景区等各方需求，现在的智慧旅游服务体系将以平台为中心，实现市场驱动下以人为本的全面升级。

从国内智慧旅游发展来看，《国务院关于加快旅游业发展的意见》提出要把旅游业培育成国民经济战略性支柱产业和人民群众更加满意的现代服务业，从而加快推进旅游业与信息产业的融合发展，充分利用信息技术的新成果来引导旅游消费、提升旅游产业质量，被公认为把旅游业培育成现代服务业的关键。现在国内的智慧旅游主要是结合物联网，在政府引导下快速发展起来的。但北斗的位置服务、通信功能没能有效地引入我国的智慧旅游中。

因此，须以智慧旅游为主题，引导智慧旅游城市、景区等旅游目的地建设，尤其要在智慧服务、智慧管理和智慧营销三方面加强旅游资源和产品的开发和整合，促进以信息化带动旅游业向现代服务业转变，努力提升旅行社、旅游景区（点）、旅游酒店等旅游企业的现代科技管理水平和服务水平，创新发展模式，推动我国旅游业又好又快发展。

5.1.1.2 智慧旅游应用需求分析

1. 智慧旅游应用需求

智慧旅游应用需求主要从两个层面展开分析。

(1) 物联网是战略性新兴产业的重要组成部分，不同行业陆续提出了具体延伸方向，例如智能交通、智能电网、智慧城市等。旅游业是我国服务业的重要组成部分，又跨越多个行业，是交通、餐饮、娱乐、住宿、购物等诸多传统服务业的集成。旅游业向现代服务业转化，不仅是自身发展的要求，也会带动相关产业的优化升级。然而，目前旅游信息化发展滞后于旅游业的整体发展，具体表现在：旅游信息资源零散且共享性差；旅游信息资源开发程度和服务质量低下；“静止”的信息多，不断更新的信息少；多数旅游信息离及时、快速、准确、全面这四个方面的要求还存在着很大的差距。因此，逐步在旅游业建立起信息和知识相对密集的现代服务业框架，实现智慧旅游就显得尤为迫切和重要。

(2) 随着人们物质文化生活的丰富和生活水平的提高，旅游成为提高生活品质和幸福指数不可或缺的部分。尤其在节假日，国内景区旅游人数已常见性“井喷”，同时也多次出现人员走失、遇险等事件。因此急须建立能够将人员位置信息和景区信息智能管理起来的系统，对游客活动范围进行管理、警示和定位，同时提供景点自助导游、景区活动警示、报警求救等服务。

2. 国内智慧旅游应用现状

目前国内景区已经开始建设智能化景区,主要表现出以下特点。

第一,功能单一。大多数建成的景区信息化项目,主要是采用一维、二维条码或物联网技术实现电子化票务功能。

第二,景区人员定位功能灵活度较低。少部分景区已在建设景区人员定位系统,但技术平台单一,难以应对多样化定位应用需求。

景区人员定位现在主要采用两种技术方式。

其一是物联网定位技术。如武夷山景区建设的基于物联网技术的景区人员定位系统,该技术相对成熟,但定位信息准确度与物联网读卡器的覆盖密度直接相关,而对于景区尤其是自然景区,景点多在野外的,物联网读卡器设备部署局限性很大,如果脱离其覆盖范围,人员定位功能难以实现。

其二是 GPS 定位技术。如黄山、老君山建设的基于 GPS 与民用无线通信技术的智能景区,需要移动网络的支持,会产生 GPRS 上网流量,使用成本高,在人员密集的高峰期,会出现通信不畅的情况。而且在野外景区,移动网络覆盖存在盲区,此时的信息传输通道就存在明显缺陷。

5.1.1.3 北斗智慧旅游综合服务系统方案

在上述背景下,北斗智慧旅游综合服务系统示范应用以西安的旅游市场发展的实际需求为例,结合陕西省的文化旅游特色,将西安作为起点,基于北斗导航技术,重点关注智慧旅游平台的建设及旅游专用北斗终端的研制和推广应用,同时建立开放平台以形成北斗智慧旅游开放应用生态圈。如图 5-1 所示,实现智慧旅游领域内对景区、游客、政府管理部门、商家企业等的综合性专业服务,促进社会化信息消费。

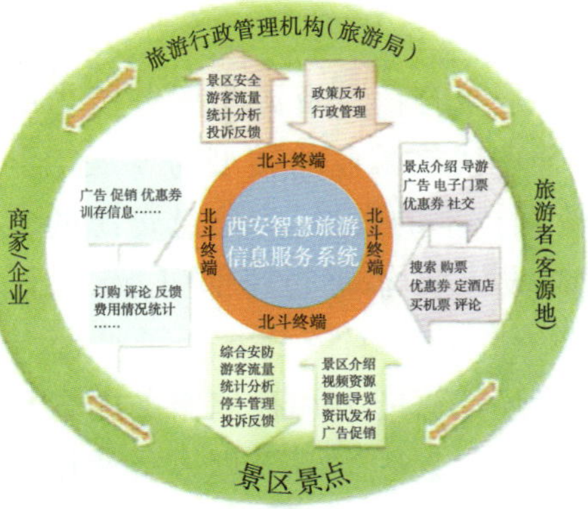

图 5-1　北斗智慧旅游综合服务系统服务旅游产业示意图

1. 总体架构

根据上述建设目标，面向区域大众旅游消费市场，围绕西安市旅游的位置服务需求，重点突破北斗导航应用共性关键技术，建设综合运营服务平台，研制系列北斗智能终端，搭建智慧旅游应用示范系统，形成区域北斗导航的服务平台及应用系列标准，推进百万级区域重大应用示范。如图 5-2 所示。

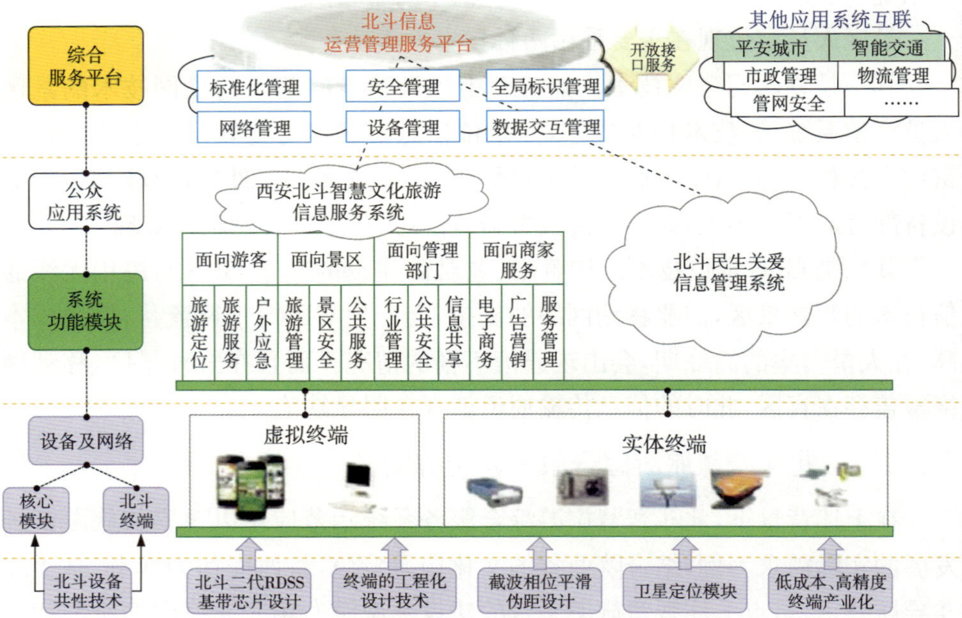

图 5-2 北斗智慧旅游综合服务系统总体架构示意图

从项目实施过程看，主要包括综合信息服务平台、公众应用系统（包括系统功能模块）以及终端设备（包括虚拟终端与实体终端）三大部分。

2. 综合信息服务平台

综合信息服务平台是整合信息资源与服务能力的关键，其中，信息资源的价值发掘与运营对于现代旅游业的转型与发展起到至关重要的作用。同时，云计算等新一代信息技术的发展，为信息资源的整合应用提供了更为有效的手段。基于云基础设施架构，通过跨部门、跨行业、跨区域的广泛的信息集聚和共享，形成围绕一个核心引擎的八个子平台，具体包括：①具有高性能、低成本、可弹性的持续计算能力和存储服务的数据中心。②面向北斗旅游终端的设备管理平台。③景区运营管理人员使用的景区服务平台。④承载面向大众游客的电子票务、虚拟游等业务功能的大众服务平台以及在此基础上的移动化子平台。⑤微信公众服务平台。⑥移动端App。⑦为更广泛的产业链企业提供开放合作接口和有效管理的第三方开放服务平台。⑧承载面向政府相关管理机构的信息发布等业务功能的政府应用系统平台。服务平台能够使广泛的信息资源更好地服务景区与景区旅游业的发展，实现景区、文化信息与游客之间更高效的信息交互。

3. 公众应用系统

公众应用系统主要由一系列基于综合信息服务平台、利用信息资源满足不同用户实际需求的信息化应用服务功能组成。智慧旅游的应用系统服务对象主要可分为面向景区、面向游客、面向政府、面向商家四种，不同服务对象中涉及的常见应用功能如图5-3所示。

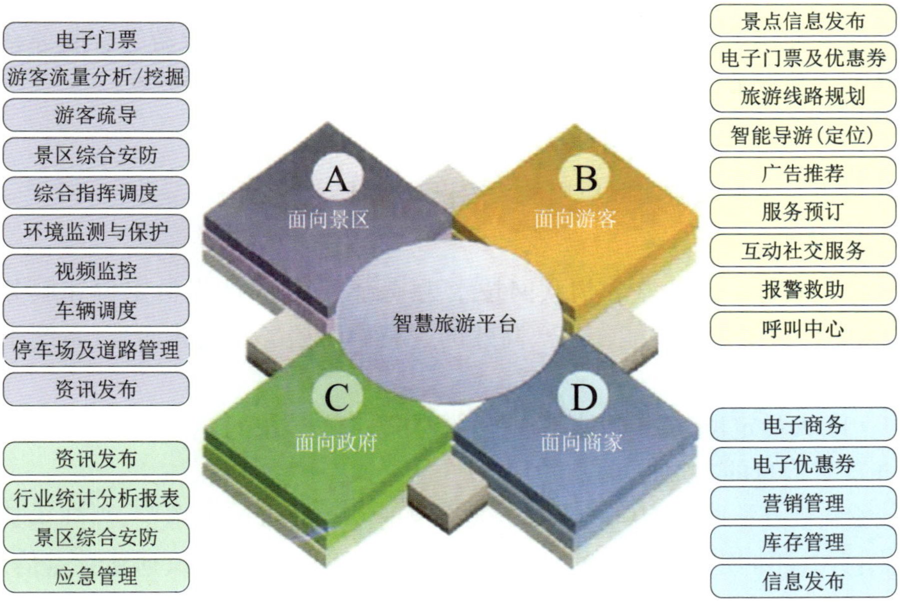

图5-3 智慧旅游公众应用系统示例

4. 终端设备

结合智慧旅游行业应用领域，北斗实体智能终端设备在智慧旅游应用方面主要分为以下四种。

(1) 北斗智能导游终端。使用的北斗卫星位置服务功能，结合北斗智慧旅游和信息管理服务平台的双向数据互动，实现文化旅游示范景区自助导游、导览、导购、导航的智慧旅游四大基本功能。目前北斗智能导游终端已经完成三代终端产品迭代。

(2) 北斗智能应急救援终端。使用北斗卫星短报文通信功能,结合北斗指挥型用户机应急指挥功能,实现户外爱好者自助游和驴友探险游的应急通信保障,也提升了政府管理部门应急救援能力。

(3) 北斗智能车载导航终端。使用北斗导航和位置服务功能,实现自驾游导航和位置服务,以及景区车辆和旅行社旅游大巴的位置服务调度管理。

(4) 北斗智能位移监控终端。使用北斗卫星的高精度定位功能,结合北斗智慧旅游和信息管理服务平台的实时监测情况,实现景区安全与生态环境监控及预警。

除实体终端外,伴随着高端智能手机用户的规模化增长,以移动 App 与微信公众服务为代表的基于智能手机的虚拟终端交互方式也在快速发展。在移动互联网类似移动旅行、移动票务类市场的催化下,部分游客已经形成了一定的使用习惯;因此,作为实体终端的补充,北斗智慧旅游综合服务系统将从西安旅游业的需求出发,实现北斗智慧旅游虚拟终端的开发。

5.1.1.4　智慧旅游应用系统设计

以下是智慧旅游实际应用的系统设计概况。

1. 设计目标

设计目标是以北斗和物联网技术为基础,实现景区人员定位和服务功能,为景区旅游提供智能、安全、高效的智慧旅游服务。具体而言,系统主要提供以下功能。

(1) 人员定位、搜寻功能。一是采用物联网技术进行定位,二是采用获取北斗位置信息的方式进行定位。

(2) 景点智能导游功能。携带人员卡的游客在景区内游览,当到达某处景点,并处于固定式 RFC 读写器有效覆盖范围时,人员卡识别到景点信息,并开启人员卡的语音导游功能,为游客提供该景点信息的语音播报。

(3) 人员求助功能。携带人员卡的游客在景区内游览时,若遇到突发情况需要向景区发出求助信号时,可按下人员卡上的求助按钮,将求助信息通过景区内固定式 RFC 读写器上报给管理中心。

(4) 警告广播功能。当景区发生突发事件,需要向区内指定区域或全区域的游客发出警告时,管理中心可通过景区内固定式物联网或移动式 RFC 读写器向所覆盖区域内的人员卡发出告警信号,游客可根据人员卡上的警示灯指示获知当前告警状态,及时按照疏散通道撤离。

(5) 离开报警功能。给游客中的孩子佩戴腕带标签,当孩子离开家长一定距离（根据现场的测量而定），家长的腕带发出警报，提醒家长注意孩子离开了自己一定范围，有可能走失。如果走失，家长能随时通过自助终端查询孩子的区域位置。

(6) 门禁管理、游客流量监控功能。五一、中秋、国庆等节假日，是旅游的高峰期，全国各大旅游景地人数激增，或会发生踩踏等安全事故，北斗系统的应用可以帮助旅游景点的工作人员对旅客流量进行监控把关。一方面，可以控制人数，提高游客出游安全率；另一方面，时刻监控，对景点内发生的意外事件可以及时知晓并解决。

2. 系统整体结构

系统整体结构可分为信息供给层、信息采集层、信息传输层以及应用层，其中信息供给层包括了北斗网络层和人员卡管理，分别负责提供位置信息数据、人员卡识别 ID 和人员卡基本信息；信息采集层主要是指北斗信息获取和 RFC 读写器识读，主要负责位置信息获取、人员卡识读以及基本信息获取；信息传输层主要包括有线以太网或 GPRS 网络，负责提供数据信息的传输通道；应用层主要包括管理中心和门禁管理站，负责游客人员信息汇总管理和门禁站实时管理。系统网络拓扑结构如图 5-4 所示。

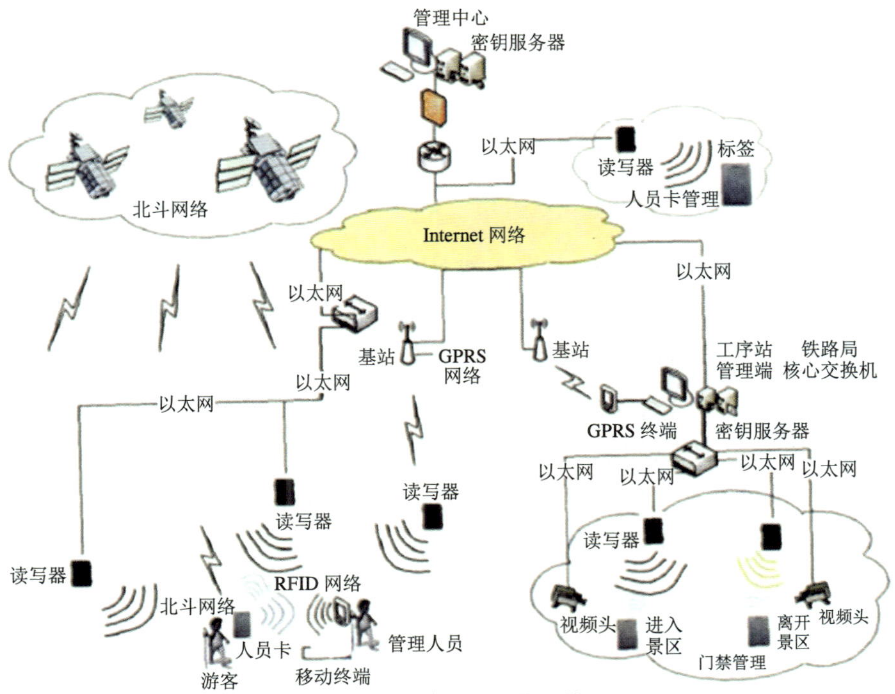

图 5-4　系统网络拓扑结构

3. 系统软件设计

系统软件按照软件部署的硬件类型进行分类设计，主要分为人员卡软件、RFID读写器软件以及PC端软件设计。其中人员卡软件主要负责RFC标签和北斗模块管理任务，包括标签信息存取、北斗位置信息获取、警示或求助管理、自助导游信息、位置信息和标签信息上报等功能；RFC读写器软件主要负责人员卡识读、信息上报和指令下达管理任务，包括上报位置信息、标签信息、查询标签信息、警示或求助管理、人员卡识读管理等功能；PC端软件主要负责人员卡、RFID读写器管理和信息汇总管理，包括对上报的读写器、位置、标签等信息进行处理，对标签写入信息、人员卡、读写器和门禁进行管理等功能。具体参见图5-5。

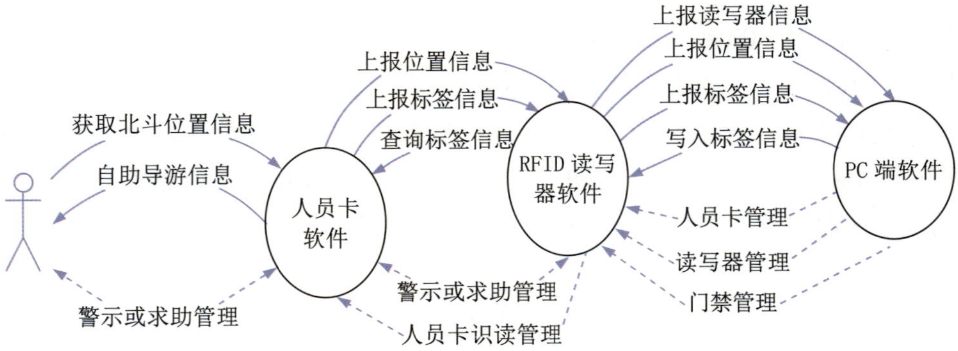

图5-5　系统软件逻辑结构图

4. 系统硬件设计

系统硬件设备主要包括人员卡和RFC读写器。人员卡设备主要由RFC标签模块和北斗模块组成，人员卡由游客佩戴，在完成景区发卡后，人员卡设备通过RFID读写器设备写入并存储游客ID信息；当需要获取位置信息时，人员卡能够完成北斗位置信息的获取，并支持经物联网向外发送获取的位置信息；另外，人员卡支持接收RFID读写器设备发出的指令信息，并根据指令激活人员卡的语音提示功能。RFC标签模块采用基于ISM频段（2.45～2.5GHZ)的S0C芯片，该芯片具片上射频前端和基带处理能力，同时基于片上的MCU控制器完成对北斗模块、语音模块以及通信接口的管理和控制。具体原理如图5-6所示。

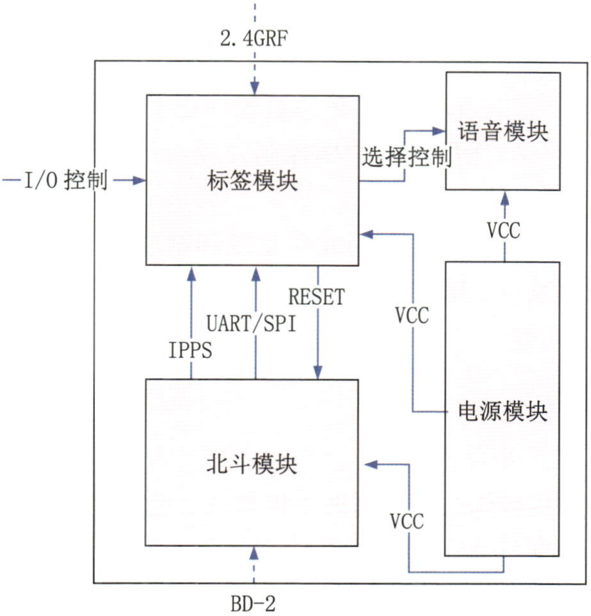

图 5-6　人员卡硬件原理框图

5. 系统关键技术

(1) 人员卡省电管理。游客在进入景区时需要佩戴人员卡,游客在景区活动期间,人员卡应始终处于正常工作状态。对于游客而言,在景区活动时间通常不超过 3 天;但对景区管理方而言,为了使用和管理方便,要求人员卡电量正常使用时长至少数月。同时,人员卡包括标签模块和北斗模块,由于发射时标签模块功耗峰值为 15mW,北斗模块功耗峰值为 300mW,因此人员卡功耗峰值可达 315mW,如何有效对人员卡进行省电管理将直接关系到人员卡的使用效果。

在本系统中,主要是通过电源管理芯片对各模块的电源进行控制和管理,同时对应用需求进行充分解析,对不同状态下的标签模块和北斗模块的工作需求进行细化,设计合理的间歇工作模式或休眠工作模式,实现对电量消耗的控制,达到省电目的。

(2) 人员卡 RFID 标签自适应变距识读。游客在景区活动过程中,人员卡 RFID 标签的识读主要分两种:一是游客在景区范围游览时,在各景点或门禁处,RFC 读写器需要对人员卡进行识读并提供自助导游信号服务和管理服务,此过程通常不需要人员卡支持远距离识读;二是在游客超出景区范围时,人员卡将主动发出位置报警信息,此时为方便景区管理者进行搜寻和定位,需要 RFC 读写器对人员卡尽可能实现远距离识读。因此，人员卡的 RFID 标签要能够进行自适应可变距离的调整。

本系统对以上问题的解决，主要是通过软件逻辑设计和信号信标心跳方式对两类状态进行识别，然后通过功率控制完成对信号的发射衰减的控制，达到识别距离可变的目的。

以上主要为针对旅游景区，利用北斗系统和物联网技术，设计的一种安全、智能的人员管理系统。随着北斗系统的成熟和应用推广。此系统的发展和设计也会越来越完善。

5.1.1.5 具体应用

1. 曲江文化智能导讲系统

目前，北斗智慧旅游综合服务系统中以曲江文化旅游为主的智能导讲系统已经落地实施，前期试点工作已经在曲江文旅管辖的景区实现落地，楼观台、财神庙、大唐芙蓉园景区都已经实现了基于北斗位置功能的自助导游、导览功能，系统平台的初始架构已经搭建完成，项目在曲江文旅景区内的导讲功能已经实现良好的落地工作，各项后期的推进工作正在有序进行中。

北斗智能导游终端(I 代)已经研发成功，并在楼观台、财神庙、大唐芙蓉园景区推广、试运行；其中，楼观台道教文化景区投入设备 1200 台套，财神庙景区投入设备 400 台套，大唐芙蓉园景区投入设备 1400 台套，共计投入 3000 台套北斗终端设备。

北斗智能导游终端(Ⅱ代)正在试运行过程中，该款终端实时通过北斗定位、通过北斗位置实时导航、导讲、导购，通过景区 Wi-Fi/4G 实现与信息服务平台系统的数据交互。

2. 普陀山智慧旅游综合服务平台

综合服务平台已在智慧普陀山中展开一期建设，基于智慧旅游综合服务平台与智能导游终端(虚拟终端)，以云数据平台为扩展核心，以三维 GIS 平台为交互手段，以终端 App 为服务方式，整合已有应用系统，升级改造重点系统，分步实施全新系统，全面提高景区的智慧管理水平。基于普陀山云数据平台的智能手机服务 App 示意如图 5-7 所示。

3. 智慧旅游市场前景分析与展望——以陕西为例

从陕西省旅游相关统计数据分析可知，陕西省拥有丰富的人文历史、自然景观等旅游资源，并且旅游人数在全国名列前茅，智慧旅游的业务开展具

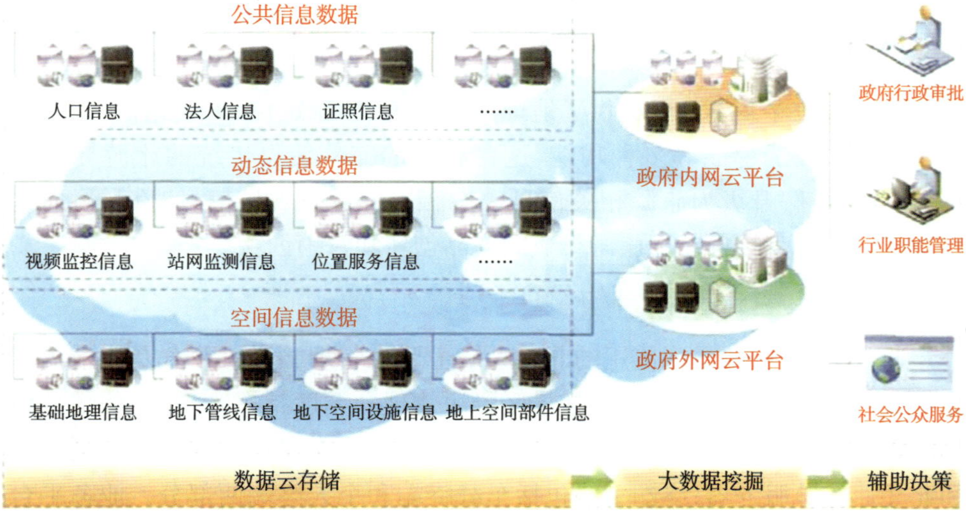

图 5-7　基于云服务平台的智慧普陀山移动 App 应用示意图

备较好的基础条件。

通过在西安市文化旅游景区示范应用的推广，逐步实现陕西省内区域北斗智慧文化旅游信息服务系统的建设。发挥文化旅游对经济带的推动作用，促进我国智慧旅游产业的发展，实现智慧旅游的信息化、服务的智能化。

中国自制研究的北斗系统应用日益广泛，北斗产业普适化，同时也在不断促进文化旅游产业的发展。此项目的实施将以北斗终端的产业化平台为基础，突破规模化制造与测试技术，在完备的终端研发、设计定型、测试和批量化生产能力支撑下，完成规模化的北斗终端研发、生产，并在过程中突破关键技术。研制由北斗导航应用交互技术与设备、融合数据传输技术、海量高速处理系统支撑平台、服务资源池等组成的北斗智慧文化旅游信息服务系统，并建设基于北斗技术的旅游信息服务应用示范，形成面向游客、景区、商家、旅游局的创新带动应用，为北斗应用技术的推广进行开拓和示范。并在旅游应用的基础上，探索积累智能位置服务的规模化应用业务体系，为北斗应用技术在智能交通、物流管理、医疗救护、重要设施安全监测等领域的规模化应用形成参考，奠定基础。

同时项目实施时将融合北斗卫星导航、物联网、云计算等战略性新兴技术，通过规模化的应用示范，形成导航终端、应用终端等卫星导航应用的关键设备，带动北斗终端和核心组件的应用和技术验证，并带动产业链上下游企业聚合，推动卫星应用产业整体发展。

5.1.2 基于北斗的旅游景区常见问题解决

我国的北斗系统已经提供了地理信息系统、导航定位、无线通信、传感技术、云计算、人工智能等多种功能，这些功能的完善使得传统的旅游导览信息、纯导游讲解升级为旅游相关信息动态触发推送及现场信息查询等，而这些功能的完善直接推动了旅游行业的产品创新和营销创新。

5.1.2.1 旅游行业中北斗卫星导航系统组成模块

通常来讲，旅游景区使用的北斗系统主要由管理、通信、业务及终端等部分构成。其中管理部分主要包括景区资源管理和调度指挥管理；通信部分包括 CDMA、WI-FI、GSM 及北斗通信等通信网络；业务部分主要包括公网通信和北斗通信等服务器；终端主要包括车载终端和个人终端两部分。业务平台是整个系统的基础部分，能够提供数据的接入、存储、处理及分布服务等，各个终端能够实现对自己位置信息的实时感知，并通过一定的通信方式传输信息，如图 5-8、图 5-9，分别为北斗卫星导航系统在旅游景区的主要应用框架图。

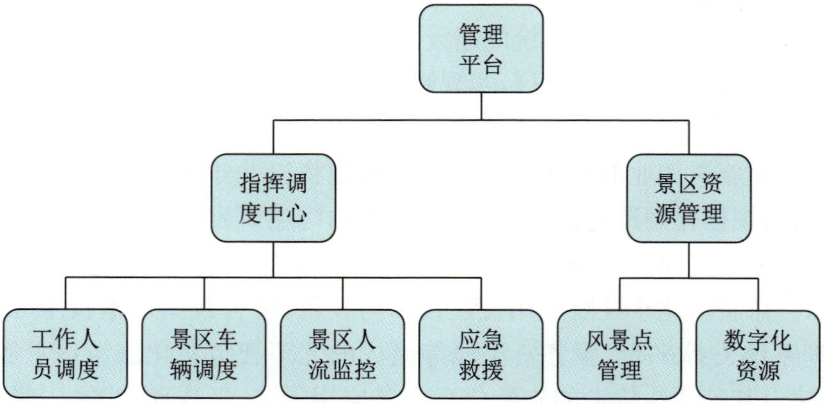

图 5-8 北斗卫星导航系统旅游景区管理平台框架图

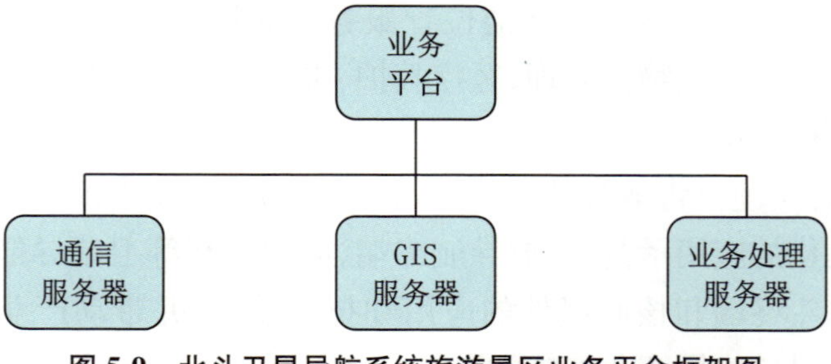

图 5-9 北斗卫星导航系统旅游景区业务平台框架图

5.1.2.2 旅游景区使用北斗系统的常见问题及解决方法

旅游景区每天面对成百上千的游客，怎样确保游客的安全，也就是说怎样做好景点资源有效调度、危险区域告知、车辆监控、人流分布等工作？通过在旅游景点导入北斗系统就可对以上问题进行有效的解决，而具体的解决方法主要包括以下几部分。

(1) 通过北斗服务终端给予的位置信息，对旅游景区内的自然资源、地理分布、景区基础设施及景区内工作人员做全面、及时的感知，通过对景区工作人员做一定的可视化管理，最终使得景区完成智能化的运营管理。

(2) 在研发的北斗终端上进行相关景区导游软件的配置，软件根据游客所在位置信息，帮助游客选择景区中的旅游路线及进行相关景点介绍等导游服务，使得游客的旅游更加便利舒适。

(3) 通过在研发的北斗终端上对游客所在位置的感知，告知游客一些禁区及危险地带所在方位，并及时为游客示警。

(4) 北斗终端应该还配备求救功能，一旦游客出现危险，其可通过该终端第一时间进行求救，并获得援助，而救援中心也可通过游客所持终端，确定游客所在位置，以便最快地完成救助。

(5) 在一些旅游景点地区，现有的网络通信会存在一些盲点，而通过北斗卫星导航系统中短报通讯功能正好对其进行解决，其能够使得游客在一些网络覆盖不到的地方与外界形成联系，最终最大程度地保证游客安全。

5.1.2.3 北斗卫星导航系统在旅游行业中应用的一些相关模块及终端

1. 具体的一些终端

对于北斗系统在旅游景点中的应用来说，其主要有手持终端和车载终端这两种。其中手持终端主要包括景点工作人员和游客随身携带的PDA、智能型终端等。PDA能够直接接收北斗卫星提供的信号，并能够实时完成对自身位置的确定，利用公共通信网络（主要包括4G、LAMA、GSM、景区架设的Wi-Fi等）将一些紧急情况及位置信息传送至指挥中心。除此以外，PDA还能够进行导游应用软件安装，完成用户的自助导游；而智能型终端则主要为工作人员配置，除了具备PDA上面的一些功能外，还安装了一些管理软件，管理中心可通过这些软件对工作人员实现统一调配。而对于车载终端来说，其是旅游景点车辆的专用终端，除了具有手持终端几乎所有功能外，还安装有大量的管理应用软件，管理中心能够通过这些软件来实现对整个景区所有车辆及工作人员的动态调配。

2. 具体功能模块

(1) 车辆、人流监控模块。旅游景区导入北斗系统后，景点内所有的车辆均会安装车载终端，此时车辆管理中心就可直接对景点内的所有车辆位置进行监控，及时获知车辆所在位置信息，将GIS系统和车辆位置信息相结合，就可清晰掌握车辆轨迹，然后实现对车辆的指挥调度。并且，还可通过一些报警功能，对景区内的违规车辆信息等进行收集，以进行相关提醒，最终完成对景区所有车辆的科学化管理。而对于人们所手持的各类终端，调度中心可将这些信息汇总统计，并根据已知数据库对游客流量趋势进行预测，并将相关信息发送至人们手持的智能终端上，以实现对游客的及时分流。

(2) 紧急救援。每个个人终端上均有紧急救援模块，该模块具备应急预案及应急响应系统，所有终端上均配置了报警键，该键能够完成直接报警功能，该软件不但能够保证游客的报警信息及时传达至旅游服务中心，而且旅游服务中心还能够第一时间对游客遇险区域进行定位，以最快实现对游客的救援。

(3) 旅游景点的工作人员调动。旅游景点导入北斗系统后，每个工作人员会配备一台专用的智能终端，主要可实现调度指挥功能和一些作业功能。首先终端将工作人员的具体时空信息上传至调度中心，调度中心根据这些信息对工作人员进行科学调度和派遣；其次智能终端中的软件可以根据工作人员具体所在位置，实现工作人员与工作有关的一些信息收集及标注等作业，最终有效完成对整个旅游景点的智能化管理。

总而言之，我国北斗系统在旅游景点的导入，将直接解决旅游景点中存在的很多问题。其首先完成了整个景点的智能化管理，其次集合的现代地理位置信息技术、现代通信技术对游客安全旅游提供了保证，是提高游客满意度，推进整个旅游行业信息化的重要举措。

5.1.3 基于北斗的自助旅游系统

根据2015年国际旅游度假目的地论坛的数据，我国国内旅游市场年出游已达40亿人次，但通过旅行社安排出行的旅游不到4%，45岁以下的游客占到中国游客比重的90%，越来越多的年轻人倾向于自主做出旅行决策，自助安排旅游行程，享受自由行带来的轻松和随意。年轻人也倾向于在社交网络上结交旅行伴侣，搜集目的地资料和旅行攻略，探索景区外的旅游目的地。

部分年轻人甚至独自背包去野外探险旅行。但不幸也时有发生。2011年底，复旦大学18名学生“驴友”拼团前往黄山探险，因为准备不充分导致迷路。经当地警方全力搜救，他们安全脱险，但黄山的年轻民警张宁海却在搜救中不幸遇难。有调查显示，户外环境不熟悉、安全意识缺乏是野外旅游事故发生的主要原因。对发生事故游客的营救往往需要调动大量的人力、物力、财力，社会资源消耗巨大，因此户外旅游安全性备受关注。

北斗系统是我国自主研制开发的三维卫星定位通信系统，是世界上第3个成熟的卫星导航定位系统，具有一定的安全、保密、抗干扰能力，目前已发展至“北斗二号”。北斗卫星不仅可以提供高质量的实时三维坐标、导航、精密授时服务，还可以提供短报文、有源定位服务，这是北斗与GPS、GLONASS相比具有的实时、精确、有效等优势。地理信息系统(Geographic Information System，简称GIS)是以地理空间信息数据库为基础，由计算机软硬件系统组成，具有数据采集、存储、管理、运算、分析、显示和描述等功能，在国土管理、资源调查、交通运输、邮电通信、城市规划、军事搜索、灾害预测、环境评估等方面应用广泛。基于北斗卫星和GIS系统的户外自助旅游系统，游客可以通过游客型用户机预览旅游目的地地形地貌、环境危险信息提示等，通过北斗导航规避危险地带，更好地规划路线；每台游客型用户机配备专属ID号，游客将个人身份信息输入到用户机管理系统，有利于识别用户，便于管理和搜救；在涉险时通过短报文主动呼救、定位，有利于救援工作的展开。

5.1.3.1 系统的功能需求和相关技术

1. 游客需求分析

户外运动持续升温，越来越多的人加入户外运动的队伍之中。对于户外旅游来说，地图、导航是必不可少的硬件，遇险求救则是保证生命安全的必要措施之一。但是普通的电子地图无法详细展示出有关野外旅游地的地形、危险区等有针对性的信息，也没有提示、预警等功能；另外，目前市场上导航设备与呼救设备分离，呼救系统多局限于对讲机，有较大的局限性。基于北斗卫星和GIS系统设计的户外自助旅游系统可以较好解决上述问题。

2. 国家方针政策支持

2014年，国家出台《关于促进旅游业改革发展的若干意见》；2015年，国家出台《关于进一步促进旅游投资和消费的若干意见》；2016年，国家出台《关于促进自驾车旅居车旅游发展的若干意见》。2017年，国务院总理李克强在第十二届全国人民代表大会第五次会议所作的政府工作报告中，至少有六处涉及旅游产业的发展，其中“大力发展全域旅游”成为2017年重点工作之一。2020年，文化和旅游部、国家发展和改革委员会等十部门联合印发《关于深化“互联网+旅游”推动旅游高质量发展的意见》，进一步推动了旅游领域智能化转型。同时，北斗系统是国家科技发展的重大战略。国家也一直在持续推进北斗系统示范应用项目建设，特别是对支撑配网智能化的技术方案、应用场景进行归纳总结，形成典型经验，推出应用成果。如利用北斗卫星通信高度安全性特点，实现对配电设备遥控；或组织开发北斗终端无线网络功能，实现北斗平台与北斗移动终端的应急通信，应对自然灾害等原因导致公网通信瘫痪的状况。

5.1.3.2 系统的方案设计

基于北斗卫星和GIS系统的野外自助旅游系统，利用北斗卫星定位、导航、短报文和GIS应用模块实现自助旅游的可行性、通达性与安全性。该系统注重野外旅游信息传播的即时性和精确性，承载多项数据信息功能，丰富游客旅游体验。第一，利用GIS叠加等高线、危险区域、水源等信息，为旅行者提供优于传统野外地图数据的专业旅游服务；第二，通过北斗定位功能，设置“一键呼救”发送求救短报文及定位，有利于及时被救援力量发现，最大程度地保证游客安全；第三，系统平台还提供用户管理维护入口，为用户机设置专属ID，输入用户个人资料、旅游目的地、同行人数、装备等，便于管理及救援时的用户识别；第四，提高系统的开放性和可扩展性，增设二次开发平台，为旅游产品开发和商业运作等功能提供接口。

1. 系统设计工作原理

本系统以GIS和北斗系统为基础，主要由数据库模块、GIS应用模块和应急救援系统模块三部分组成，同时还设计了二次开发平台，为未来多功能用途开发打下基础。系统中电子地图、景区导览、遥感图像、游客信息等收集储存在数据库中，在游客用户机上通过GIS集成，实现旅游信息查询、路线规划、导航、用户识别等功能。同时GIS应用模块还支持数据更新、系统升级等，并为一键报警、通信、业务拓展提供基础支持。若游客不幸涉险，通过一键报警功能，借助RDSS通信技术，进行好友间信息转发互救，或直接借助北斗短报文和有源定位向应急救援中心求救。二次开发平台允许第三方在开发协议框架下优化数据、提供拓展服务等。

(1) 数据库模块。数据库模块是数据库系统开发的基础，其中信息可以随时更新是野外自助旅游、救援中心指挥调度必不可少的条件。数据库中数据信息质量对野外自助旅游系统功能的优化和完善密切相关。数据库模块包括地理信息数据、应急资源数据和游客综合信息三种数据类型,外加数据信息管理运营系统构成。

地理信息数据是在现有电子地图的基础上重点针对户外旅游进行数据优化,将等高线、目标区域遥感影像图、区域概况、危险区域、周边居民点、救助站等信息纳入数据库中,为野外旅游探险的线路优化、风险规避、资源寻求和帮助等提供支持和服务。

应急资源数据主要由救援力量信息、应急预案信息、决策及专家信息组成。在应急救援中,应急资源信息非常重要,是有效实施应急指挥的保障。通过 GIS 技术,在收到游客求救信号后,可以立即调用数据库中的救援力量、物资准备、指挥设施并在地图上显示,数据库中的应急预案和专家决策力量可以为救援提供智力支持,保证处理突发紧急事件工作的有序、高效进行。

在搭建的数据管理运营系统上,游客将个人身份信息、旅游目的地、设计路线、同行人数、装备等详细信息输入数据库,并与用户机终端 ID 绑定,在应急救援阶段便于识别游客,开展救援,也便于团队间的监控和管理。

数据信息管理运营系统基于开发协议和数据管理接口来进行有关操作。支持用户通过用户机、手机 App、互联网 DEB 端口进行数据信息的输入、更新、管理、维护服务,支持开发者基于开发协议的运营系统二次开发。

(2) GIS 应用模块。GIS 地理信息系统是用户操作的基础平台。相关设计系统按照功能不同分为地图、定位导航、信息查询、短报文通信、管理系统等五个主要应用板块,也是本系统面向用户的主要功能所在。Maplnfo Professional 可对地理信息进行数据采集、存储、处理与分析,创建和修改专题地图,实现电子地图与数据库的自动联结和双向多功能查询。MapBasie 提供了 Maplnfo 的二次开发环境以及与其他应用程序的接口。Delphi 可进行系统的界面设计、逻辑控制和后台数据库管理。GIS 不仅可以优化改进专题地图制作,还可以深层次地对现有数据信息进行挖掘,将其用于专题地图制作,最大程度丰富专题地图的内容,提升现有信息数据的可利用度。这一功能的实现主要依赖空间统计工具和属性数据处理工具。目前一些 GIS 软件中具有大量的统计分析工具,可以将现有的统计数据和空间数据进行深层次抽离,具化出更加丰富的地理信息。在传统的电子地图基础上,优化户外自助游有关数据，特别是通过 GIS 叠加显示等高线，帮助游客根据等高线判读周边地形地貌，合理规划前进路线，规避悬崖陡坡等危险区域。

GIS 应用模块提供的路径规划和导航有别于传统车载导航，其可根据用户信息选择不同的导航模式，支持用户记录行动轨迹，规划路线方便，避免迷路。定位功能支持屏幕打点和标注文字。

在信息查询板块，用户可以查询当地环境概况、景点分布、危险区域、疾病救治点、周边救援力量等信息，为用户保证自身安全提供参考。在野外部分区域，传统手机移动基站通信模式无效，对讲机工作范围有限，当以上两种手段无法使用时，用户可通过北斗特有的短报文技术实现用户间通信，为团队成员之间的联系提供极大的便利。还可设置定时发送位置短信功能，便于团队与救援中心追踪位置。

以上功能可通过管理系统的参数、数据、模式等设置实现。

2. 具体系统设计

(1) 应急救援系统。救援系统组织结构用于确定用户位置的卫星无线电业务有两种。一种是卫星无线电导航业务(Radio Navigation Satellite System，RNSS)，由用户接收卫星无线电导航信号，自主完成至少到四颗卫星的距离测量，进行用户位置、速度、线路等旅行参数计算。GPS 等系统是典型的 RNSS 系统。另一种是卫星无线电测定业务(Radio Determination Satellite Serviee，RDSS)。用户至卫星的距离测量和位置计算无法由用户自身独立完成，必须由外部系统通过用户的应答来完成。其特点是通过用户应答，在完成定位的同时，完成向外部系统的用户位置报告，还可实现定位与通信的集成，实现在同一系统中的 NAVCOMM 集成。RNSS 与 RDSS 在卫星系统的导航卫星及运控应用系统中同时集成 RNSS 和 RDSS 两种业务。系统既可为用户提供连续定位、测速能力(即所谓无源导航定位)，又可进行无信息传输的高安全级别的位置报告。其导航与通信的集成可以互相嵌入，互为增强。报警功能是本系统的关键功能，用户涉险时，通过触发用户机一键报警按钮，系统自动调用北斗有源定位和短报文功能，及时向北斗卫星发送 RNSS 求救信号和 RDSS 通信，北斗卫星接收处理后发送到任务控制中心。任务控制中心接收到求救信号后分析处理，确定遇险位置信息，通过 RDSS 通信经由北斗卫星向遇险游客发送短报文，进一步确认人员身体情况和具体威胁，并向应急救援中心报警。应急救援中心收到报警信息后，调用目标地理信息数据、游客信息数据等，派遣救援力量前往搜救。另外，通过物联网(射频识别 RFID、全球定位系统、红外感应器、激光扫描器等信息传感设备)进行游客与互联网的连通,完成智能化识别、定位、跟踪、监控和管理。随着通信技术、互联网、物联网和云计算的飞速发展,不同主题的旅游景区安全管理软件的综合协同能力至关重要。利用基于位置的服务技术(Location-Based Services,LBS),景区内各项设备通过定位技术实时采集目标对象位置,经无线网络发送给数据存储层与处理层,再通过数据分析层进行处理。系统通过提取旅游及其相关数据的时空信息,采用移动对象数据分析技术和轨迹分析技术,可实现对全景区的搜寻救援(search and reseue,SAR)功能。

(2) 终端点对点通信。当野外自助旅游的游客之间无法使用移动基站、对讲机等传统通信方式,而部分成员遇险但自身团队或组织有营救能力,无须求助国家救援力量时,利用北斗 RDSS 通信技术可以实现用户机之间短报文转发,从而完成内部通信和求救。具体流程是游客向北斗卫星发送 RNSS 求救信号、RDSS 通信和特定用户指令,北斗卫星接收处理后发送到任务控制中心。任务控制中心随后分析处理,通过 RDSS 通信经由北斗卫星向指定游客转发短报文和定位信息,完成用户机终端的点对点信息传输。

3. 商业开发平台

集成开发已经成为 GIS 二次开发的主要方式,优点在于能够充分利用可视化的开发语言进行有效、快捷的应用开发。利用 GIS 强大的空间数据库、良好的可靠性技术、便于移植特点以及对空间信息数据分析、管理功能,大大提高开发效率. 基于 COM 技术能够更充分地利用 GIS 组件功能促进开发实现 GIS,因此,选择 AreGIS Engine 进行嵌入式集成二次开发。AreGIS Engine 是一套完整的 GIS 开发组件库,能够针对不同用户的需求,制定出相应的用户应用解决方案,它可以从 AreGIS 产品中脱离出来而独立存在。同时,本系统采用的基于 B\S 架构的开发方式,主要是针对庞大的用户群体,对客户终端进行维护。该架构是在广域网的基础上进行信息传输,能够针对用户进行分散式的维护,只需要通过浏览器就可以对用户进行各种信息的监控以及实时查询的操作。本系统在设计时预留了开发平台,为商家基于系统开发协议进行二次开发提供了可能。开发平台主要基于数据库开放进行。在地理信息数据库中,开发者通过注入周边户外旅游用品店、旅店分布、景区导览、旅游攻略、地区常见威胁(地质灾害、危险动植物)及救治方案、其他用户轨迹分享等,达到游客用户机功能的拓展及自身商业运营的目标,进而实现旅游体验和经济价值的双赢,促进本系统的有机更新与应用发展。

5.2 应用软件设计

BDS是由我国自行研发且具有自主知识产权的GNSS。BDS除了具有通用GNSS的定位和授时功能之外，还具有短报文通信的特有功能，是继GPS和GLONASS之后的第3个成熟的卫星导航系统。BDS由卫星、地面站、观测站和用户终端四部分组成。截至2020年，BDS拥有35颗导航卫星，已经完全覆盖亚洲地区，可以提供全天候的定位、通信、授时服务，其能力和GPS基本相当，经过差分信号后的定位精度达到米级，授时精度达十纳秒(ns)级，完全满足通用的导航定位服务需求。2017年11月，我国开始实施北斗三号系统建设，并于2020年7月31日，由习近平总书记出席建成暨开通仪式，宣布北斗三号全球卫星导航系统正式开通。从2004年首次启用起，BDS在军事化和民事化的应用不断推进，在国民经济的各个领域发挥着越来越重要的作用，尤其在2008年的汶川地震抗震救灾中，BDS全力保障了救灾部队行动。BDS在各行各业都取得了较大的影响和成就，但是，BDS的产业化能力还不足，在军、民用方面推广都不够理想，和GPS的市场份额相比还有很大的差距。当前，虽然各行各业用户都根据自身行业特点和需求开发了一些应用系统，但是总体看起来，软件分散、独立，服务功能有限，缺乏统一的软件平台支持，并不能从根本上促进BDS系统的推广应用。

系统提供终端软件的开发、上传、下载、更新等功能，针对应用软件的管理与部署需求，吸收网络化应用软件管理思想，定制和设计本系统。在服务端采用B/S设计模式，以门户网站的形式提供应用管理与发布服务，支持终端应用的批量部署等操作。根据BDS授权的唯一用户识别号来确定移动终端的属性，避免人为错误，所有移动终端由平台统一管理和调配使用。对终端和终端中的应用程序来说，系统不仅提供终端应用管理客户端和服务端的通信，还要提供基于北斗短报文形式的终端应用和服务端的通信服务能力，比如为测绘领域应用提供远端数据采集功能，为单兵应用系统提供路书功能，为森林虫害防治提供虫害信息收集功能等等。在曾亚的《面向北斗导航的应用软件管理与发布系统的设计与实现》一文中，对应用软件的管理和发布系统做了详细的研究和介绍。

5.2.1 基于北斗导航的应用软件系统设计

系统总体框架设计主要在于应用管理与发布系统，按照使用场景可以分为服务端（包括门户网站）和移动终端两个部分，系统总体框架如图 5-10 所示。

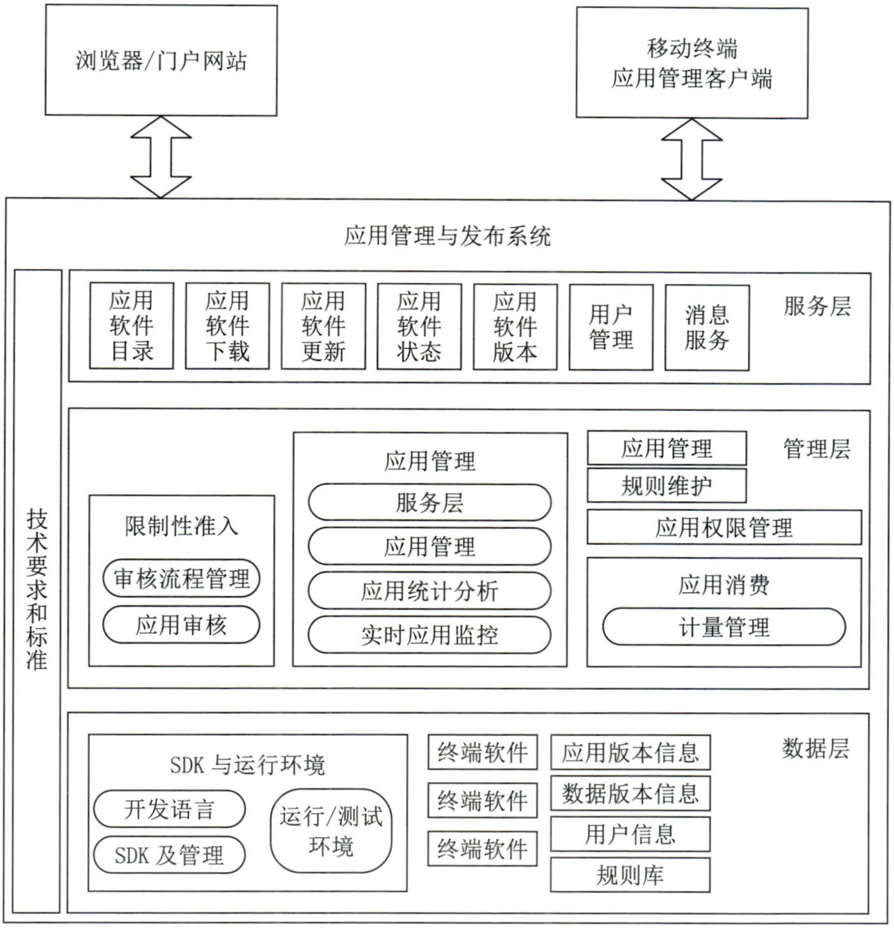

图 5-10　系统总体框架图

应用软件管理与发布系统为应用开发人员提供终端应用软件开发所需的开发环境、开发工具、终端模拟器等。应用开发完成并通过测试后，开发人员可以登录统一的门户网站将应用实体上传到所在应用软件管理与发布系统，管理员审核通过后进行应用发布，移动终端用户通过应用管理客户端进行应用下载和使用。

5.2.2 服务端功能设计

1. 服务端框架设计

服务端在逻辑上采用由数据层、服务层和应用层组成的多层框架结构。数据层负责管理各个应用不同版本的存储与访问、数据文件的存储访问与同步，以及系统应用管理信息等数据，支持主流的商业和国产数据库；服务层负责系统的业务逻辑以及安全等系统功能；应用层负责与 Web 客户端与移动终端的交互，使用统一的 API 接口作为用户的应用界面。整个服务端的功能框架如图 5-11 所示。

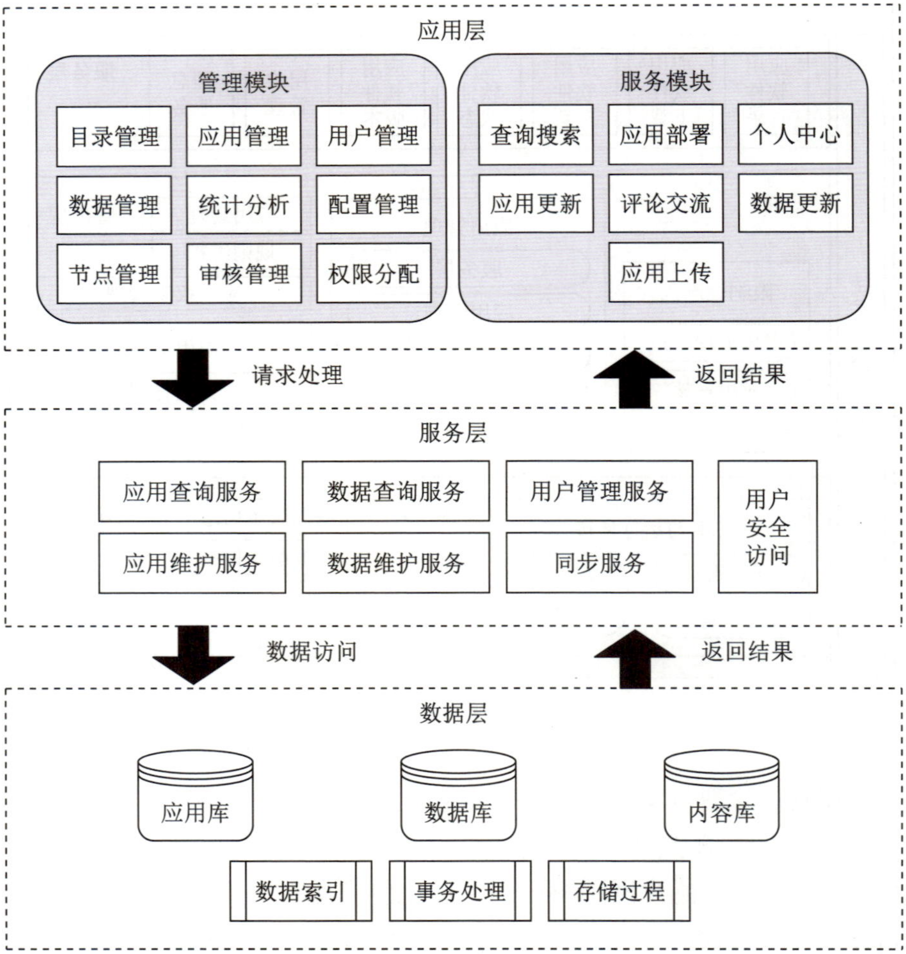

图 5-11　服务端功能框架模型

2. 服务端模块设计

(1) 数据层。数据层存储系统所有的应用、应用的各个版本，以及系统的数据库。数据层采用应用数据库和内容管理系统来实现，应用数据库管理结构化的数据，内容管理系统管理所有文件和目录。

数据层提供数据索引、事务处理、存储过程等基础服务，来保障数据存储与访问的安全高效。

上层应用与服务通过统一的数据访问接口来访问和管理数据层的内容。

(2) 服务层。服务层提供系统的核心服务功能，为系统的各项业务功能提供支撑。服务层主要包括下面七种服务。①应用查询：提供对系统内应用的查询搜索功能。②数据查询：提供对各种数据的查询搜索功能。③用户管理：系统用户的管理，包括用户的查询、增、删、改以及用户权限的分配等。用户管理服务同时提供对外的访问接口，可供其他系统使用。④应用维护：提供对应用生命周期的全面管理功能，包括应用的发布、应用的更新、应用的升级、应用的停用、应用的删除等。⑤数据维护：提供对应用数据的管理功能，包括数据的部署、数据的备份、数据的更新、数据的删除等。⑥同步：实现本节点与其他节点之间的应用、数据及用户等资源同步。资源同步通过部署在各个节点系统上的同步代理来实现，同步代理捕捉到资源更新后，通知同步服务。同步服务根据节点系统的情况，进行同步。同步方式如下所述，采用下级向上级汇报机制，即三级节点的应用、数据或用户更新后，向二级节点同步；二级节点的应用、数据或用户更新后，向主节点同步；主节点的应用或数据更新后，将应用或数据目录同步到所有二、三级节点。⑦用户安全访问：实现用户的权限控制。权限控制采用基于 RBAC(Role-Based Access Control，基于角色的访问控制)的权限模型来实现。

(3) 应用层。应用层实现系统的各项业务逻辑接口，供 Web 门户以及移动终端程序调用，来完成系统的各项业务功能。

应用层根据使用者的不同，分为两大模块：管理模块和服务模块。管理模块面向管理员，主要通过 Web 门户来调用。管理模块主要由下面九个功能模块组成。①目录管理：系统内的应用采用分类目录的方式进行组织管理。目录管理提供对分类目录的增、删、改、查等操作。②应用管理：提供对系统内应用的管理功能，包括应用的封装、发布、更新，应用的增、删、改和应用的备份等。③用户管理：提供对系统内用户的管理功能，包括用户的审核、添加、删除、修改，用户行为的监管等。④统计分析：提供对系统内应用、数据、用户、用户行为以及运行状态的统计分析功能,实时监控系统的运行情况。⑤配置管理:提供对系统的部署和各项运行参数的配置服务。⑥节点管理:实现多级节点之间的目录、应用与数据的同步。⑦审核管理:提供对系统内应用的测试审核功能。⑧权限分配:提供对系统内用户和应用的权限管理,用户的权限指的是用户对不同目录、应用、数据的访问能力,应用权限指的是应用对移动终端的操作权限。

服务模块面向开发者和普通用户,通过移动终端应用软件和 Vrfeb 门户进行调用。服务模块由以下七个功能模块组成。①查询搜索:提供对系统内应用的查询搜索功能。②应用部署:提供应用及数据的下载安装、更新等功能,以及主动推送部署的接口实现。③个人中心:提供用户的注册、登录,以及用户个人信息的管理功能。④应用更新:主要针对开发者,实现本人发布的应用更新、升级、维护等功能。⑤评论交流:提供对应用的评论以及与开发者之间的线上交流功能,采用站内消息的方式实现。⑥数据更新:主要针对开发者,实现本人发布的应用的数据上传、更新等功能。⑦应用上传:对开发者提供新应用的上传功能。

3. 门户网站设计

网站设计首先要从整体上对网站进行定位和策划,确定网站设计的目标,从使用者的角度调研用户的使用习惯,从技术上规划设计指标,从内容上加以重视。界面是人机交付最重要的媒介,根据使用场景要求往往相差很大,针对本系统的用户主要是专业的开发者和管理者以及少数的使用者,我们可以选择使用最简洁的模板、大众化的设计。网站设计模式主要有分栏式结构、区块分布、平面图片设计以及非规律的设计。我们这里采用的比较常用的三分栏式结构设计,一般来说,分栏的形式有颜色和导航两种,本系统采用的是用导航来进行分栏。

在确定好界面设计方案以后,接下来就需要合理地规划功能,本系统的门户网站主要包括用户管理、应用管理和配置管理三大部分的内容。主要界面设计如图 5-12 所示。

4. 移动终端功能设计

1) 移动终端框架设计。移动终端程序在逻辑上采用由数据层、服务层和UI 层组成的多层框架结构。数据层负责管理应用、应用数据以及系统数据在移动终端本地的存储与访问。数据采用开源轻量级数据库 SQLite 来实现,应用的各个版本存储在本地缓存目录中。服务层负责终端的业务逻辑与服务端的接口访问以及安全等系统功能。班层负责与用户的交互，采用中国电子科技集团公司第三十二研究所的通用图形库中间件进行设计，可实现跨平台的显示一致性。整个移动终端的功能框架（以 Android 为例）如图 5-13 所示。

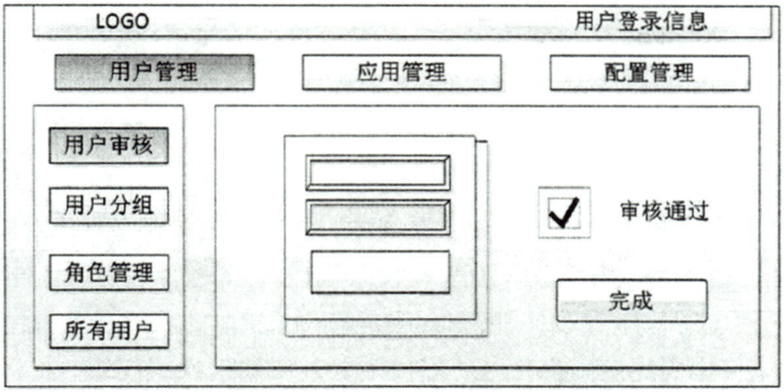

图 5-12 门户网站页面设计

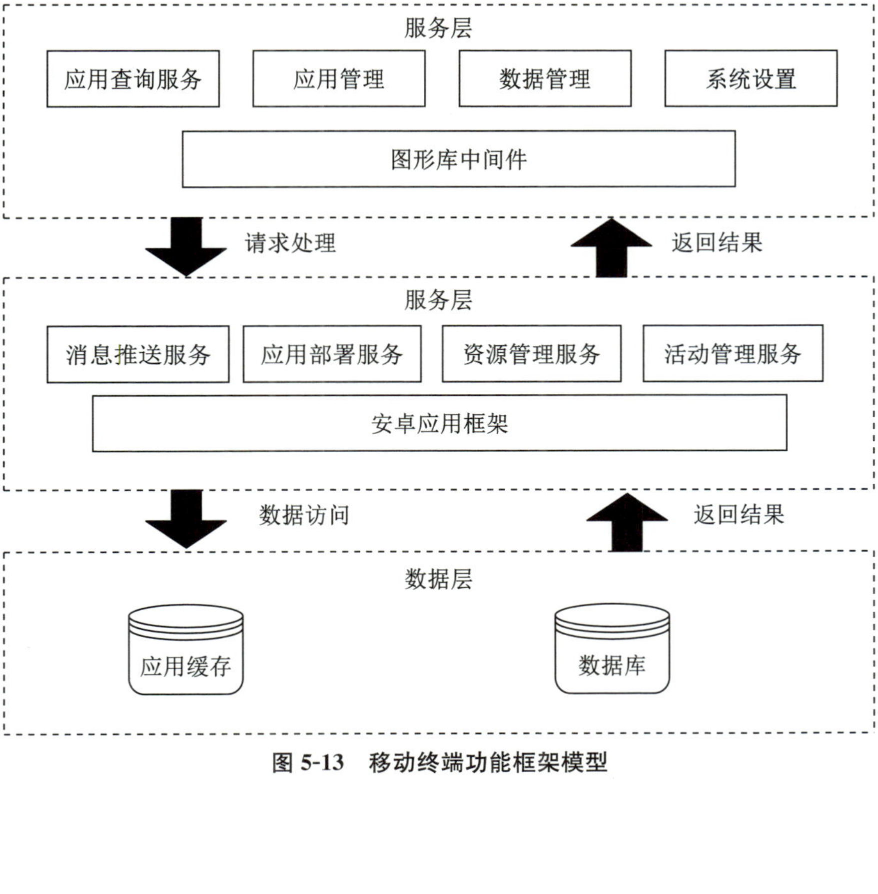

图 5-13 移动终端功能框架模型

2）移动终端模块设计

（1）数据层。数据层存储移动终端的用户数据、终端数据、应用安装包、更新包、应用数据以及系统运行产生的各种数据。

数据层由数据库、配置文件和应用缓存组成。数据库采用开源轻量级的SQLite实现。

上层应用与服务通过统一的数据访问接口来访问和管理数据层的内容。

（2）服务层。服务层提供移动终端的核心服务功能，它采用移动终端的应用基础架构来实现，充分利用移动终端操作系统提供的基础功能。

服务层主要包括下面五类服务。①安卓应用框架：安卓应用框架设计简化了组件的重用技术实现。在安卓系统中，运行其中的每一个应用程序独立发布它的功能模块，当然，在系统安全性限制以内，每一个应用程序也可以使用任何其他应用程序发布的功能模块。这不仅能帮助程序员快速地开发程序，并且该应用程序重用机制也使用户可以方便地替换程序组件。②消息推送服务：接收服务端后台推送的各种消息，并唤醒适当的服务组件响应消息。消息推送机制是服务端远程治理移动终端程序的基础，通过它可以实现应用的更新、升级、删除、批量部署、数据同步、站内消息等功能。③应用部署服务：对从服务端下载的应用进行安装和升级。通过应用的数字签名和移动终端的北斗用户卡号来判断应用合法性及所需权限，进行适当的部署。④资源管理服务：提供对本地数据层的存储管理功能。⑤活动管理服务：提供对移动终端上正在运行的应用进行监控管理的功能。

（3）UI层。UI层实现移动终端的各项用户操作功能，主要包括以下五个部分。①图形库中间件：提供通用的跨平台的UI界面控件和API，用户UI层的模块基于该库编码实现，由该中间件将UI界面和操作转换为移动终端本机的代码指令。该中间件最大的好处就是屏蔽了平台之间的差异，方便开发人员编写跨平台的一致化显示的应用软件。②用户管理：提供对本机用户的操作功能，包括用户的注册、登录、个人信息查询修改等。③应用管理：提供在移动终端上访问和管理系统内各个应用的功能。包括应用的查询搜索，应用目录、排行榜的浏览，应用信息查看，应用下载、安装、升级，应用状态查看，应用备份等。④系统设置：实现本系统终端软件的系统设置功能，用于设置软件的一些相关属性，主要包括如下几点功能：下载默认路径/安装文件管理、日志导出、软件自毁/删除所有应用和记录、应用更新通知开关、清除搜索历史。

电脑、智能手机已经走进千家万户，成为大众生活工作必备产品。因此应用软件的开发和管理的重要性日益提高。为了更好地满足领域用户多样化导航等服务，提出了将基于 BDS 的短报文融入终端应用管理与发布系统中，提供无缝隙覆盖的通信服务，进一步推动 BDS 的领域应用。

5.3 户外运动信息服务

户外运动在我国迅猛发展，越来越受欢迎，户外参与者走出家门，进行户外运动的形式和组织方式也在悄无声息地发生变化，比如户外运动的地点正在变得越来越偏远，单独或者少数个体行动也变成了集体活动，越来越多的户外社区随之兴起。如何让越来越多的人能够更加方便、快捷地参与到户外运动中来，如何让这些参与户外运动的爱好者能够更加深刻地体验到这项运动带来的乐趣，同时最大限度保证户外运动参与者的人身安全是户外运动在发展过程中不得不面对和急需解决的问题。因此利用现代新兴的信息化手段，对以往户外运动的组织形式升级，构建全新、适应户外运动飞速发展的户外运动信息服务系统刻不容缓。

5.3.1 户外应用平台发展现状

就目前的状况而言，在户外运动应用平台研制上走在前列的是谷歌和中国的携程、六只脚等，他们都利用了先进的信息化技术改善了用户对户外运动的体验，不断推进户外运动的优化，应用新技术丰富户外参与者的运动感受。同时将 GIS、GPS、RS 技术为代表的空间信息获取与处理技术运用到户外运动中，将户外运动参与者采集到的信息持久化到数据库中，为以后更多参与到这项运动中来的人提供更为丰富的参考信息。尽管目前如此多的户外运动服务商做了诸多的准备，为户外运动爱好者提供了众多选择，但是它们开发的应用往往是针对个人设计而不是团体，因此都缺少考虑户外运动团队管理和户外运动安全管理的方案。

为了给团队性质的户外运动提供了户外人员统一的管理方案，能够让户外领队无论在任何地点，包括那些没有移动网络信号覆盖的盲区，向户外运动团队成员发送短消息并及时掌握户外团队成员的实时位置信息。户外运动很多都是在偏远的郊外，这些地区往往就是通信盲区，尤其是在雨林、深山和荒野沙漠等地区，通信问题是阻碍团队活动的首要问题，该问题急需解决。要在缺少移动通信网络支持的环境下实现上述功能就将面临巨大的挑战，救援的速度和质量也会下降。卫星通信由于轨道高、地面覆盖范围广、通信费用与距离无关等优点，是国际TV直播、海洋通信等的主要方式之一，也是移动通信的重要补充手段。但是卫星通信成本较高，其在内陆应用受到较大限制。运用我国自主研发的北斗卫星导航系统，可以解决移动网络覆盖盲区的通信问题，使户外运动参与者获得实时的安全监控。客户端利用实时定位技术可以方便地对户外运动的参与者进行人员安全预警管理，及时通知户外运动团队成员可能脱离团队，可以有效地减少户外运动可能带来的危险。户外运动信息服务系统的搭建，还能为户外应急救援团队提供遇险人员实时准确的空间位置信息，使得户外应急救援团队充分地了解意外现场的真实情况。

5.3.2 基于北斗的户外运动信息服务系统设计

5.3.2.1 系统组成

户外运动信息服务系统主要包括智能手机、移动通信网络、中心服务器、北斗哑终端、北斗通信网络等基本组成部分，由用户终端和中心服务器组成。系统的整体架构如下图5-14所示。

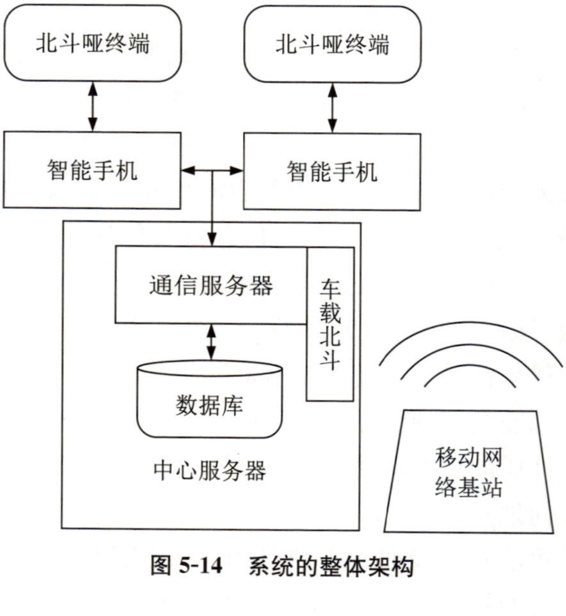

图5-14 系统的整体架构

如图，北斗哑终端和智能手机共同组成用户终端；中心服务器包括通信服务器和数据库服务器，通信服务器还整合了车载型北斗终端；移动基站则提供智能手机和通信服务器的移动网络信号。

1. 北斗终端

北斗终端就是利用北斗系统进行定位、导航以及通信的终端设备，本系统除了利用其定位功能外还利用其通信功能实现在移动网络信号覆盖盲区的通信。户外运动信息服务系统所用的北斗终端是插件式的哑终端，它的基本功能包括短报文通信、授时、定位和导航，由北斗客户机和北斗民用卡组成，该终端主要负责和北斗卫星进行通信，将获得的用户请求传输给北斗卫星或者接收来自北斗卫星的通信数据。

2. 智能手机

智能手机是用户和用户之间、用户和通信服务器之间的数据交互平台，本系统基于 Android 开发，所以选择的是 Android 智能手机。智能手机是户外运动信息服务系统的关键所在，是户外运动参与者进行户外运动时的主要通信工具和监控工具。用户在进行户外运动时，可以通过安装在手机上的应用软件查询到用户的个人信息、位置信息等，并且在任何地点都可以和团队成员进行通信。

3. 通信服务器

通信服务器是户外运动信息服务系统的数据接收和数据处理中心，整个系统的数据解析和业务逻辑都在通信服务器实现。

在通信服务器上部署相应的应用程序，该程序负责与智能手机通信，并且对系统功能的逻辑进行了实现，不停地运行在服务器上（服务器安装的是 Linux 操作系统，因为 Linux 操作系统对于 Windows 操作系统来说系统资源利用率更高，运行速度更快而且更稳定，目前 90%以上的企业给服务器都是安装的 Linux 操作系统）。通信服务器接收用户终端传输过来的空间位置信息、用户个人信息等其他户外相关的信息，并对这些信息进行必要的解析和处理，同时负责响应用户提交的请求，实现了用户位置共享、友邻互视、安全管理等功能。

4. 数据库服务器

数据库服务器是整个户外运动信息服务系统数据存储、分析和查找的中心，负责存储用户的实时位置信息、历史位置信息、用户个人信息等。数据库服务器为整个系统的实现提供了基础数据服务。

5.3.2.2 通信网络设计

1. 网络与数据安全

通信网络是户外运动信息服务系统依赖的核心，设计规范的通信网络体系是平台稳定运行的基本保证。通信网络在系统运行过程中承担着实现用户端和中心服务器之间数据交互的重要责任。将用户采集到的空间位置信息持久化处理需要和中心服务器进行数据交互；同时为了实现位置共享、友邻位置互视、群消息发送、安全预警等也需要和服务器进行数据交互；用户本人、户外领队、户外应急救援队查询用户的历史位置信息更需要和中心服务器进行数据交互；用户和用户之间的通信也需要数据交互。因此构建一套优秀的通信网络体系至关重要。就目前而言，所有市面上关于户外的 App，不管是用户间的通信还是用户与服务器之间的通信都是基于移动通信网络来实现的。移动通信网络只能够支持有网络覆盖的地区内用户间的通信，但是无法满足网络覆盖盲区内信息传递的要求。仅仅依靠这一种通信方式会使系统存在很大的局限性，因为移动通信网络本身就有诸多限制。北斗卫星提供的北斗通信网络打破了这些限制，使用户在任何情况下都可以顺利地完成数据交互的需求，用户只需要一张北斗卡和一个北斗终端用户机，配合蓝牙模块就可以完成数据交互。将移动通信网络和北斗通信网络相结合，可以有效地避免网络覆盖盲区，满足户外运动信息服务系统建设的需求。

系统建立了一套兼容移动通信网络与北斗通信网络的通信网络体系来完成数据交互的操作，通信链路如图 5-15 所示。

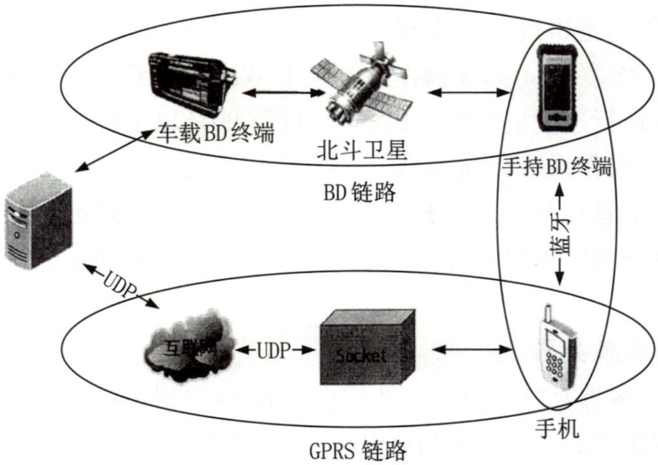

图 5-15 通信链路

系统在移动通信网络覆盖良好的地区采用移动网络通信技术，在移动网络覆盖盲区采用北斗网络通信技术，通信方式的切换对用户而言是透明的，系统会根据当前移动网络信号的具体情况自动选择通信链路，工作流程如图5-16所示。

智能手机和通信服务器间的数据交互为传统的请求、应答模式，采集到空间位置信息时向服务器发送一次请求，服务器返回一条上传成功或者失败的响应；请求位置信息时也发送一次请求，服务器返回一条响应。这个过程需要自定义通信程序以建立智能手机和中心服务器间的连接。对于北斗终端，可在用户提出请求后生成满足通信协议的报文段以短报文方式向中心服务器的车载北斗终端发送报文，然后对报文进行解析和利用。

用户在与服务器的通信过程中会考虑数据的安全性问题，因此数据交互的QOS就显得至关重要。QOS是指互联网利用各种网络方面的技术，使网络通信更安全，属于信息安全范畴，是处理网络延迟、网络拥堵等造成数据包丢失的手段之一。对于一般的数据，质量要求不是特别高的，即使丢失也没有

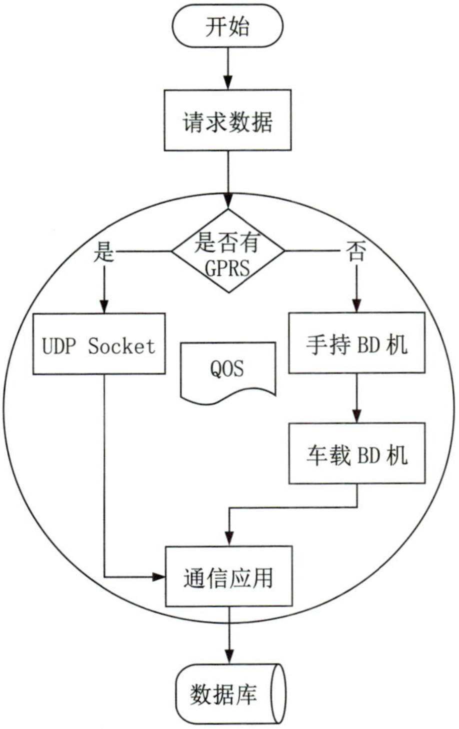

图5-16 链路选择流程图

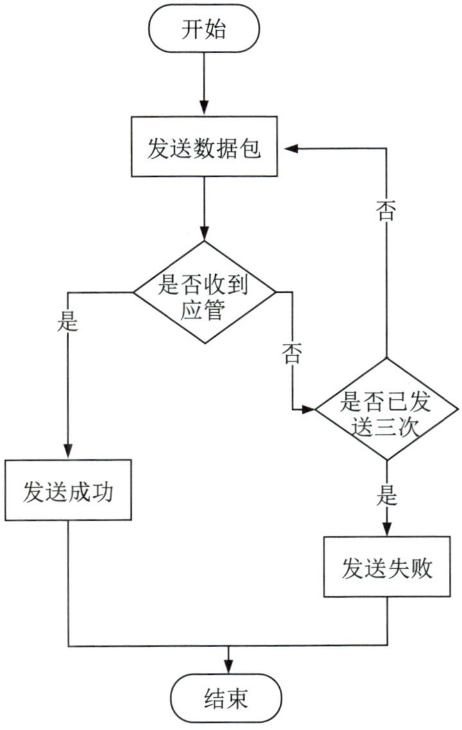

图5-17 QOS原理

关系，然而如果是报警点则必须确保该报警信息及时送达服务器。系统为了确保数据的安全性制订了如下方案：客户端向服务器发送一个数据包，如果在 5s 内收到来自服务器的应答则认为本次通信成功；否则，重新发送该数据包。如果连续 3 次发送都没有收到来自服务器的确认应答，则放弃本次通信。

2. 通信过程

户外运动信息服务系统的通信发生在 3 个模块之间，分别是智能手机、通信服务器和北斗哑终端。通信过程如图 5-18 所示。

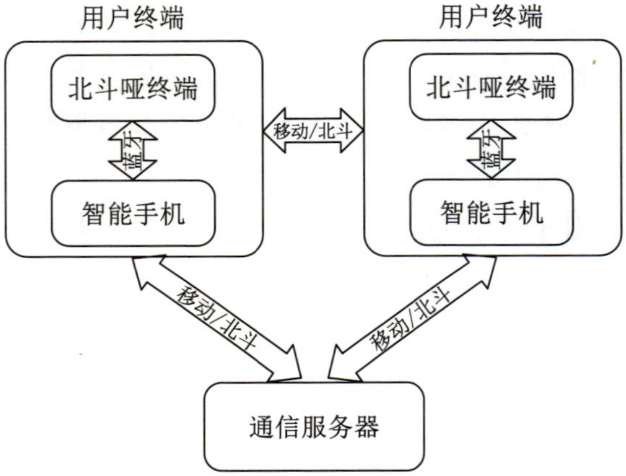

图 5-18　模块间通信关系图

根据模块间通信关系图可知，通信关系有三种：用户终端与通信服务器之间的通信；智能手机与北斗哑终端之间的通信；用户终端与用户终端之间的通信。

用户终端与通信服务器之间通信。用户终端与通信服务器端之间的通信有两种网络方式可供选择：一种是移动通信网络，另一种是北斗通信网络。这两种通信过程如图 5-19 所示。

5.3.2.3　应用架构设计

中心服务器由两部分组成，分别是通信服务器和数据库服务器。通信服务器负责实时监听相关的网络端口，对用户的请求进行解析、存储相关数据、返回响应消息。数据库服务器对数据库进行访问和管理。本节主要说明户外运动信息服务系统应用架构的设计，也就是通信服务器端应用服务程序的设计，该服务是一个典型的 B/S 架构，须遵循 BIS 架构的设计规范。

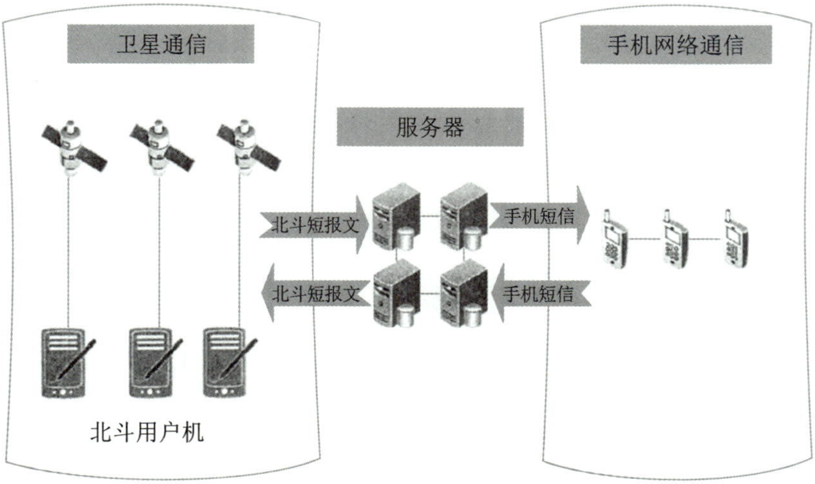

图 5-19　系统通信过程

通信服务器主要负责向智能手机端 App 提供用户注册、创建群组、加入群组、消息中转、数据持久化、安全管理等服务接口，并且将用户的相关信息保存到后台的数据库中，同时向户外领队和户外应急救援团队提供相应的接口来访问这些数据。

通信服务器端应用服务程序的设计严格遵循经典的 MVC 架构的设计思想，MVC 是 model view controller 的简称，是经典的设计模式。组织代码通过分离开来的业务逻辑、数据资料、界面显示实现，在一个部件里整合业务逻辑，随着界面的个性化改进，业务逻辑的代码不需要重编。应用 MVC 来对应传统的 input，output 结构组成一个逻辑化概念。本系统在设计的时候简化了控制层，同时将模型层进一步分层，从而得到更能体现分层设计思想的四层架构，这样便将数据、业务逻辑、服务提供以及客户端的操作分离开。由此就可以使数据、业务、用户、服务分割开来。这种架构各层之间相对独立，耦合性低，便于系统的开发，又有利于系统的运维，最重要的是能提高系统的安全性和可扩展性。应用服务的整体架构及工作流程如图 5-20 所示。

1. 数据层

数据层主要为系统提供底层数据的持久化功能，可以存储用户的个人信息和空间位置等信息。

数据层的存储媒介是关系型数据库，这是一种以关系模型为基础的数据库，依靠集合代数原理来加工数据。所有的客观存在和用户之间的联系都可

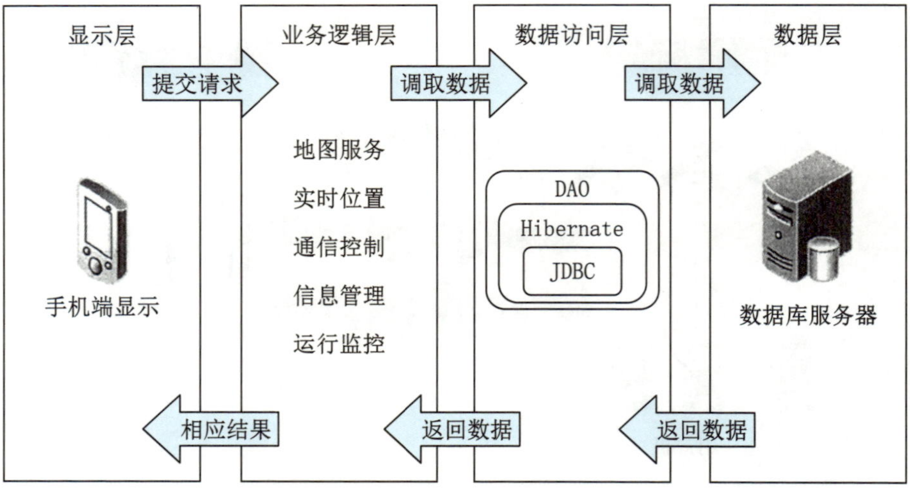

图 5-20　应用服务的架构图

以用关系模型表现。鉴于本系统对数据结构的要求，其非常适合用关系型数据库来维护户外运动信息服务系统中的数据。

2. 数据访问层

数据访问层也称为 DAO 层，主要是将对数据库的访问进行封装，利用对象关系映射框架 Hibernate，对数据库操作的请求（增、删、改、查）进行封装，这样既能提高开发效率，也便于后期维护。

3. 业务逻辑层

业务逻辑层通过 DAO 层获取数据，对数据进行分析，为显示层提供结果信息。同时，其还承担着系统安全、负载均衡、运维状况的责任。

4. 显示层

显示层在户外运动信息服务系统中就是 Android 手机端的界面，提供图形用户界面，便于用户操作系统提供的各项功能。

应用为客户端提供实时监控和数据存储与分析功能接口。

1) 实时监控

实时监控模块主要为户外应急救援团队和户外领队提供户外运动参与者的实时空间位置信息，需要和用户终端通信，获取用户终端采集到的空间位置信息数据，并将户外运动参与者的位置信息实时地存储到数据库中，并且显示在户外团队和领队的电子地图上，通信服务器会源源不断地接收到来自用户终端的数据，并对这些数据进行解析和存储，实时显示到用户界面上，更新户外运动参与者在地图上的信息。对于户外运动参与者而言，如果他的实时位置长时间没有变动，则可以判定该用户可能遇到意外，领队可以通过发送短消息的方式确实具体情况，接着采取相应的措施。

2）数据存储与分析

数据存储与分析要处理的数据包括两个部分：第一部分是对空间位置信息数据的存储和分析；第二部分是用户个人信息数据的存储和分析。通信服务器每次接收到用户发送来的数据时，都会对数据的格式和完整性进行校验，确认数据是否有误，如数据格式无误，则解析数据并保存；如发现数据有误，则会通知用户数据发送失败，由用户决定是否重新发送数据。所有的数据都会存储在关系型数据库系统中。

第 6 章　基于北斗系统的特殊关爱应用

6.1　老人关爱位置服务应用设计

目前，我国终端用户已有数亿，尤其是随着智能终端的发展，终端市场竞争愈发激烈。与此同时，终端市场也逐渐细分，儿童终端、女性终端及商务终端等纷纷上市。然而，在终端细分市场上，老人定位终端却未得到重视。截至 2019 年末，我国大陆老年人口已达到 2 亿以上，根据中国发展基金会发布的报告预测，到 2022 年，65 岁及以上人口将占总人口的 14%以上，届时，由老龄化社会进入老龄社会。然而，现有的养老服务、护理康复机构数量、养老保障等还远不能满足需求。老年人安全位置信息、防盗、反劫、紧急救护与救援，以及娱乐信息、商务信息、语音通信等综合服务需求日益激增，老年人外出安全已成为儿女不可忽视的问题，要确保老人的安居生活，除了家人的关怀外，还可配合先进的北斗卫星定位技术，以建立一个老人关爱位置服务平台，保障老年人在需要时能得到最快最好的支持与服务。

6.1.1　老人关爱位置服务的必要性

老人关爱信息系统是基于北斗/GPS、GIS 地理信息系统、无线通信技术、软件技术构建的一套可视化老人关爱位置服务系统，如图 6-1 所示。

北斗/GPS 老人关爱位置服务系统是一款基于移动通信网络的北斗/GPS 人员管理系统，采用了先进的卫星全球定位系统，结合 GIS 地理信息系统和 GPRS 移动通信网络，实现北斗/GPS 实时定位和人员监控，加强对老年人的位置管理，提高老年人监控管理的效率，以提高老年人的安全性和处理突发事件的能力。北斗/GPS 作为一种高效的老年人管理手段，对老年人的有效管理、人力整合有着重要的作用，能够极大地为老年社区节约经营成本，提高效率。

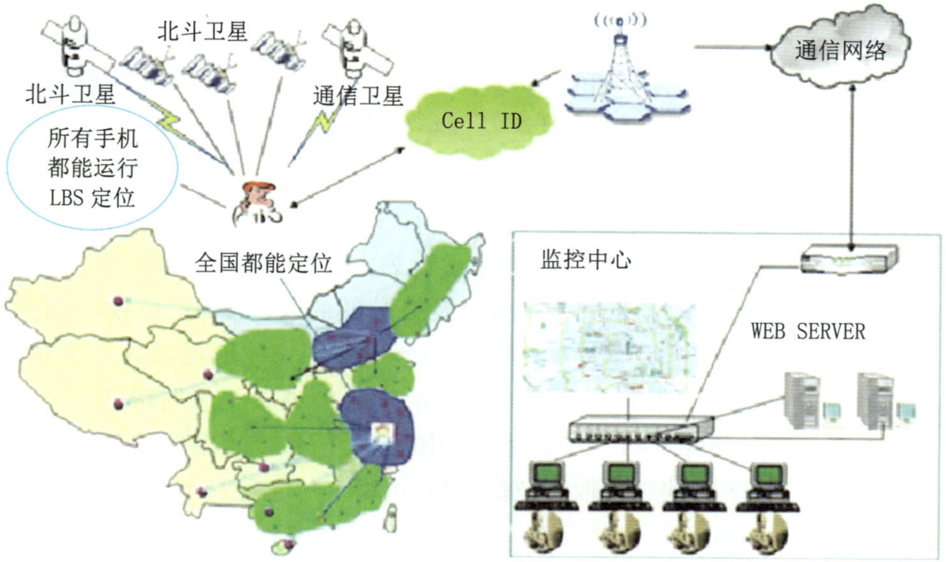

图6-1 老人关爱位置服务系统整体框架

6.1.1.1 老年人自身的需求

老年人出行不方便，有个专门适合老年人用的终端是非常应用的，根据老年人成长年代、消费观点、审美特点、行为方式等确定老人终端外观。

6.1.1.2 老年人体验度设计

老年一般都会有手脚不灵活或其他健康疾病的困扰，如老花眼等。所以老年人定位终端要根据他们的特征，要有一键呼救和一键报警等功能。

6.1.1.3 外部因素

实时与定位报警功能尤为重要，老人发生紧急情况时可一键报警给亲人并获取老人位置，以便及时处理。

6.1.1.4 老年人市场

随着全球信息化建设的发展，基于卫星导航定位的精准化社会管理、精准化商业服务以及精准化大众位置服务将进入实用阶段，基于北斗的老人关爱位置服务市场可快速形成，能在行业和大众应用领域产生巨大的直接经济效益和间接经济效益。

6.1.2　老人关爱位置服务平台的应用设计

基于位置的业务(LBS)是通过 GSM/GPRS 等网络获取移动终端用户的位置信息(经纬度坐标),在电子地图平台的支持下为用户提供相应服务的一种增值业务。移动位置服务被认为是继短信之后的杀手级业务之一,有着巨大的市场规模和广阔的盈利前景,随着产业链的不断完善,移动位置服务市场将日益壮大。

老人关爱位置服务平台的服务器后台为 Java 的 Web 项目,采用 Spring 框架开发。该平台是基于百度地图以及终端的北斗/GPS 定位模块而开发的,专门服务社区内需要帮助的群体。平台通过用户注册后填写个人信息,并且通过支持北斗/GPS 定位模块的终端,向平台请求相应的帮助。也可以在节假日期间向终端发布一些实时、实用的生活信息或者温馨的节日及生日祝福。北斗/GPS 模块在获取定位信息后,可将定位轨迹打点于地图之上,通过一定的心跳时间进行轨迹反馈,将终端持有者的行动轨迹清楚记录下来。老人关爱位置服务平台登录首页及位置服务主页如图 6-2 所示。

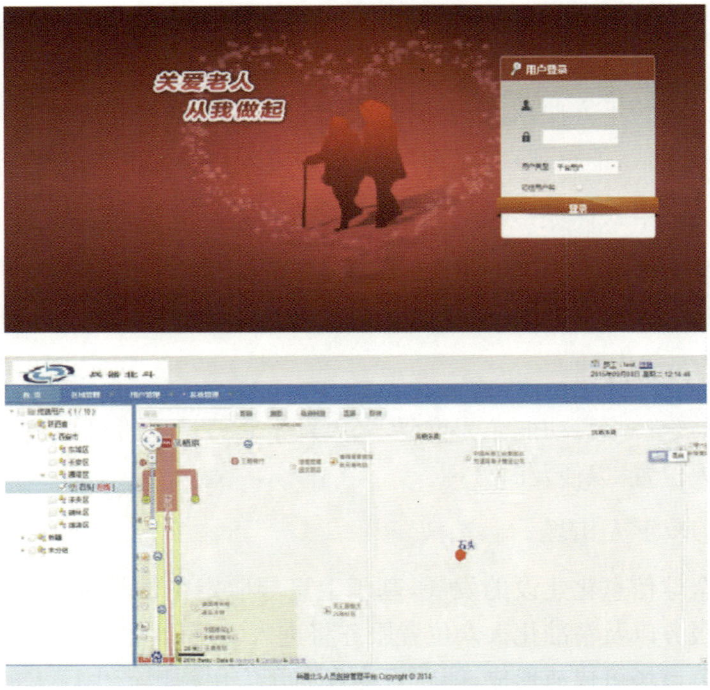

图 6-2　老人关爱位置服务平台登录首页及位置服务主页

平台根据功能详情划分为五个模块：地图管理模块、用户管理模块、服务管理模块、信息管理模块、权限管理模块。老人关爱位置服务平台如图 6-3 所示，该平台可以设置电子围栏，包括平台提示报警及发送短信提示报警。同时，对用户信息进行录入、编辑以及平台权限管理。通知下达语音、文字等信息，可以单选或多选隶属于平台的所有终端账户。在管理人员通过终端下达指令之后，该条指令将传送至所选择人员的终端，并在终端进行提醒。

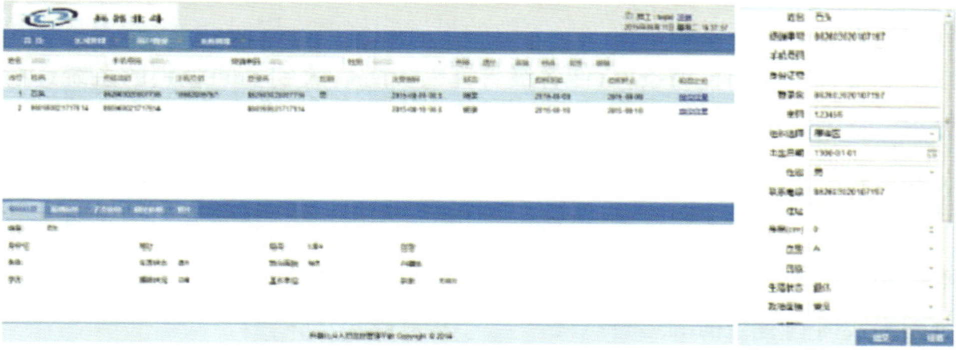

图 6-3　老人关爱位置服务平台

为确保老人关爱监控系统各应用服务器稳定、高速运转，监控平台需要对主机服务器的硬件设备及操作系统进行监控管理和性能检测。监控平台能够将所有被监控对象的实时状态数据集成在统一的平台上，从而方便管理人员的操作管理和维护，而且用户可以通过浏览器页面实现对被监控对象的全面监控。

6.1.2.1　安全管理

当用户登录系统时，首先会对该用户进行权限验证，当用户登录成功后，客户端与服务器之间建立有效的会话。客户端每执行一次操作，服务器端都会对用户的此次访问进行验证，以确定用户是否有权限访问其请求的页面。

6.1.2.2　主机运行管理

主机的 CPU、内存、磁盘的使用情况是主机运行的基础保障，所以对服务器主机的 CPU、内存、磁盘资源使用情况进行监测是主机管理的首要任务。

6.1.2.3　应用系统管理

对应用系统的管理是该监控平台管理的重要对象。通过该平台可动态地部署被监管的应用系统，同时也可以实时查看各个应用系统的运行状况。

6.1.2.4 集中统一的日志管理

日志记录应用系统的异常信息和业务逻辑信息。应用系统种类繁多,必须提供统一的日志管理接口。管理人员能够通过界面设定查找条件,通过浏览器查看远端应用系统或者是操作系统实时的运行状态日志信息。

6.1.2.5 完善的系统报警机制

所有被监控的对象均可设置是否报警、报警级别、报警阈值等参数,系统管理员可随时根据需要进行报警参数的设置和修改。同时,系统管理员也可以配置报警对象和报警条件,使各级管理人员可以收到不同级别的系统运行警示。

6.1.2.6 动态图表显示

监控系统需要实时地显示被监控对象的运行状态,所以动态图表是监控平台中一个比较重要的功能,对于每一个被监控的对象,用户可以直观地通过图表实时查看当前的运行状况。

6.1.2.7 丰富的系统运行报表

存储在监控平台数据库中的监控数据为系统运行管理提供了统计分析的数据源。利用报表工具,可产生多种系统运行管理统计分析报表,如按小时、天、周、月、季度的应用系统日志统计报表,系统不间断运行报表等。

6.1.3 老人关爱位置服务发展的未来与思考

随着北斗提供区域服务的发展,这将对北斗产业的形成产生巨大的影响。目前看,周边国家对北斗系统的需求已经出现,已经有多个国家希望应用北斗系统,这对推动北斗产业的发展至关重要。另外,卫星导航产业是一个完全开放的产业,有关北斗系统的文件发布后,国际厂商也都做好参与准备,这要求我们要先把自己的工作和市场做好。

利用北斗技术创新老人关爱位置服务的管理模式,推动老人社区管理向信息化、科学化、精细化、人性化方向发展,对我国老年社区传统运营管理的转型升级和把老年社区产业建设成为让老年人更加满意的现代服务业具有深远意义。该项目的成功示范将推动以北斗为核心的导航终端技术创新,推动导航与位置服务战略性新兴产业健康快速发展。老人关爱位置服务可改善和提升我国老年社区服务质量和服务水平,不断提升中国老年社区的品质和形象，逐步提高我国对老年人的安全管理和紧急救援能力，快速提升紧急救援的反应速度和处置时效，为北斗系统民用化开辟了途径。虽然，近几年老人终端大量存在，但很少有终端厂商用心去拓展这个市场。随着老龄化加速，基于连接智能终端的健康类智能硬件存在着潜在爆发力，老人终端市场本身蕴藏着巨大的机会，抓住这个机会需要对老年人需求有准确的理解。

老人关爱位置服务的建设将极大地丰富管理手段和营销手段，为现代新老年社区、新传播、新行为、新市场、新模式提供高科技服务，并将吸引力和亲和力融为一体，将生态环境容量、老年社区领域优化整合，使其成为一种新的科技老年社区，提升老年社区形象和社会形象。老人关爱位置服务有助于提升和谐社会的核心吸引力和亲和力，为老年社区创造更高的经济效益。北斗导航技术是老年社区产业发展的主体，是引导老年社区者到访的核心目标吸引物；老年社区的规模、数量决定了产业的综合效益，也决定了产业发展、产品及服务的全部质量状态。老年关爱的服务水平关系到老年社区服务的质量等级，关系到推动相关行业的综合发展，关系到社会资源配套的规模和特色。老年社区浓缩的智慧化建设成果代表着现实社会中的高级社会行为单元发展进步的水平，反映并代表着优秀文化与科技成果的最高水准。老人关爱位置服务的建设是符合老年人社区服务发展的必然趋势，它将为老年社区产业发展注入新的活力，促进经济、社会的发展，能够带来巨大的效益。

总之，现在中国老龄化速度有所加快，对老年人的特殊关爱服务越来越多，针对老年人的产品越来越多。利用中国第二代卫星导航系统的RDSS/RNSS功能，为老人提供安全、及时、准确的位置信息服务；通过提高老人关爱服务的水平，利用中国第二代卫星导航系统的RNSS功能，采用技术手段，以个人智能终端的形式，整合平台服务信息，为关爱老人的管理提供技术指导，提高老人关爱平台的管理服务水平。

6.2 老人健康监护系统设计

随着我国航天技术的发展，BDS已经进入全球组网阶段，在道路交通管理、铁路智能交通、海运、航空运输等领域广泛应用。根据世界卫生组织统计，心血管疾病已经成为全球第一大死因，老年人更是心血管疾病易发人群。但是随着社会压力与日俱增，子女既要工作又要照顾父母，经常倍感分身乏术。再者,我国医疗服务资源有限,许多患者因为不能及时就医而使病情恶化。如何令子女兼顾拼搏事业与监护父母,成为新时代的一大挑战。市面上常用于检测生理指标的设备体积庞大,佩戴不方便,不能应用于日常实时监护,且造价高昂。基于开源软件的开发应用已经覆盖了各行各业以及一些模拟应用中。监控系统不止应用于安防领域,在车载安全监控系统、远程动态实时心电信号监测系统中也有所应用。基于 STM32 系列微处理器的应用不限于电子开发,在检测领域也有所应用,如基于 STM32 的磁检测系统和扫描检测算法。

杜雅宁等人在《基于北斗的远程老人健康监护系统设计》中设计了一套基于北斗的远程老人健康监护系统,区别于市面上使用的 GPS 定位技术,而是使用北斗模块对老年人实时定位。通过光电传感器获取老人心率及体温,安卓智能终端将获取的健康数据及位置信息显示在子女端 App 健康监测界面,当老人心率、体温超出正常范围,可及时告知监护人,实现远程监护。通过此系统,使得子女即使不在老人身边,也能及时了解他们的位置及健康情况。

6.2.1 远程监护系统组成

远程监护系统由三部分组成:检测定位终端、系统服务器和监护端软件。检测定位终端给老人及有监护需求的人员配备,智能软件终端由子女或其他监护人使用。系统整体框架如图 6-4 所示。

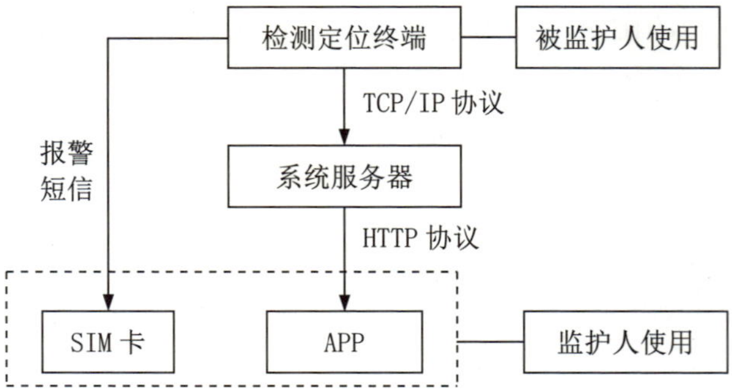

图 6-4　系统整体框架

检测定位终端由北斗定位模块、生理参数检测模块、移动通信模块组成,通过生理参数检测模块获取生理参数,北斗定位模块获取定位信息,二者通过移动通信网络传送到服务器,具有生理参数检测及定位功能。

系统服务器接收检测定位终端发送来的生理参数及定位信息并处理、存储,为监护端提供生理数据及位置信息,系统服务器里有根据需求做好的数据库,当生理参数数据和定位信息根据地址发送到服务器后由数据库来存储数据。

监护端软件对检测定位终端实施远程监护,具有远程实时性,通过有效的互联网资源和合理的软件架构得以实现。本文对应的自主研发的 Android 控制端 App 采用的是 C/S 架构,即客户端/服务器架构,当客户端发出请求后,服务器要做出响应并给出参数采集或定位功能回复。

6.2.2 健康检测定位终端

6.2.2.1 检测定位终端

检测定位终端由 5 个功能模块组成:北斗定位模块、心率检测模块、体温检测模块、通信模块以及主控单元模块。检测定位终端结构如图 6-5 所示。

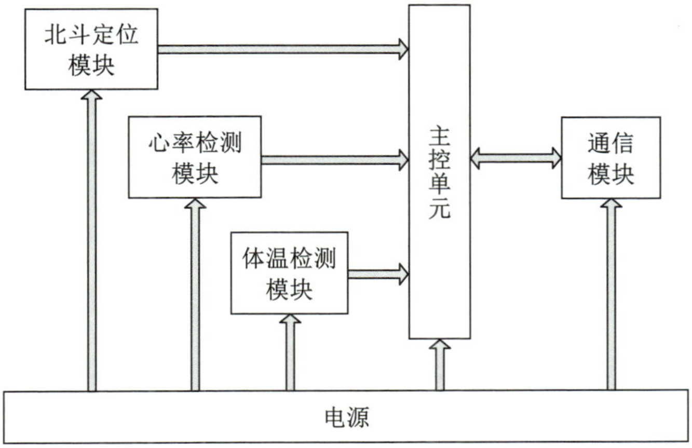

图 6-5 检测定位终端结构图

在心率检测模块获取心率信号波形,通过主控单元的 ADC 转换成数字信号并计算心率值,然后将心率值保存到数据寄存器,体温采集模块输出为数字量,通过主控芯片的 IIC 进行接收并存储,北斗定位模块主要实现定位信息的采集,北斗模块获取当前地理位置、时间等信息并将其传送给主控单元(STM32 处理器),经过分析处理后,借助于 GPRS 网络以数据形式将以上信息发送到服务器。主控单元主程序流程如图 6-6 所示。

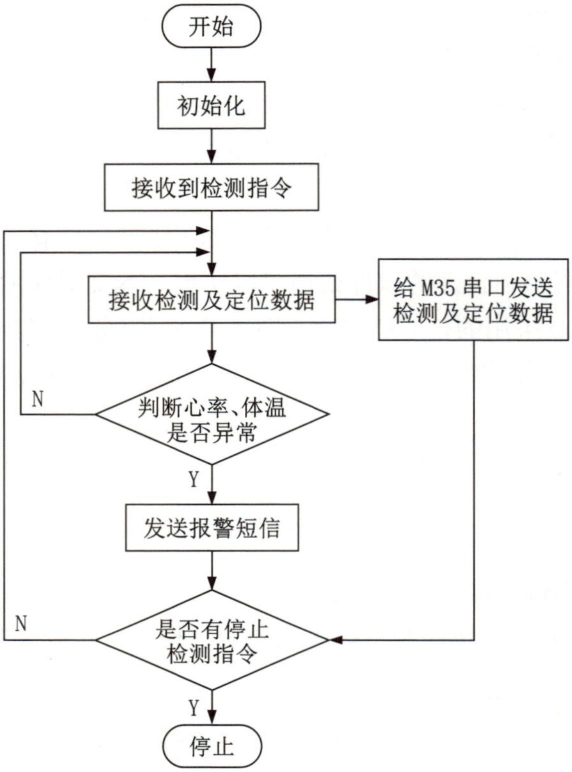

图 6-6　主控单元主流程图

6.2.2.2　各模块设计

1. 心率采集模块

市面上应用最广的心率检测方式为心动电流测量和光电透射测量，经过分析比较几种心率采集模块发现，心动电流测量需要多点监测，佩戴复杂，难以适用于正常生活中的实时监测。而本设计采用绿光光电透射测量，使用 AM2520 贴片 LED 发光二极管作为绿光光源，GA1A1S202WP 环境光传感器作为接收绿光的光电传感器，传感器获得光电信号，经过滤波、功率放大得到需要的心率波形，通过处理波形并结合心率算法得到心率值。

GA1A1S202WP 环境光传感器在正常工作状态下，输出电流约为 30μA，使用电阻 R_{35} 将小电流信号转化为便于处理的电压信号。为减少光电测量法的误差（如易受到其他临近电路引起的电压影响和噪声），需要通过低通滤波器进行滤波，低通滤波器由 C_{41}，C_{42}，C_{43}，R_{34} 组成，其临界频率约为 1.37kHz，即 1.4kHz 以上频率的波形不能通过，可滤除电路中绝大部分的波纹，同时减少波形毛刺输出。滤波后需要通过 MCP6001 低功率运算放大器进行电压释放。通过分压电阻 R_{36}，R_{37}后，输出电压为电源电压的 1/2，便于传感器的调试使用。GAOUT 接入到 STM32 的 PA1，利用其内部 ADC 功能进行 AD 转换，通过动态电压比较算法获得采样值，计算出当前心率值。

2. 体温采集模块

温度传感器包括数字温度传感器、红外温度传感器等。系统主控芯片 STM32f 103 内部自带的数字温度传感器为 DS18B20，测量范围为－55℃～＋125℃，但是 DS18B20 在一般温度环境下体温测量有±0.5℃的测量精度，正常体温在 37.5℃左右浮动不大，但体温采集要求精准，对于 0.5℃的误差可能使正常与异常判断出错，因此相对来说 0.5℃的误差略大。红外温度传感器原理是在不直接接触待测物体的情况下，依据红外线辐射所产生的电压获得温度值。MLX90615 是非接触式人体红外温度测量传感器。对红外线灵敏的热电堆探测器芯片和信号处理 ASSP(专用信号处理电路)被集成在同一个 TO-46 密封罐里。由于集成了低噪声放大器、16bADC 和强大的 DSP 单元，使得高度集成和高精度的温度计得以实现，读数精度为 0.02℃。

3. 北斗定位模块

相比其他的导航系统，北斗的短报文通信服务具有较大的优势，可以使中心控制系统与用户终端之间能直接进行数据通信。北斗定位模块由北斗天线和北斗信息接收模块组成，北斗信息接收模块使用有源天线。北斗定位模块采用和芯星通 UM220-Ⅲ模块，具有北斗/GPS 双系统高性能定位功能，功耗低，适用于本设计。主控芯片通过串口中断的方式接收北斗定位模块串口输出的数据，其为 GNRMC 语句，是在 NMEA0183 协议的基础上扩展的语句。主控芯片判断定位数据格式是否符合要求，当符合格式规范再给数据添加用户标识，从而继续下一步处理。

4. 通信模块

通信模块应用 GPRS 数据传输网络进行数据传输。GPRS 具有传输速率高、资源利用率高、接入时间短、永远在线、支持 IP 协议和 X.25 协议、收费合理等优势。本设计数据量较少，GPRS 的传输速率已经足够满足该系统需求。常用的通信模块一般分为内带 TCP/IP 协议栈和不带有 TCP/IP 协议栈两类。本文通信模块采用的是带有 TCP/IP 协议栈的 M35 4 频通信模块，其体积小，功耗低，可以提供本设计要求的数据传输、短消息、语音通话等功能。由主控模块的输入输出串口与 M35 的 TXD，RXD 引脚进行数据传输，主控单元通过 AT 指令对 M35 进行初始化,并通过 TCP/IP 协议与系统服务器建立连接并传输数据。

6.2.3 监护端软件

我国老龄化趋势逐渐加剧,也有越来越多的老人处于空巢状态。目前,我国各个地区对空巢老人的监护水平不平衡。一些先进地区在政府和社区的双重支持下,帮助空巢老人得到了很好的照顾和监护,但这需要耗费非常大的人力、物力和财力。而一些落后地区的空巢老人,不仅面临着生活需要自理的问题,更面临着一系列的健康隐患问题。由于独居,很多老人在面临一些突发状况或者健康状况时,因为发现较晚而错失救助良机。因此,研究和解决我国日益严重的空巢老人监护问题意义重大。

张秀萍提出要将社区服务模式作为居家养老的补充大有裨益,要完善空巢老人社区照料服务体系。李红认为要实行社区居家养老模式,从社区照顾、社区活动、社会医疗三个方面来进行服务,并尽量满足老年人群的需求,建立一种新型社区照顾模式。张连杰从经济支持、生活支持和情感支持三个方面探讨了农村空巢老人的养老问题,并给出了适当的建议。杨鑫等人提出了以手杖为基础,通过智能技术随时掌握老人的情况。

通过分析上述学者的相关科研文献,可以看出他们关注的重点大多在于空巢老人的生活状况和改善措施,很少有从智能监护方面解决空巢老人实际问题的,例如空巢老人的身体监护、自理能力等。随着国家、社会对空巢老人的关注越来越高,这也为 BDS 在该领域的应用提供了空间,为基于 BDS 引入智能技术产品,实现智能监护角度来探讨和解决我国日益严重的空巢老人问题提供了可能性。

6.2.3.1 空巢老人监护问题分析

1. 基于生活自理能力的空巢老人分类

生活自理能力(activity of daily living,ADL)通常指日常成活能力,可以比较准确地测量老人进行日常生活基本活动的能力。其由躯体生活自理量表(physical self-maintenance scale,PSMS)和工具性日常生活能力量表(instrumental activities of daily living scale,IADLS)组成,主要用于评定被试者的日常生活能力。依据 PSMS 量表和 IADLS 量表,结合空巢老人特征和目前社会环境特征,制订针对当前空巢老人生活自理能力的 PSMS 量表和

IADLS量表，并根据量表形成调查问卷，对空巢老人进行测试。根据测试结果，将空巢老人的生活自理能力分为从完全自理到完全不能自理多个等级。本文初步将空巢老人按生活自理能力分为三种类型：完全自理、不能完全自理、完全不能自理。

2. 基于实时响应支持的监护人体系建设

实时响应支持是指当空巢老人在日常生活中需要帮助或者遇到危机时，能及时获得他人、组织或社会的救助支持。对空巢老人这样一个特殊群体，救助的时效性尤为重要。因此，基于实时响应支持的监护人体系建设非常必要。监护人体系建设应以能实时响应支持为基础，构建多层次的社会支持保障体系。在子女关怀方面，尽量安排父母就近居住，尤其对于缺乏生活自理能力的空巢老人，必须委托护理人照顾；在社区服务方面，社区应建立准确的空巢老人信息库，安排社区专职人员，建立实现“一对一”或“一对多”的服务模式，结合单位职能部门、志愿者、医疗机构等，为空巢老人建立多层次的监护人体系。

6.2.3.2 融合北斗系统的智能技术产品

1. 北斗系统的应用特征

北斗系统由空间部分、地面控制部分和用户终端部分构成，可在全球范围内全天候、全天时为各类用户提供高精度、高可靠的定位、导航、授时服务，并具短报文通信能力，定位精度达10m，测速精度达0.2m/s。

用户终端是使用BDS功能的重要设备，用于发送信息给北斗卫星并接收基站处理后的反馈定位数据，而北斗芯片又是用户终端的核心。北斗芯片包含了射频芯片、基带芯片及微处理器的芯片组，相关设备通过北斗芯片，可以接收北斗卫星发射的信号，从而完成定位导航等功能。北斗芯片处理器拥有国际领先水平的多线程处理器架构，具有定位精度高、启动时间快及功耗低等优点，可共享很多硬件资源，且所有关键技术均拥有100%的中国自主知识产权。正是北斗芯片的优越性使得BDS植入可携带设备成为可能，为系统的广泛应用奠定了技术基础。

2. 融合北斗系统功能的智能技术产品

北斗系统提供开放服务和更高精度的授权服务。只要在现有设备上加装北斗芯片及相关配件，即可实现在现有产品基础上的精准定位、导航和授时、信息发送等功能。目前，在车载导航等行业已开始形成以BDS为核心，汇集了芯片制造、终端产品生产、地图与软件开放、系统集成等产业链。因此，针对空巢老人这一特殊群体，可以在现有老人专用设备基础上，或者在现有特定产品基础上，嵌入北斗芯片，引入BDS的精确定位和导航、信息发送等功能，结合空巢老人特征及特殊需求，形成"通讯＋医疗＋互联网＋北斗系统"的最新产品模式，定制开发专门适用于老人特别是空巢老人的智能技术产品系列。如前所述，将空巢老人按生活自理能力分为从完全自理到完全不能自理多个等级，也应针对开发不同分类老人使用的不同类型的智能技术产品，使每一个不同自理能力状态的空巢老人都有适合自己使用的一款智能电子产品。

根据对空巢老人分为完全自理、不能完全自理和完全不能自理的三种分类，对应研发三类空巢老人监护用智能技术产品：老人智能手机、老人智能腕表、老人智能腕带。针对能完全自理的空巢老人，可以通过配备专门的老人智能手机来实施监护。在普通智能手机功能的基础上，嵌入BDS的定位、导航、授时等功能。当老人需要帮助时，可以用手机上专门的软件向子女、志愿者、医院等不同人群发出求助，然后受呼人员通过北斗卫星提供的老人坐标以及所获得的具体求助信息及时找到老人并提供帮助。当老人迷路或者需要去陌生地点时，系统可以提供导航功能帮助老人指引道路。并且手机也可以满足老人通话、信息查询、购物等多方面需求。

针对生活上做不到完全自理的空巢老人，通过与BDS连接的携带式老人腕表来实施监护。老人腕表具有一定的防摔性、防水性，大部分时间戴在老人手腕上。在传统手表及带医疗功能的基础上，突出2个灵敏按键，在按钮上加装卫星信号接收与发射系统，使一按按钮就具有记录老人移动轨迹，求助时为帮助者提供老人精准位置等功能。如设一个红色键通过自动拨号提供紧急医疗救援，而设一个绿色键则可以呼叫子女、志愿者，从而获得生活上的护理、帮助。

针对年迈、几乎丧失生活自理能力的老人，通过与BDS连接的老人智能腕带来实施监护。老人智能腕带完全固定在老人的手腕上，24h进行监控，通过与老人手腕接触获得老人的心跳、体温、血压等数据，当数据出现较大异常或者移动速度突然发生变化而获知老人摔倒时，能自动发出紧急求救信号，并给出定位信息等相关重要信息，便于监护人及时做出决策并给予救助。

6.2.3.3　基于北斗系统的空巢老人智能监护模式构建

通过对空巢老人按生活自理能力指标进行分类，并以社区为依托，建立基于实时响应支持的以空巢老人子女或专(兼)职护理人员、社区专职人员为主体,以社会志愿者、社会组织机构、医疗机构为辅助的多层次监护人体系,在目前互联网技术+通信+医疗+北斗技术融合的产品基础上,针对空巢老人这一特殊群体,研发定制专门应用于空巢老人监护的智能技术产品系列基础,提出构建基于北斗系统的空巢老人智能监护模式,如图 6-7 所示。

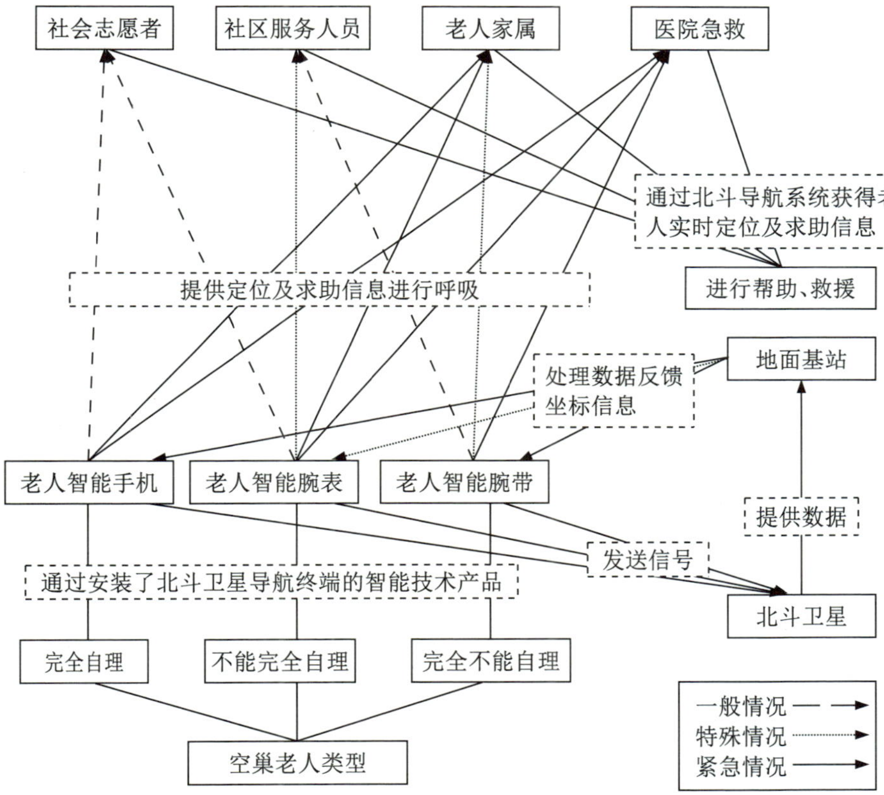

图 6-7　基于北斗导航系统的空巢老人智能监护模式

在本智能监护模式中,以空巢老人这一特殊群体为根本,必须完成对空巢老人数据信息的采集,要求数据采集的完整性和即时性,为每一个空巢老人建立规范的数字数据电子档案。部分数据的采集,可以利用专门为老人定制的智能技术产品如老人智能手机、老人智能腕表和老人智能腕带来实现。在这些智能产品内部集成通信模块、数据采集模块、处理模块、供电模块等,通过社区后台数据库绑定老人与标签(唯一 ID 号标识),通信过程只依托标签号来识别,确保老人信息安全。

整个系统体系主要涉及空巢老人信息系统、智能产品监测系统、监护人管理系统以及医院转接系统，这4个系统互相连接，可以有效地进行数据传送与分析；4个系统的实时联动，实现定位服务、导航服务、生命体征的实时监控、短信或语音智能报警，摔倒等紧急情况报警，指示引导救助等一系列等功能。

随着我国老龄化程度的加深以及家庭组成结构和思想观念的变化，我国的空巢老人越来越多，由于空巢老人的独居、健康隐患等特点，亟须对空巢老人的状况进行智能监控，及时处理老人的突发状况，才能为空巢老人提供更好的服务。在此背景下，把北斗系统和新一代移动通信技术及移动互联网技术相结合，提出新型智能技术产品创意，利用北斗卫星的导航、定位和授时功能，将空巢老人按生活自理能力等指标分成完全自理、不能完全自理和完全不能自理三种类型，并对应提出定制嵌入北斗系统功能的完全针对老人监护需求的老人智能手机、老人智能腕表和老人智能腕带三种类型的智能技术产品，并通过建立完善的监护人员体系，对每一个空巢老人实施智能监护，提出基于北斗导航卫星系统的空巢老人智能监护模式，对不同类别的空巢老人提供与之相应的监护解决方案，为我国日益严重的空巢老人监护问题提出方案。

第7章　基于北斗系统的校园服务应用

7.1　平安校园管理

社会开放度不断提高，流动人口日趋增多，在促进社会发展的同时也带来了不安全的隐患。长久以来，中小学学生安全问题较为严重，学校和家长希望可以对学生进行实时有效的跟踪管理。面对大量的学生，学校在管理上面临越来越大的压力。随着相关政策的出台，平安校园、数字校园建设已相继推进和展开，越来越多的学校选择了科学、有效且节约人力、物力的技术防范措施作为校园安全的重要手段。高效的技术防范手段和强大的应急联动机制，联合人防、物防等手段，是避免出现群体事件、抑制学校灾害事件的有效手段。现有的平安校园、数字校园系统主要结合视频监控作为主要技术手段，对学生的监控和保护仅限于校园内，而学生的安全事故也可能出现在上下学途中。学生上下学路上往往是一个管理盲期，校方和家长都没有很好的方法进行监督管理，若采用手机作为联系学生的手段又可能会带来攀比、玩游戏等问题，影响了学生的心理健康和学习成绩。为了更好地保障学生安全，需要打造全新的基于位置的平安校园管理系统，让校方和家长都可以在第一时间了解学生的状况和实时的位置。只需有1%的小学生使用该系统，就能产生上百万的用户。通过该系统的推广，可进一步增强学生安全防范意识，保障学生人身安全，实现学生的平安出行，避免伤害事件的发生。

7.1.1　平安校园管理系统的设计

7.1.1.1　系统总体设计

根据系统的用户角色划分，平安校园管理系统的用户分为学校管理员、家长及学生。其中学校管理员主要需要进行用户终端管理、考勤管理以及位置监控，家长需要通过网页或者手机 App 获取学生所处的实时位置及报警信息。系统类别如图 7-1 所示。

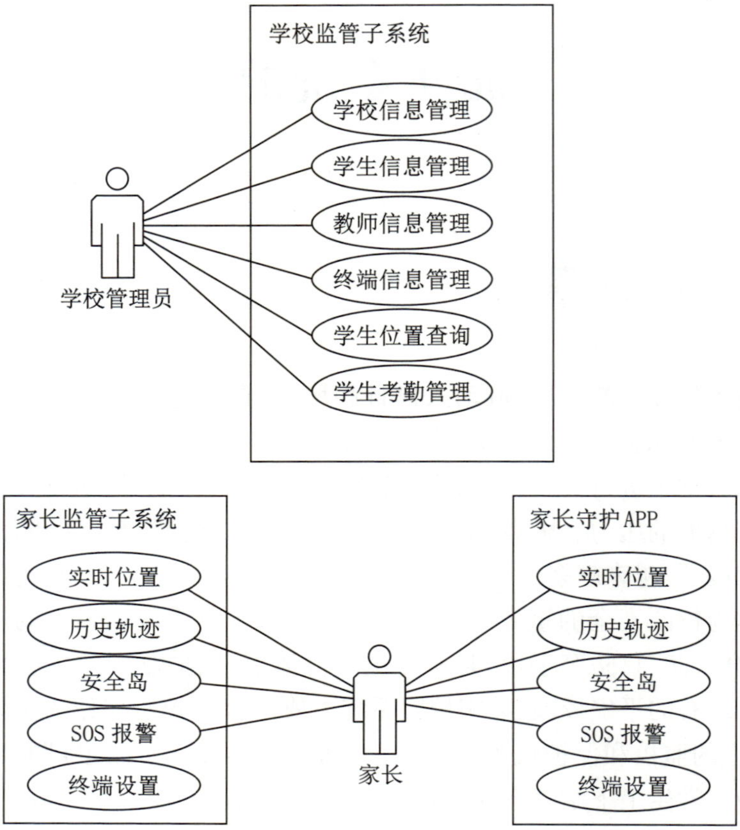

图 7-1　系统类别图

7.1.1.2　系统功能分析

根据用户及展现终端的平台不同,将整个系统分为三个应用子系统。包括:学校监管子系统、家长监管子系统和家长守护 App,子系统结构如图 7-2 所示。

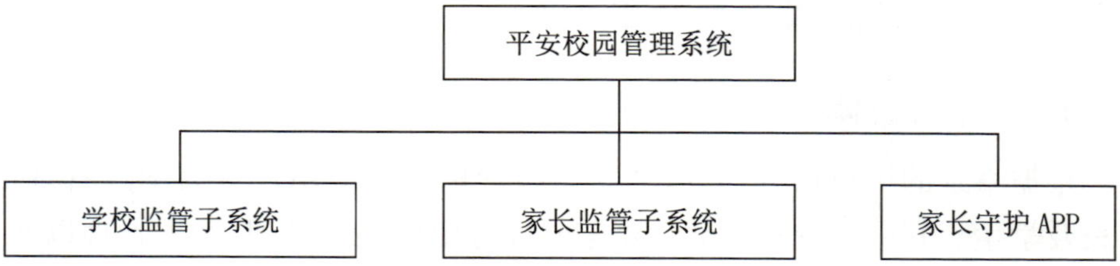

图 7-2　系统功能结构图

1. 学校监管子系统

根据业务需要，将学校监管子系统的整体功能分别从基础信息维护模块、考勤管理模块、位置监护模块以及日志管理模块几个方面来分析系统的功能需求，并对功能需求进行描述。系统功能模块图如图 7-3 所示。

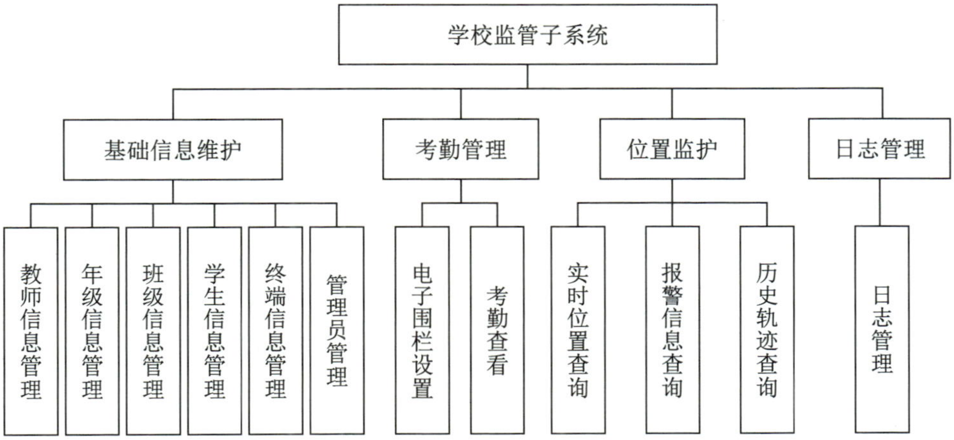

图 7-3 学校监管子系统功能模块图

1）基础信息维护模块。基础信息维护模块主要用于维护学校的各类信息，包括学校信息、教师信息、学生信息、终端信息、管理员管理等。

教师信息管理模块具有单个或者批量添加学校教师信息、教师信息编辑、教师信息查询以及教师信息删除等功能。

年级信息管理模块可以实现学校管理员对学校年级的查询与编辑。系统会根据学制自动生成对应的年级数，例如小学为六年制小学，则系统会自动生成 1 至 6 年级。

班级信息管理模块实现了管理员单个或者批量添加小学班级信息，当班级没有学生时可以进行班级删除操作。管理员还可以为每个班级挑选班主任及助理班主任，其数据从学校教师信息中获取，每个班级只能分配一个班主任或助理班主任。

学生信息管理模块在本系统中是最重要的模块，是连接学校、家长、定位终端的桥梁。该模块可实现单个或批量添加学生信息，并在添加学生信息后自动生成家长监护账户。管理员可以通过学生信息维护模块为学生绑定定位终端。终端绑定后，校方和家长均可以获得学生实时位置及报警信息。

终端信息管理模块主要功能是维护定位终端的状态、设备的入网以及设备当前使用状态是否正常。

管理员管理模块，学校根据学校不同部门的职能为系统分配管理员。

2）考勤管理模块。考勤管理模块主要为绘制学校区域电子围栏。当学生进入或者离开该区域时，自动记录时间。

电子围栏设置模块，学校通过平台的地图标绘功能，在地图上根据学校的边界绘制矩形电子围栏区域，由于卫星定位本身存在 10m 左右的误差，故在绘制学校围栏时可向学校外延 20m 左右的范围，减少考勤统计的错误率。

考勤查看模块，学校可以通过平台看到学生每天入校和离校的时间，作为学生是否存在迟到早退现象的依据。看到学生的入校、离校时间，还有效解决了校方对学生监护的职责不清问题。

3）位置监护模块。位置监护模块用于学校管理员查看学生实时位置，以及查询某个学生在某段时间的运动轨迹，帮助学校寻找走失学生。如果学生在上学期间发出报警，校方也可以在第一时间赶到现场，尽管避免不必要的伤害。

实时位置查询模块，学校指定管理员可以查看全校携带了定位终端学生的实时位置。当学生的位置比较集中时，通过地图 App 的聚合接口将位置点进行聚合处理，聚合后的位置点上显示附近终端定位点的数量信息。学校管理员通过输入学生学号和姓名也可快速定位到该学生的具体位置。系统会每隔 30s 进行一次位置数据更新操作。

报警信息查询模块，系统每隔 30s 进行一次报警信息查询操作，将最近一次的报警信息在界面上弹出显示。可以根据报警信息反查在地图上的位置。

历史轨迹查询模块，学校管理员输入某个学生的学号并选择要查询的时间段范围后，即可查询该学生在该段时间的行动轨迹。一次只可以查询一个学生的历史轨迹数据。历史轨迹会在系统中存储最近 3 个月的数据。

4）日志管理模块。日志管理主要是对系统用户行为的一种记录。方便日后查看谁在什么时间进行了什么操作，超级管理员可以查看或删除其他管理员的系统操作日志。

2. 家长监管子系统

家长监管子系统，家长通过系统实时查看学生当前所在位置，查询学生某段时间的运动轨迹。还可以通过网页进行终端参数设置以及查看终端的实时状态信息。系统主要功能如图 7-4 所示。

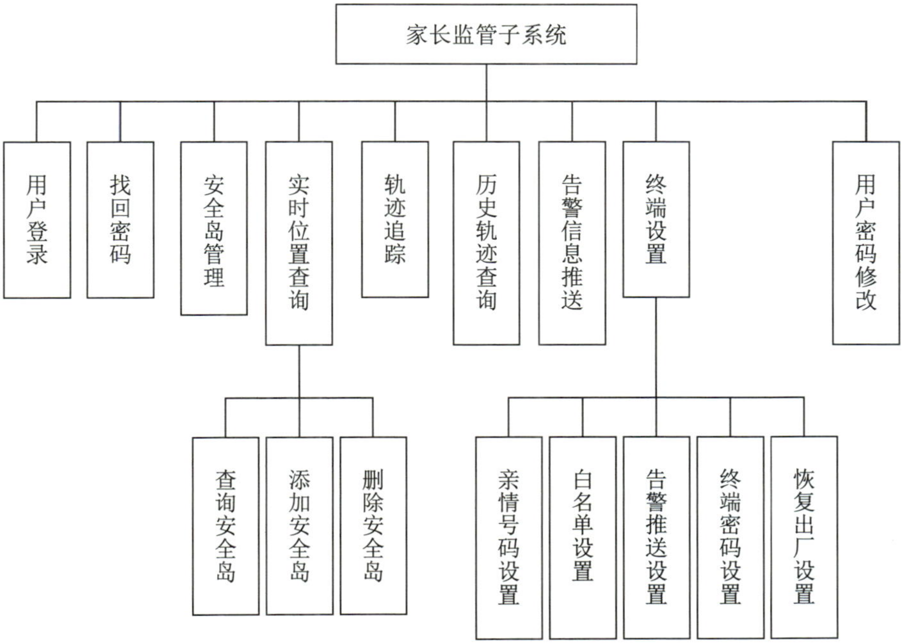

图 7-4　家长监护管理子系统功能模块图

1) 用户登录模块。在用户登录模块完成用户登录操作,用户通过输入用户名、密码及验证码,登录家长监管子系统。当用户名或密码有误时,系统会提示用户名或密码错误。当验证码有误时,系统会提示验证码错误。

2) 找回密码模块。当用户忘记密码时,可以通过输入用户名及已绑定的手机号来获取手机验证码,输入正确的手机验证码后,就可以进入修改密码的页面,输入两遍新密码即可更改原始的密码。

3) 实时位置查询模块。学生定位终端会主动上报实时位置,系统每隔30s查询一次终端的最新位置,并标绘在地图上。

4) 轨迹追踪模块。系统进入在线追踪模式,将终端上报的位置自动连接成线,让家长可以追踪学生正在行走的路线。

5) 历史轨迹查询模块。家长可以通过系统查询学生某一天行走的历史轨迹,并可以通过播放功能,回放学生所走的过程。点击历史轨迹中的某一个位置信息,会显示其当时定位的时间及经纬度信息。

6) 安全岛管理模块。安全岛及电子围栏,为家长在地图上设置的虚拟安全区域。安全岛管理模块主要负责安全岛的添加、查询及删除功能。添加安全岛,家长可以在地图上绘制矩形或者圆形安全区域,当定位终端进出该区域时会自动向平台报警；查询安全岛，家长可以根据名称查询安全岛的具体位置；删除安全岛，家长可以点击地图上某个已经绘制完成的安全岛进行删除操作。

7）终端设置模块。为了节省电量损耗，学生定位终端普遍没有屏幕，有很多复杂指令需要通过平台进行下发。终端设置模块主要负责平台与终端的指令下发。终端设置成功后会向平台返回设置结果。亲情号码设置，家长可以为终端设置几个亲情号码，设置后终端可以通过一键呼叫到亲情号码联系人。当学生遇到紧急情况按下 SOS 报警键后，只有设置亲情号码的手机号会收到报警短信。终端可以识别来自亲情号码的短信指令，其余号码即使发来指令也自动忽略。常用联系人设置，家长可以为终端设置几个常用联系人，终端只允许亲情号码以及常用联系人打入，其他电话号码自动屏蔽，避免骚扰。

8）告警信息推送模块。家长可以灵活选择当学生进出安全岛时是否向亲情号码发送短信。若选择不发送，则家长需要保证手机安装家长守护 App 并始终保持网络连接正常，才能收到报警及其他通知信息。终端密码设置，在用短信进行终端设置时，短信内容需要包含终端密码（默认密码为 888888），家长可以根据需要重新进行终端密码设置。恢复出厂设置，恢复终端至出厂状态，所有参数还原。用户密码修改模块，系统默认给家长一个密码，为保证系统安全，家长后期须自行修改。

3. 家长守护 App

随着智能手机的不断升级，很多原有网站的功能现在都可以平移至移动端，且家长使用移动端的频率明显增高。故我们将家长监管子系统的功能平移到 Android 手机上，让家长可以随时随地了解学生动向。系统功能模块如图 7-5 所示。其中只有告警信息推送功能与家长监管子系统不同，由于智能手机带有信息推送功能，故告警信息不需要进行定时查询，而是通过 JPush 等云推送技术将告警信息直接推送到手机上，使得信息处理更为及时。

7.1.2 具体应用——艾信通平安校园管理

当下社会安全问题日益突出，学生走失及校园伤害案件频现。保护学生安全，维护社会稳定，已成为政府及各界人士，尤其是家长共同关注、亟待解决的一个问题。考虑到校园安全应对措施，我们设计了一个基于“互联网＋”北斗导航的平安校园系统解决方案，以预防学生走失及校园伤害等类似案件

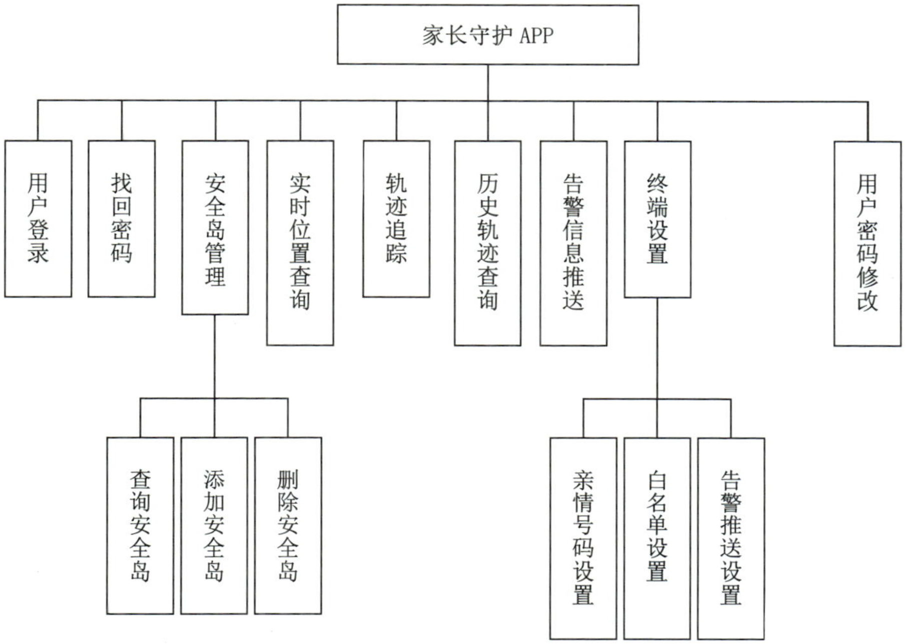

图 7-5　家长守护 App 功能模块图

的发生。

平安校园项目采用卫星导航定位技术、移动通信网络无线传输技术及射频识别技术，通过具有导航和通话功能的电子学生证终端和软件平台，实现了以中小学生为主体的“位置定位”“紧急求救”“校务管理”“手机软件定位”“学籍管理”等服务。当学生遇到紧急情况时，SOS 一键告警，结合精确定位数据，可助学生在第一时间得到有效救助；监护人平时还可通过互联网、短信或软件等方式获取学生的精确位置，及时掌握学生的活动轨迹。该项目通过专门为学生打造的可靠平台，为广大中小学生提供安全的学习、生活环境，为家长提供有效的监护手段，为学校提供先进的校务管理平台。

7.1.2.1　艾信通平安校园管理系统

艾信通平安校园管理系统主要包括 5 个部分：终端产品、监护端手机软件、教学管理手机软件、位置服务平台、校务管理平台。该系统给学生、家长、老师、学校提供相应的网页版平台和移动端平台，为学生与家长、学生与老师、学生与学校、家长与老师、家长与学校提供更紧密的联系与帮助。

图 7-6　艾信通平安校园系统

1. 艾信通电子学生证终端简介

1）平安短信功能——学生进出校门时自动发送平安短信告知家长。

2）定位功能——家长可登录软件平台、安卓软件客户端或手机短信指令查询学生的实时位置。

3）SOS 紧急求救——当学生遇到危险时，可通过 SOS 一键及时向监护人寻求帮助。

4）远程语音——家长可用手机发送短信指令，电子学生证将自动回拨电话，家长可以判断学生周边的环境是否安全。

5）亲情通话功能——可以预设 2 个家长号码，采用一键呼叫方式与家长迅速取得联系，避免出现学生使用普通手机玩耍、游戏、攀比等不良情况。

6）语音播报短信功能——语音播报家长发来的短信、家庭作业及学校通知。

7）白名单功能——最多设置 5 个亲情号码，让更多的家人能够保持与学生的联系。

8）进出安全岛告警功能——监护人可以设定指定区域，当学生离开指定区域时，系统自动发送报警信息至监护人的手机。

9）一键语音报时功能——通过 GPRS 网络自动准确调整当前时间，一键语音播报。

2. 艾信通平安校园服务平台

1）艾信通平安校园位置服务平台。监护人可通过互联网或短信等方式获取学生的精确位置，及时掌握学生的动态。平台具有定位查询、位置实时跟踪、历史轨迹查询、安全岛等位置信息查询功能，同时具有低电量报警、SOS紧急求救、进出校门提醒、免打扰模式等功能。平安校园系统通过专门为学生打造的可靠平台，为广大中小学生提供安全的学习、生活环境，为家长提供有效的监护手段。

2）艾信通家校互动平台。艾信通平安校园家校互动平台包含：艾信通平安校园家校互动网站、艾信通·平安校园家校互动教师端App软件、艾信通平安校园家校互动家长端App软件。帮助学校管理学生信息、学生考勤；帮助教师和家长建立家校沟通渠道；帮助家长及时掌握学生的学习情况。

艾信通·平安校园家校互动网站，用户分为四种角色：校级管理员、任课老师、班主任和家长。校级管理员可以通过网站，维护学生和老师的基础信息，查看全部在校学生的考勤情况，查看使用艾信通位置服务的学生当前位置。任课老师可以通过网站发布作业和学生的考试成绩。班主任在具备任课老师功能的同时，还可以查看本班学生信息和本班学生考勤，并可以向家长手机端App软件发送班级通知。家长在家校互动网站上主要以查询信息为主，包括学生的作业信息、考勤信息、班主任通知等。通过艾信通的位置服务，还可以在平台上查看学生的位置。

3. 技术优势

1）多模定位技术。终端设备内置定位模块，采用卫星定位和基站定位两种方式，其中卫星定位又包括单GPS定位和GPS/北斗双模定位。佩戴电子学生证的学生在室外空旷区域行走或运动时，终端进行较为精确的卫星定位，如果终端位于室内或无卫星信号的区域，则自动切换到基站定位。

2）快速定位算法。终端内置AGPS技术（辅助全球卫星定位系统），它可以利用手机基站的资讯，配合传统北斗/GPS卫星，让定位的速度更快。

3）定位速度快、省电。终端内置重力加速度传感器，能够智能检测设备的运动情况，当检测到设备运动时，打开定位模块进行定位，如果处于室内，则向服务器上报基站号，服务器将基站号或经纬度解析为具体的位置信息，并只将经纬度解析后的地址显示在平台或智能手机App的地图中。位置的智能上报，降低了终端的使用功耗，延长了使用时间。在终端体积小、重量轻的基础上，实现了定位速度快、待机和使用时间长的优势，是卫星导航尤其是北斗卫星产品的小型化设计代表之作。

4）RFID发射模块。终端集成了2.4GHz无线射频模块，当学生进出校门时通过射频接收设备结合多种定位方式来判断是否进出校门，大大增加信息上报的可靠性。同时通过 RFID 射频模块，我们可以扩展到图书馆门禁、公交刷卡、食堂饭卡、会员卡等多场合的应用，满足中小学生一卡通的功能。

7.1.2.2 应用前景

卫星导航产业是国家重点支持、培育、发展的战略性新兴产业，具有国家战略利益、军民结合、国民经济发展等多方面的重要性。政府推动落实“互联网＋”，基于“互联网＋”时代的 BDS 技术，使艾信通平安校园项目的建设得到了国家、各省市政府的支持，先后在国家发展和改革委员会和河北省、石家庄等政府部门的支持下进行了示范应用并取得了很好的效果，促进“互联网＋北斗＋教育”信息化建设的发展。

7.2 智慧校园应用

随着互联网技术的发展和社会的进步，作为国家人才的孵化器，校园信息化建设除了完成网络化、数字化之外，建设智慧校园已经成为信息化建设的新目标。校园覆盖面积较大，不同功能、不同类别的建筑物较为丰富，师生活动类别繁多，这些都是智慧校园系统需要重点解决的问题。BDS 可以提供定位、授时、导航的服务，以此为基础，可以很好地应用在智慧校园系统中，为广大师生的工作、学习、生活带来便利。

7.2.1 智慧校园系统设计背景及意义

随着移动通信的发展，手机渐渐成了集通信手持电脑为一体的移动计算工具，导航软件目前是手机应用中的研究热点之一。Android 开发技术日新月异，将传统的导航系统用 Android 技术实现已成为可能。BDS 作为我国自主研发的卫星导航系统，利用其开发以导航定位为主要功能的手机应用将成为必然。

鉴于我国大学生校园生活现状，开发一款多功能校内手机应用具有极大实际意义。设计一款基于北斗的手机应用，集校园导航、校车及周边交通情况实时监控、校园天气状况、一键求救与校园安全系统为一体，可以给大学生的校园生活带来极大便利。这些智慧校园系统有其独特的创新之处。

(1) 基于北斗系统的校园导航开发一款具有校园导航的手机应用方便了

师生，提高工作和学习效率。该应用通过北斗定位，为新生规划合理的抵达路线。同时可以利用该手机应用前往报名点、宿舍、食堂、校园超市等。

(2) 校车及周边交通情况实时监控通过 BDS 准确提供车辆地理信息，并与通信技术的结合能成功实现对校车及周边车站公交的实时监控定位。短报文通信功能可实现调度指令的快速传达，保证手机在信号中能随时了解车辆情况。

(3) 校园天气以 BDS 来提供天气预报、气候环境评估、气象灾害预警等服务。手机天气应用的信息大部分来自中国气象局的权威数据，具有较高可信度，帮助学生们实时了解天气情况。

(4) 近年，高校学生尤其是女大学生的安全问题成为社会关注的焦点，该手机应用涵盖的一键求救系统与校园 GNSS＋RFID 学生安全监控网，并利用北斗的短报文功能将位置信息发至有关部门及监护人，能够有效地保障学生的在校安全。

7.2.2 具体应用——西北政法大学

随着科技的不断进步和互联网技术的发展，全世界都掀起了信息化的浪潮，高校也不例外。全国大部分高校都建成了网络校园、数字校园，而智慧校园则是在网络校园和数字校园的基础上更高阶段的发展和要求，需集合校内资源，优化配置，为高校师生提供一个更便捷、高效、现代化的学习生活环境。基于北斗的导航定位功能，可重点应用于虚拟校园、课程助手、电子围栏、活动助手、一键求救这 5 个方面。

7.2.2.1 虚拟校园

大学校园作为教学和科研的第一重地，得到国家各个方面的支持。目前中国大学校内包括教学楼、宿舍楼、实验楼、图书馆、大学生活动中心、餐厅、超市等等配套建设。这些基础建设的完善在给学生和教工们的学习、生活、工作带来极大便利的同时，也带来了困扰——如何更快速熟悉校园环境，如何更快捷找到目的地。普通的地图，对大学校园内地理环境的描述往往过于粗略，路线规划不准确，地图信息更新缓慢。以图 7-7 为例，下图是在目前普遍使用的某地图上，在西北政法大学校内进行的定位搜索，经过实地探访后，发现其对校内建筑物的标示不完整，规划路线甚至出现让绕行校外的情况，给使用者带来极大不便。

为了解决上述问题，可以基于北斗的精准定位导航功能，建立专门的校园地图。对校内所有信息进行精准的采集记录，结合北斗定位，显示在地图上。在校园内或楼内，由于建筑物的遮蔽等问题，会导致卫星信号较弱。在信息化校园的建设中，绝大部分高校已完成了全校范围内的无线网络覆盖。在 BDS 的基础上，同时利用网络导航技术作为辅助，使之更加准确有效。

在校内精准定位导航的基础之上，智慧校园系统中可加入“虚拟校园”项目，帮助新生更快地了解校内环境和设施，给日常的校园生活也带来极大的便利。

图 7-7　西北政法大学校内地图部分截图

7.2.2.2　课程助手

本模块主要可实现：导入课表，闹钟提示即将进行的课程，位置定位，并计算从目前所在地到教室的距离，所需时间，建议何时出发，提醒带什么书或者物品；学生将课程表导入系统中，借助北斗的精准授时和定位功能，根据所在位置，判断是校内或校外，预留几分钟收拾书本等物品。如果是校内，自动计算步行所需时间。如果所处位置在校外，则自动搜索可坐几路车到达，需要多长时间。

7.2.2.3　电子围栏

教室即设立电子围栏，如果走出这个范围会提醒，数据上传至老师处；如果事先请假，则电子围栏功能不开启；系统通过读取课程表中的时间和位置信息，自动生成电子围栏。围栏设置时间范围为本节课的时间节点，围栏范围为该教室或该栋教学楼。正常情况下，学生未处于电子围栏中，会将结果上报至教师处，作为缺勤处理。学生在课前若点击了系统中的“请假按键”，获得老师批准后，则对该生不开启电子围栏。

此项功能在 BDS 的授时和定位功能基础上，简化了点名或签到等原始的考勤方式，并设置了请假缺勤的管理办法，大大节省了教师和学生的时间，为课堂教学带来便利。

7.2.2.4 活动助手

除了课堂学习，丰富多彩的课余活动也是广大学子生活中不可或缺的一部分。校园中的兴趣小组类别众多，各类不同学科的讲座等活动层出不穷。大多数活动进行宣传的方式，多为张贴海报、发放传单和拉横幅等。这种方式对信息的传播，受到时间和空间的极大限制。同时，由于校园较大，准确快捷地找到活动地点也是同学们面临的一大困扰。

本系统中，设有“活动提醒”模块。近 7d 的活动会以列表或图表的形式给出。学生可浏览列表，将感兴趣的活动设为“标记”项。在活动开始前，系统会给出提醒，并规划“所在点—活动地点”的最优路线，便于前往。

这个功能可以极大解决校内信息不对称的问题，让各类课余活动更好地服务于学生，同时也增加各类活动的参与人数，实现举办方和学生的双赢局面。

7.2.2.5 一键求救

近年来，校园安全事件屡有发生。校园范围较大，或有树林、高楼等复杂地形，使得犯罪分子有机可乘。在人员较少的地段，容易发生犯罪事件。往往因为受害者呼救无果，犯罪地点隐蔽，导致恶性事件频发。本系统中，用户可将报警键设为手机上任一个实体或虚拟键，长按超过 2s，即会发出 80dB 的报警音，并将用户的位置实时发送给紧急联系人。系统中的紧急联系人由两部分组成——默认项和自设项。默认项包括辅导员、校园保卫处、宿舍同学。自设项为用户自己加入的紧急联系人。发送内容包括用户所在的坐标，系统通过坐标对比，给出用户所在的精确位置，或者离建筑物的相对位置。同时，系统给出收信人到受害人位置的最优路线，便于及时赶到，解救受害人。

7.2.2.6 校园导航

利用 BDS 确定用户位置。BDS 由通信导航卫星、地面应用系统和测控系统组成，采用三球交会的几何原理来实现定位。在手机中安装一套带有电子地图的导航软件，它的功能是将北斗定位模块得到的位置信息反映到电子地图相应位置上。当用户在运动时，定位芯片不断地更新位置。通过导航软件内置的计算模块，根据用户的需要规划出行走路线。

7.2.2.7 校车及周边交通情况实时监控

利用 BDS 实现对校车及周边车站的公交车定位。BDS 可由单台接收机的观测数据来确定其位置，实现静态和动态定位。基于这一原理，实现利用北斗系统对校车及周边公交车的定位。

通过在车辆上安装的数据发射机，通过卫星的转发到达地面的网络中心，车辆的位置信息能在几秒钟内自动转发到中心站，并通过网络技术、通信技术发送到移动终端。

7.2.2.8 校园天气

探空仪搭载在探空气球或飞机、火箭等飞行器上，利用北斗接收模块获取探空仪的高程信息。数据信息经处理后，与探空仪高程信息一起发送回地面接收单元。地面接收单元将接收到的信号进行转换即可得到当时的大气温度、湿度等信息，为天气预报和气候研究等提供有力的支持。

7.2.2.9 短报文功能

北斗卫星导航系统具有用户与用户、用户与地面控制中心之间双向数字报文通信能力。在学生手机卡里配备芯片，并匹配相应的接收机。当学生的人身安全受到威胁时，可准确地获取自身位置，快速发出报警信息。在危险情况下一键呼救，利用短报文功能，将位置信息发至有关部门及监护人，及时保护大学生特别是女大学生的人身安全。

综上，在信息技术高速发展的时代，随着智能手机的迅猛发展，基于安卓、iOS 等手机操作系统的应用不断涌现，但北斗技术与校园 App 的结合几乎没有，这种新鲜的尝试本就为投入市场使用提供无限可能，而智能手机在高校学生间的普及也为我们的产品提供了宽广的平台。随着北斗导航系统的日趋完善，在智慧校园管理系统中的应用将会越来越广泛，必将给广大师生带来更方便、更安全的校园生活。

参考文献

［1］鲍榴，王英杰，徐晓磊，等. 基于GIS集成平台的高速铁路资产经营管理信息系统研究［J］. 铁路计算机应用，2015，24(6)：44-05.

［2］陈柳江. 基于北斗/GPS双模技术的物流追踪设备的研究与实现［D］. 北京：北京邮电大学，2014.

［3］陈启锋，莫家勤. 基于北斗卫星定位的物流平台的设计与实现［J］. 大众科技，2016，18(01)：1-4.

［4］陈莹，曹守启，陈成明，等. 北斗卫星系统在远洋渔业冷链物流中的应用［J］. 全球定位系统，2017，42(02)：88-92.

［5］陈运，陈亦哲，杨思睿. 基于Android的北斗智能校园应用设计［J］. 数码世界，2016(05)：23.

［6］邓社军，金文，薛彦卿，等. 基于北斗的船舶防碰撞安全预警系统研究［J］. 交通世界，2018(11)：21-24.

［7］杜雅宁，李国洪，王喜斌. 基于北斗的远程老人健康监护系统设计［J］. 测试技术学报，2018，32(03)：250-256.

［8］高超越. 北斗卫星短报文在国家突发事件预警信息发布系统中的应用研究［D］. 呼和浩特：内蒙古大学，2016.

［9］郭保稳. 北斗让旅游更智慧［J］. 卫星应用，2014(11)：16-19.

［10］何新平，杨加斌. 基于北斗高精度定位的公路施工人机安全位监控预警系统研究［J］. 公路交通科技(应用技术版)，2017，13(04)：72-74.

［11］何玉童，姜春生. 北斗高精度定位技术在建筑安全监测中的应用［J］. 测绘通报，2014(S2)：125-128.

［12］敬铅，孔新兵. 基于北斗和物联网技术的智慧旅游应用系统设计［J］. 移动通信，2013，37(15)：15-18.

［13］李程伟. 社会管理体制创新：公共管理学视角的解读［J］. 中国行政管理，2005(5).

［14］李旻晶，李巧钰. 北斗卫星导航在农产品物流中的应用研究［J］. 价格月

刊,2017(12):51-55.

[15] 李学举.加强社会建设和管理促进社会和谐与发展[J].求是,2005(7).

[16] 刘丹,田银枝,曹红杰,等.北斗导航和“云+端”技术在公安指挥调度中的应用[J].测绘通报,2013(12):74-77.

[17] 刘丹,田银枝,曹红杰,等.基于北斗导航的“天地一体化”公安扁平化指挥系统[J].电子技术应用,2013,39(12):12-14.

[18] 刘水,于潞,王思臣.北斗系统搜救体系的应用探索[J].硅谷,2012(06):128—143.

[19] 柳红霞.网络舆论对我国社会管理的影响研究[D].荆州:长江大学,2014.

[20] 罗光华.城市基层社会管理模式创新研究[D].武汉:武汉大学,2011.

[21] 欧健.北斗导航系统在环境自动监测及应急监测中的应用[J].环境监测管理与技术,2011,23(04):64-67.

[22] 秦健.基于北斗的铁路施工作业人员和车辆安全预警防护系统方案研究[J].铁路计算机应用,2017,26(09):11-14.

[23] 闰羡功.RFID 温度标签在果蔬冷链运输中的应用[J].技术与应用,2014(9):74-75.

[24] 宋诗斌,钱军琪.基于北斗导航的智能交通系统设计[A].第三届中国卫星导航学术年会电子文集:S01 北斗/GNSS 导航应用[C].中国卫星导航学术年会组委会,2012.

[25] 睢洁.基于北斗的户外运动信息服务系统的设计与实现[D].上海:华东师范大学,2015.

[26] 孙大旭.基于北斗和百度地图的冷链物流监测系统[J].信息与电脑,2014(9):141-142.

[27] 滕志军,张明儒,许建军,等.北斗卫星导航系统在物流监控管理中的应用研究[J].自动化仪表,2015,36(12):1-4.

[28] 汪庭满,张小栓,陈炜,等.基于无线射频识别技术的罗非鱼冷链物流温度监控系统[J].农业工程学报,2011,27(9):141-146.

[29] 王树东.北斗系统在建筑安全监测领域的应用研究[J].测绘与空间地理信息,2018,41(02):40-42.

[30] 向上,向坚持,徐立红.基于北斗卫星导航系统的空巢老人智能监护模式研究[J].现代经济信息,2015(12):31—32+69.

［31］邢磊，杨洲，谢玲．基于北斗的老人关爱位置服务应用设计与思考［J］．数字通信世界，2015(S1)：40-43．
［32］徐韬．基于电子海图的北斗海上定位和搜救系统研究与实现［D］．深圳：深圳大学，2016．
［33］颜晓峰，王军旗．加强和创新社会管理干部学习读本［M］．北京：中共中央党校出版社，2011．
［34］杨胜斌，贾磊，贺振华．基于北斗的物流信息化管理系统方案设计与实现［J］．数字通信世界，2016(S1)：7-12．
［35］杨元喜．北斗卫星导航系统的进展、贡献与挑战［J］．测绘学报，2010，39(1)；39-45．
［36］杨元喜．智慧城市与北斗卫星导航系统//［C］第八届中国智慧城市大会，2013．
［37］应晓书．基于射频识别(RFID)技术在冷链物流中的应用研究［D］．武汉：武汉理工大学，2008．
［38］雍江．基于北斗卫星导航系统在旅游行业中的研究及应用［J］．网络安全技术与应用，2014(08)：60＋62．
［39］于泓博，石磊．基于北斗卫星的森林火灾监控终端设计［J］．计算机测量与控制，2012(4)：991-993．
［40］于泓博，于泓琦，王志良．基于北斗和 Zig Bee 的环境质量监测系统设计［J］．计算机测量与控制，2014，22(08)：2374-2376．
［41］俞可平．推进社会管理体制的改革创新［N］．学习时报．2007-04-26．
［42］袁远明．智慧城市信息系统关键技术研究［D］．武汉：武汉大学，2012．
［43］曾亚，周琦，吴琼．基于北斗短报文通信的应用软件管理与发布系统研究［J］．数字技术与应用，2018，36(02)：97－100＋103．
［44］曾亚．面向北斗导航的应用软件管理与发布系统的设计与实现［D］．沈阳：东北大学，2015．
［45］张飞舟，何汉贤．基于北斗系统的物联网应用评述［J］．导航定位学报，2014，2(02)：6-12．
［46］张健珲，杨国林，贺嘉琪，等．基于北斗的兰州市道路微环境抑尘效果评估及方案优化［J］．干旱区资源与环境，2018，32(06)：170-175．
［47］赵鹏．基于北斗位置服务的平安校园管理系统的设计与实现［D］．石家庄：河北科技大学，2015．

[48] 赵燕. 基于云计算的运输车辆远程实时监测与管理系统设计[D]. 太原：太原理工大学，2014.

[49] 郑玲，郑晓天. 基于 Web Socket 的电力系统实时数据更新研究[J]. 计算机与现代化，2013，(1)：85-87.

[50] 郑玫，张延君，闫才青，等. 上海 $PM_{2.5}$ 工业源谱的建立田[J]. 中国环境科学，2013，33(8)：1354-1359.

[51] 周田，张辉，张翔. 北斗卫星导航系统在智慧城市建设中的应用[J]. 全球定位系统，2015，40(01)：82-85.

[52] 朱兵，刘先玲，幸相宇，等. 基于北斗卫星和 GIS 系统的野外自助旅游系统构建[J]. 绵阳师范学院学报，2017，36(11)：104－109＋116.

[53] 朱峰，孙长虹. 北斗高精度定位技术与智能交通[J]. 信息技术与标准化，2014(10)：24-27.

[54] 朱宏伟，蔡德钧，陈锋，等. 桩基施工过程自动监测系统研发及应用[J]. 铁道建筑，2017，57(12)：71-74.

[55] 邹力涵. 北斗服务在智慧校园管理系统中的应用研究[J]. 内蒙古科技与经济，2017(13)：57-58.